Arbeitslos – was tun?

Eva Homanner
Hans Schmidt

Arbeitslos – was tun?

Ein Ratgeber aus der Beobachter-Praxis

Beobachter
RATGEBER

Die Autoren:

Eva Homanner, lic. iur., Uster
Hans Schmidt, Rechtsanwalt lic. oec., Zürich

Die Autoren danken Martin Heyer, Jakob Peter und Silvia Rigoni (Stellennetz Zürich-Land), Claudia Jacomet (RAV Zürich) und Christian Zingg (Arbeitsamt Zürich) für zahlreiche wertvolle Anregungen und Informationen sowie Irmtraud Bräunlich Keller (Beobachter-Redaktion) für die kritische Durchsicht des Manuskripts.

Beobachter-Buchverlag
© 1997 Jean Frey AG, Zürich
Alle Rechte vorbehalten

Herausgeber: Der Schweizerische Beobachter, Zürich
Gesamtredaktion und Lektorat: Käthi Zeugin, Zürich
Gestaltung und Herstellung: Hans Rudolf Ziegler, Zürich
Umschlag: Benker & Steiner, Zürich

ISBN 3 85569 133 9

Inhalt

Vorwort   **9**

1. Arbeitslosigkeit in der Schweiz: Zahlen und Fakten   **13**
- Zahlen! Perspektiven?   13
- Grossbaustelle Arbeitslosenversicherung   14
- Wer sucht, der findet?   17
- Der finanzielle Schaden ist gross   19

2. Das müssen Sie wissen: Grundlagen der Arbeitslosenversicherung   **21**
- BIGA und KIGA   22
- Regionale Arbeitsvermittlungszentren lösen Arbeitsämter ab   23
- Die Arbeitslosenkassen   26
- Die wichtigsten Begriffe im Überblick   27

3. Sichere Stelle – was interessiert mich die Arbeitslosenversicherung?   **33**
- Wer ist gegen Arbeitslosigkeit versichert?   33
- Wie kann ich der Arbeitslosigkeit vorbeugen?   35
- Ihr Arbeitsvertrag – ein wichtiges Dokument   37
- Alarmzeichen im Betrieb   42
- Das Wichtigste in Kürze   44

4. Kündigung, was nun?   **45**
- Zahnloser Kündigungsschutz   45
- Zwischen Stuhl und Bank   50
- Fristlos entlassen – sofort handeln   51
- Das Wichtigste in Kürze   56

5. Arbeitslos – was heisst das?   **57**
- Arbeitslosigkeit macht krank   57
- Richtig stempeln spart viel Ärger   61
- Das Wichtigste in Kürze   65

6. Die sieben Hürden oder: Wer hat Anspruch auf Taggeld?   **67**
- Ganz oder teilweise arbeitslos   67
- Wohnsitz in der Schweiz   68
- Im richtigen Alter   68

- Kontrollvorschriften erfüllt? 69
- Nicht jeder Arbeitsausfall wird bezahlt 70
- Wie komme ich auf die nötige Beitragszeit? 73
- Wer ist von der Erfüllung der Beitragszeit befreit? 76
- Schlechte Neuerung für Langzeitarbeitslose 81
- Das Wichtigste in Kürze 82

7. Wer ist vermittlungsfähig? 83
- Wollen Sie? Können Sie? Dürfen Sie? 83
- Die so genannten Schwervermittelbaren: Ältere, Ausländer, Behinderte und zum Teil auch Frauen 91
- Ich werde vermittlungsunfähig erklärt 97
- Das Wichtigste in Kürze 98

8. Stellensuche – vom Bemühen um zumutbare Arbeit 99
- Schöne Worte, harte Realität: Fast alles ist zumutbar 99
- Wie packe ich die Stellensuche richtig an? 102
- Das Wichtigste in Kürze 110

9. Wie viel Geld erhalte ich wie lange? 113
- Welche Kasse liefert den besten Service? 113
- Wie wird das Taggeld berechnet? 114
- Pauschalansätze: wenn Beitragszeiten fehlen 119
- Nur selten wird der versicherte Verdienst neu berechnet 123
- Wie lange erhalte ich Taggeld? 123
- Das Wichtigste in Kürze 126

10. Warten auf das Geld 129
- Die allgemeine Wartefrist: fünf Tage 129
- Das besondere Warten 130
- Warten auf die Auszahlung 132
- Das Wichtigste in Kürze 133

11. Als Arbeitslose arbeiten – der Zwischenverdienst 135
- Was gilt als Zwischenverdienst? 135
- Wie wird die Kompensationszahlung berechnet? 137
- Was nützt mir ein Zwischenverdienst? 138
- Worauf muss ich beim Zwischenverdienst achten? 140
- Das Wichtigste in Kürze 142

12. Stempelbussen: Fehler sind teuer **143**
- Oft trifft's die Falschen 143
- Die Einstellgründe: Wann gibt es Stempelbussen? 144
- Wie hoch sind die Bussen? 153
- Wie läuft ein solches Einstellverfahren? 154
- Das Wichtigste in Kürze 157

13. Die aktiven arbeitsmarktlichen Massnahmen **159**
- Am Anfang stehen Kurse und Konzepte 160
- Weiterbildung auf Kosten der Arbeitslosenkasse 163
- Kurse für Selbständige und Wiedereinsteigerinnen 168
- Berufslehre während der Arbeitslosigkeit? 169
- Einarbeitungszuschüsse für Erwerbsbehinderte 171
- Mobilitätsförderungsbeiträge 173
- Programme zur vorübergehenden Beschäftigung 173
- Förderung des Vorruhestands 176
- Das Wichtigste in Kürze 177

14. Unternehmer werden aus der Arbeitslosigkeit **179**
- Besondere Taggelder für die Planungsphase 180
- Übernahme des Verlustrisikos 183
- Das Wichtigste in Kürze 185

15. Sonderregeln für ältere Arbeitslose **187**
- Die Rahmenfrist wird verlängert 187
- Was gilt bei vorzeitiger Pensionierung? 187
- Das Wichtigste in Kürze 190

16. Ausgesteuert: Ende der Zahlungen **191**
- Wie komme ich zu Leistungen der kantonalen Arbeitslosenhilfe? 192
- Abhängig von der Fürsorge 194
- Andere Wege 197
- Das Wichtigste in Kürze 198

17. Krank oder verunfallt? Achtung Versicherungslücken! **199**
- Schon vor Beginn der Arbeitslosigkeit arbeitsunfähig 199
- Arbeitsverhältnis gesund beendet: Was kann mir denn passieren? 203
- Als Arbeitsloser verunfallt oder erkrankt 205

- Ausgesteuert – und die Versicherungen? 207
- Wenn der Gesundheitsschaden zum Dauerzustand wird 208
- ✗ – Das Wichtigste in Kürze 211

18. Koordination und Rückforderung **213**
- Überversicherung wird vermieden 213
- Das ganze Geld zurück? 217
- ✗ – Das Wichtigste in Kürze 221

19. Die Beschwerde oder: Wie kann ich mich wehren? **223**
- Was gehört zu einem korrekten Verfahren? 223
- Wie verhalte ich mich am besten? 229
- ✗ – Das Wichtigste in Kürze 236

20. Kurzarbeits-, Schlechtwetter- und Insolvenzentschädigung **239**
- Kurzarbeit 239
- Schlechtwetterentschädigung 244
- Insolvenzentschädigung 245
- ✗ – Das Wichtigste in Kürze 249

Anhang **251**
- Verzeichnis der Abkürzungen 251
- Formulare der Arbeitslosenversicherung 252
- Beispiele von Taggeldabrechnungen 266
- Nützliche Adressen 270
- Weiterführende Literatur 296
- Lohnfortzahlung: Basler, Berner und Zürcher Skala 298
- Register 299

Vorwort

Das Arbeitslosenversicherungsgesetz vom 25. Juni 1982 (AVIG), in Kraft getreten am 1. Januar 1984, ist ein Kind der Hochkonjunktur. Das Gesetzeswerk wurde seinerzeit als «definitive» Neukonzeption gefeiert. Die Arbeitslosenzahlen waren bescheiden und die Arbeitslosenversicherung war im Rahmen der zehn Zweige unserer Sozialversicherung zwar nicht unbedeutend, gehörte aber doch eher zu den «kleinen» Sozialversicherungen. 1973 waren gerade mal 86 (!) Arbeitnehmer als arbeitslos gemeldet. Und solange die Hochkonjunktur anhielt, bewegte sich die Zahl der Arbeitslosen zwischen 15 000 und 38 000.

Das hat sich Anfang der Neunzigerjahre massiv geändert. Die Zahl der Arbeitslosen stieg rapide und in zunächst unvorstellbarem Mass. Im Februar 1997 erreichte sie einen (vorläufigen?) Gipfel von über 206 000 Personen oder 5,7 Prozent. Bis Ende 1997 soll, nach Prognosen der Konjunkturforschungsstelle der Eidgenössischen Technischen Hochschule Zürich (KOF), die um saisonale Einflüsse bereinigte Zahl der bei den Arbeitsämtern eingeschriebenen Personen auf 230 000 (5,8 Prozent) ansteigen; für Ende 1998 wird sogar mit 247 000, das sind 6,7 Prozent, Arbeitslosen gerechnet. Die Ausgesteuerten und nicht gemeldeten Beschäftigungswilligen sind in diesen Zahlen nicht berücksichtigt.

Mit dieser unvorhergesehen raschen Zunahme der Zahl der Arbeitslosen ist auch die Bedeutung der Arbeitslosenversicherung erheblich gestiegen. Die Frage: «Was tun, wenn ich arbeitslos werde?» hat sich verschärft. Arbeitslosigkeit in den vielfältigsten Formen und vor allem die soziale Sicherung für die Betroffenen sind seit Anfang der Neunzigerjahre zunehmend zum «Tagesgespräch» geworden. Und in den nächsten Jahren könnte die Problematik noch an Gewicht gewinnen, vor allem wenn sich die Arbeitslosenquote – was nicht mehr auszuschliessen ist – auch in der Schweiz, wie bereits in manchen der umliegenden Industriestaaten, in Richtung 10 und mehr Prozent bewegen sollte.

Die Gründe für diesen Trend – der möglicherweise von einzelnen, die Sicht verstellenden ökonomischen «Zwischenhochs» unterbrochen wird – liegen, um nur einige wenige zu nennen:
- im System der Marktwirtschaft selbst (Privateigentum und Privatbesitz sowie grundsätzlich völlige Dispositionsfreiheit der Unternehmer über die Produktionsfaktoren),
- in der Zunahme der Quantitäten der Arbeitskräfte (Zuwanderungen, Zunahme der beschäftigungswilligen Frauen),

- in der jüngsten technologischen Revolution (zum Beispiel EDV und Roboter) vor allem seit 1985,
- in der ökologischen «Bremse» (Gebot der Schonung der immer knapper werdenden Ressourcen)
- und – dies wird nicht gerne gehört – im «Fehlen» eines grösseren heissen oder kalten Krieges (als «Grossinvestor» und «Grosskonsument», so zynisch dies klingen mag).

Dazu kommt, dass Bund, Kantone und Gemeinden während der Jahre der Hochkonjunktur überwiegend eine prozyklische statt eine antizyklische Ausgabenpolitik betrieben haben. Die Folge: Die Kassen sind leer und die Mittel für die Erteilung öffentlicher Investitionsaufträge etc. in Zeiten der Arbeits- und Beschäftigungslosigkeit fehlen. Die so gefeierte Entwicklung der Industrie- in Richtung Dienstleistungsgesellschaft und die Schaffung von – in Wirklichkeit oft menschlich/psychologisch, ökonomisch und ökologisch unsinnigen – «Arbeitsgelegenheiten» wie beispielsweise auch manche Beschäftigungsprogramme werden das sich abzeichnende Drama in der Arbeitswelt noch verschärfen.

In einer Zeit, in der es um die Sicherheit am Arbeitsplatz schlecht bestellt ist und auch die Zukunftsaussichten nicht gerade rosig erscheinen, ist eine Orientierungshilfe wie der vorliegende Ratgeber für alle von Arbeitslosigkeit bedrohten Arbeitnehmerinnen und Arbeitnehmer wie auch für bereits Arbeitslose von grossem Wert. Eva Homanner und Hans Schmidt ist mit ihrem Werk ein wirklich praxisgerechter Wurf gelungen. Ein hervorragend gegliedertes Inhaltsverzeichnis und umfassendes Sachregister erleichtern die Benutzung. Erfreulich ist, dass die Verfasser den Text nicht unnötig mit Gesetzes- und Verordnungszitaten belasten. So liest sich das Buch mühelos und flüssig. Der «Ratgeber aus der Beobachter-Praxis» kann allen, die Informationen zum schwierigen und vielschichtigen Bereich des Arbeitslosenversicherungsrechts sowie zu der mit Arbeitslosigkeit verbundenen persönlichen Problematik suchen, vorbehaltlos empfohlen werden. Auch den Mitarbeiterinnen und Mitarbeitern in den Arbeitsämtern und regionalen Arbeitsvermittlungszentren wird er von Nutzen sein.

Bern/Fribourg, im Mai 1997   *Gerhard Gerhards*

Gerhard Gerhards (Dr. iur. habil. + Dr. rer. pol.) ist Professor für Besonderes Sozialversicherungsrecht an der Universität Bern und seit 1976 im Rechtsdienst der Abteilung Arbeitslosenversicherung des BIGA tätig. Sein dreibändiger «Kommentar zum Arbeitslosenversicherungsgesetz (AVIG)» wird als Standardwerk geschätzt

Gebrauchsanweisung oder: Wie Sie am meisten von diesem Ratgeber profitieren

Wer arbeitslos ist, liest vielleicht das ganze Buch wie einen Kriminalroman durch. Die Kost ist allerdings nicht ganz leicht verdaulich. Die Autoren haben sich zum Ziel gesetzt, die Rechtsgrundlagen ausführlich zu behandeln. Denn wer seine Rechte und Pflichten kennt, kann die arbeitslose Zeit besser bewältigen.

Wenn Ihnen der ganze Brocken zu schwer ist, empfehlen wir den Zugang über das Inhaltsverzeichnis oder das Register. Alle Kapitel sind so geschrieben, dass sie auch in sich selber verständlich sind; Querverweise führen zu den nötigen Informationen in anderen Teilen des Buches. Die wichtigsten Tipps finden Sie jeweils am Ende jedes Kapitels unter «Das Wichtigste in Kürze» zusammengefasst.

Eine weitere Hilfe bietet das zweite Kapitel, in dem die Grundbegriffe kurz definiert werden. Das Arbeitslosenversicherungsrecht besteht aus vielleicht 20 solchen Begriffen, die vom Gesetz definiert werden und im alltäglichen Sprachgebrauch nicht vorkommen. Wer Begriffe wie anrechenbarer Arbeitsausfall, beitragspflichtige Beschäftigung, Rahmenfrist für den Leistungsbezug, Einstellung in der Anspruchsberechtigung... kennt, fühlt sich rasch wohler im Gespräch mit den zuständigen Amtsstellen und beim Lesen von Verfügungen.

Wir verweisen häufig auf die Bestimmungen des Gesetzes zur Arbeitslosenversicherung (AVIG, zitiert G) und der dazugehörenden Verordnung (AVIV, zitiert V). Wer sich für die Grundlagen interessiert: Das Arbeitslosenversicherungsgesetz und die Verordnung können bei der Eidgenössischen Drucksachen- und Materialzentrale in Bern bestellt werden. Es ist allerdings nicht einfach, sich im Paragraphenwald zurecht zu finden. Denn neben dem Gesetz gelten auch die Bestimmungen in der Verordnung. Das Zusammensuchen der verschiedenen Artikel ist für Laien aufwendig. Eine übersichtliche Zusammenstellung des Gesetzes und der Verordnung gibt das KIGA des Kantons Aargau heraus; der Preis ist aber mit 40 Franken recht hoch.

Im ganzen Ratgeber werden immer wieder konkrete Gerichtsentscheide zitiert. Als Quelle gelten: die Sammlung der Entscheidungen des Schweizerischen Bundesgerichts (BGE), dann die Sammlungen «Die Praxis» (Pra), «Sozialversicherungsrecht Rechtsprechung» (SVR) und schliesslich die am häufigsten verwendete Quelle «Arbeitsrecht und Arbeitslosenversicherung» (ARV). Selten werden auch kantonale Entscheide zitiert. Wer sich für die Urteile im Wortlaut interessiert, findet sie am ehesten in der grössten kantonalen Bibliothek, beim Arbeitsamt oder beim kantonalen Versicherungsgericht. Die in diesem Ratgeber zitierten Urteile können Sie, unter Angabe

→

der Urteilsnummer, direkt beim Beobachter-Buchverlag beziehen (Urteilsservice → Seite 289).

Der Ratgeber ist in einer Zeit des Umbruchs entstanden. So haben beispielsweise die neu konzipierten regionalen Arbeitsvermittlungszentren, welche eine bessere Betreuung der Arbeitslosen ermöglichen sollen, noch nicht in allen Kantonen ihre Pforten geöffnet. Auch werden sie 1997 noch nicht alle Aufgaben, die ihnen zugedacht sind, übernehmen. Nicht klar ist ferner, wie die Arbeitslosenversicherung den Druck der gestiegenen Arbeitslosenzahlen verkraften wird. Gegen einen Kürzungsbeschluss des Bundesrats ist das Referendum ergriffen worden; abgestimmt wird im September 1997. Die letzten Informationen, die im Ratgeber verarbeitet werden konnten, stammen vom April 1997.

Ein Dauerbrenner jedes Vorworts ist schliesslich eine Erklärung der Autorinnen und Autoren, wie sie mit der männlichen Vorherrschaft in der deutschen Vatersprache umgehen. Eigentlich müsste die weibliche Form im Buch dominieren: Denn Frauen bilden – wen überrascht's? – die prozentuale Mehrheit der Arbeitslosen. Wir haben uns dafür entschieden, häufig Doppelformen zu benutzen (Beraterinnen und Berater), und verwenden im Übrigen, wenn's um Funktionsbezeichnungen (Arbeitgeber, Anwalt) geht, die übliche männliche Form.

1. Arbeitslosigkeit in der Schweiz: Zahlen und Fakten

Stelle verloren! – das ist heute nicht mehr das Schicksal von bloss einigen wenigen Unglücksraben. In Zeiten der Rationalisierungen und Betriebsschliessungen kann Arbeitslosigkeit jeden und jede (zumindest vorübergehend) treffen. Die sicheren Stellen werden rarer und wir alle werden älter. Haben Sie schon überlegt, was passiert, wenn Sie nach 28 Dienstjahren plötzlich die Kündigung erhalten?

Zahlen! Perspektiven?

Pfingsten 1997. Nach offizieller Statistik sind knapp 200 000 Menschen in der Schweiz arbeitslos; gut 50 000 davon sind seit mehr als einem Jahr ohne Arbeit. Neidisch blickt vorläufig noch das europäische Ausland auf unsere Arbeitslosenquote von 5,5 Prozent; mehr als 40 Millionen Europäer, über zehn Prozent der Erwerbstätigen, sind offiziell arbeitslos. Weltweit sind gar rund 30 Prozent aller Erwerbstätigen (das ist eine Milliarde Menschen) ohne Arbeit oder unterbeschäftigt.

Doch diese Statistik lügt millionendick: In Europa, so die Schätzung, gibt es weitere 15 Millionen Erwerbslose, welche die Stellensuche entweder aufgegeben haben oder gegen ihren Willen nur eine Teilzeitarbeit verrichten. Auch in der Schweiz dürften etwa 200 000 von Arbeitslosigkeit betroffene Personen nicht offiziell erfasst sein. Zu denken ist dabei nicht nur an in die Vollinvalidität gedrängte Behinderte und von der Fremdenpolizei ausgewiesene Ausländer; hinter diesen Zahlen stehen auch nicht bloss die Ausgesteuerten, die spätestens nach zwei Jahren keinen Anspruch mehr auf Taggelder der Arbeitslosenversicherung haben – zu denken ist insbesondere an die vielen Frauen, die nach einer Phase der Kinderbetreuung den Wiedereinstieg ins Berufsleben heute nur viel schwerer schaffen.

Ein Ende der sechsjährigen wirtschaftlichen Talfahrt ist im Zeitpunkt der Drucklegung dieses Ratgebers kaum in Sicht. Anfang 1996 hoffte das Bundesamt für Industrie, Gewerbe und Arbeit (BIGA) noch auf sinkende Zahlen. 130 000 Arbeitslose im Durchschnitt hiess die verheissungsvolle Schätzung. Im Frühling 1997 steht fest: Es sind ca. 70 000 mehr. Und der Trend geht wohl – auch ohne Beitritt zur Europäischen Union – in Richtung Europa. Immer mehr Unternehmen werfen ihren «sozialen Ballast» ab; die Gewinne und Aktienkurse erreichen neue Höchstmarken: Je mehr Stellen wegrationalisiert werden, desto höher steigen die Aktienkurse. Und während sich die Wirtschaft gesundschrumpft, werden immer mehr Arbeitslose krank.

Traumatisch ist die Entwicklung auch deshalb, weil nicht nur die Dauer der Arbeitslosigkeit an sich zunimmt (1990 durchschnittlich vier, 1995 zehn Monate), sondern weil auch immer mehr Jugendliche den Einstieg ins Berufsleben gar nicht schaffen. Noch haben wir mit 5,1 Prozent die wenigsten Jugendarbeitslosen Europas. Demgegenüber sind rund 20 Prozent der jungen Europäer ohne Beschäftigung. Trotzdem ist der Rückgang der Lehrstellen in der Schweiz beängstigend: von 170 000 (1990) auf 140 000 (1996).

Die Arbeitslosigkeit ist in der Schweiz übrigens sehr unterschiedlich verteilt. Während sich Genf mit 8 Prozent bereits dem europäischen Durchschnitt nähert, herrschen in verschiedenen Kantonen der Innerschweiz, in Graubünden und in den beiden Appenzell vergleichsweise erfreuliche Verhältnisse. In diesen Regionen sind weniger als 3,5 Prozent der Erwerbstätigen offiziell arbeitslos.

Grossbaustelle Arbeitslosenversicherung

Die gesetzlichen Grundlagen der Arbeitslosenversicherung wurden in den Siebziger- und frühen Achtzigerjahren geschaffen, nämlich in:
- Artikel 34[novies] der Bundesverfassung, angenommen am 13. Juni 1976
- AVIG: Bundesgesetz über die obligatorische Arbeitslosenversicherung und Insolvenzentschädigung (in Kraft seit dem 1. Januar 1984, letzte Änderung am 23. Juni 1995); wir zitieren Gesetzesbestimmungen abgekürzt als G23.
- AVIV: Verordnung über die obligatorische Arbeitslosenversicherung und Insolvenzentschädigung (vom 31. August 1983, letzte Änderung am 11. Dezember 1995); wir zitieren Verordnungsbestimmungen als V47.

- Verordnung über die Förderung des Vorruhestands (vom 30. Oktober 1996)

Ziel des AVIG ist es, einen angemessenen Erwerbsersatz zu garantieren bei Arbeitslosigkeit, Kurzarbeit, schlechtem Wetter oder Zahlungsunfähigkeit des Arbeitgebers sowie drohende Arbeitslosigkeit zu verhüten und bestehende Arbeitslosigkeit zu bekämpfen.

Dieses Arbeitslosenversicherungsgesetz ist ein Schönwettergesetz. Es wurde geschaffen in der Zeit des scheinbaren Dauerhochs auf dem Arbeitsmarkt. Nur zweimal zwischen 1975 und 1990 lag die Arbeitslosenquote höher als ein Prozent. Wer joblos war, so das Konzept, sollte in erster Linie Taggelder als teilweisen Lohnersatz erhalten. Daneben wurden – eher zufällig – Kurse bezahlt und Beschäftigungsprogramme für Langzeitarbeitslose organisiert. Ein besonderes Anliegen war dem Gesetzgeber damals die Missbrauchsbekämpfung. Zahlreiche Kontroll- und Strafnormen, die den Arbeitslosen heute das Leben schwer machen, zeugen davon.

Anfangs der Neunzigerjahre begann die konjunkturelle, auch strukturbedingte Talfahrt. Innert kurzer Zeit verzehnfachte sich die Zahl der Arbeitslosen. Per Saldo wurden seit Einsetzen der Krise über 75 000 Arbeitsplätze abgebaut. Die Privatwirtschaft suchte ihr Heil in Reorganisation, Rationalisierung und Globalisierung (Auslagerung von Arbeitsplätzen ins Ausland); die Verluste wurden mithilfe der Arbeitslosenversicherung sozialisiert. Milliardenverluste waren die Folge. Die Prämien der Arbeitslosenversicherung wurden deshalb auf den 1. Januar 1995 massiv angehoben. Die drei Prozent des Bruttolohns, die Arbeitgeber und Arbeitnehmer zusammen abzuführen haben, reichen jedoch nicht aus, um das zurzeit bestehende Defizit von über sechs Milliarden Franken abzubauen. Im Gegenteil: 1997 werden weitere 2,7 Milliarden Franken dazukommen.

Angesichts der sehr hohen Arbeitslosenzahlen stellt sich heute erneut die Frage: Wie kommt die Arbeitslosenversicherung ins Lot? Werden in Zukunft höhere Prämien verlangt oder kommt es zu einer weiteren Kürzung der Leistungen? Mit einem dringlichen Bundesbeschluss wurden die Taggeldleistungen auf den 1. Januar 1997 bereits um ein beziehungsweise drei Prozent gekürzt (→ Seite 116). Gegen diesen Beschluss ist das Referendum ergriffen worden. Der Absimmung, die Ende September 1997 stattfinden wird, kommt Signalwirkung zu: Je klarer das Volk einer Kürzung zustimmt, desto eher wird an der Kürzungsschraube weitergedreht.

Die Bauarbeiten auf der gesetzlichen Grossbaustelle sind im Gang. Ein neuer «Flügel» des Arbeitslosen-Versicherungsgebäudes ist in den meisten Kantonen bereits eingeweiht worden: Gegen 130 regionale Arbeitsvermittlungszentren (RAV) haben ihre Pforten geöffnet, weitere werden dies in den nächsten Monaten tun. Sie ersetzen ganz oder weitgehend die bisherigen Arbeitsämter der Gemeinden (→ Seite 23). Diese hatten recht und immer schlechter ihre Beratungsfunktion wahrnehmen können. Angesichts der Flut von Arbeitslosen verkam die sehr dezentralisierte Organisation zunehmend zum bürokratischen Wasserkopf und zur Geldverteilstelle, ohne dass die Probleme der Betroffenen an der Wurzel angepackt worden wären. Wohl wurden Kurse und Beschäftigungsprogramme angeboten. Das Auszahlen von Taggeldern stand aber eindeutig im Vordergrund. Jetzt soll der Wiedereingliederung in den Arbeitsmarkt ein höherer Stellenwert beigemessen werden. Die Arbeitsvermittlung soll durch diese Zentren regionalisiert und professionalisiert werden.

Das Konzept der neuen RAV

In den neuen regionalen Zentren sollen die Arbeitslosen gezielte Beratung, massgeschneiderte Weiterbildung und bessere Vermittlung finden. Anstelle der wöchentlichen Stempelkontrolle sind ein bis zwei Beratungsgespräche pro Monat vorgesehen. Bisher war es möglich, mehr oder weniger passiv 400 Taggelder zu beziehen, also Lohnersatz für fast zwei Jahre (die Arbeitslosenversicherung rechnet, anders als die Unfall- und Krankenversicherung, mit Arbeitstagen; fünf Tage entsprechen einer Woche). Mit dem passiven Leistungsbezug ist es – jedenfalls bei den gesunden Arbeitslosen unter 50 Jahren – vorbei. Es werden nur noch 150 «normale» Taggelder bezahlt. Zusätzliche «besondere» Taggelder erhält im Prinzip nur, wer an den so genannten arbeitsmarktlichen Massnahmen (→ Seite 159) teilnimmt.

Die Personalberaterinnen und -berater der neu geschaffenen RAV sollen nach der Vorstellung der Gründer je 120 Arbeitslose intensiv beruflich betreuen und auch einen intensiven Kontakt zur Arbeitgeberschaft aufbauen. Ihnen stehen Fachleute der Berufs- und Sozialberatung zur Seite.

Nun gibt es aber zwei Probleme: Voraussichtlich ab 1998 werden diese Vertrauenspersonen in den RAV auch Sanktionen auszusprechen haben – etwa wenn Arbeitslose sich ungenügend um Arbeit bemühen oder sich weigern an einer arbeitsmarktlichen Massnahme teilzunehmen. Doch wie kann jemand Vertrauen zu einer Beraterin aufbauen, die gleichzeitig mit der Kürzungspeitsche knallt? Zweite Frage: Wie viel Zeit bleibt wirklich für den Einzelnen bei steigenden Arbeitslosenzahlen? Im Moment sind es 30 bis 60 Minuten pro Person und Monat. Was passiert mit diesem System, wenn auch in der Schweiz europäische Arbeitslosenquoten von zehn Prozent drohen? Gibt's dann weniger Geld und Zeit für die Einzelnen oder noch mehr Zentren und noch höhere Beiträge?

Das neu geschaffene Konzept wird seine Bewährungsprobe im Jahr 1997 bestehen müssen. Bei anhaltend starkem Druck des Arbeitsmarkts ist mit weiteren Um- und Abbauten zu rechnen.

Wer sucht, der findet?

Arbeitslosigkeit grösseren Ausmasses ist in der Schweiz eine verhältnismässig neue Erscheinung. Seit den Siebzigerjahren haben wir uns zwar an den Abbau von Stellen in der Landwirtschaft und Industrie gewöhnt. Solange die Entlassenen jedoch beim Staat oder in Dienstleistungsbetrieben unterkamen, schien das Arbeitslosenproblem einigermassen erträglich. Wer suchte, der fand. Noch vor zwölf Jahren gehörten Arbeitslose zu einer verschwindend kleinen Minderheit und wurden von der öffentlichen Meinung als faule Drückeberger abgestempelt.

Unterdessen hat sich die Minderheit der Arbeitslosen versechsfacht. Auch im Dienstleistungssektor häufen sich die Entlassungen. Doch der Verdacht auf Drückebergertum ist geblieben; unsere Gesellschaft hat (noch) nicht gelernt, Arbeitslosigkeit in einem grösseren wirtschaftlichen Zusammenhang zu sehen. Stellenlose Menschen werden in der Schweiz viel eher verächtlich angesehen als in Ländern, die schon länger mit hohen Arbeitslosenzahlen zu kämpfen haben.

Noch sind das Gesundheitswesen, die Sparten Umwelt, Kultur, Unterricht und Forschung bis zu einem gewissen Grad in der Lage Arbeitslose aufzunehmen. Auch für die Ausbildung der Arbeitslosen werden 1997 über 1000 neue Kursleiterinnen und Kursleiter gesucht. Sonst aber ist die Lage vor allem für Hilfskräfte – und das sind gegen 50 Prozent der Arbeitslosen – prekär. Gefragt sind heute (wenn möglich sollte alles zusammen vorhanden sein): gute Ausbildung, Berufserfahrung, branchenübergreifendes Denken, Teamfähigkeit, Sprachkenntnisse, richtiges (das heisst nicht zu hohes) Alter. Eine Matur oder eine Berufslehre allein garantieren heute noch keine Beschäftigung rund um die Lebensuhr. Weiterbildung lautet zwar die Devise, doch in welche Richtung? Die Entlassungswelle bei den Banken hat gezeigt, dass auch diese oft sehr hoch qualifizierten Arbeitskräfte, nicht mehr so leicht neu platziert werden können, mögen sie noch so gut ausgebildet sein.

Die Zeiten, da der erlernte Beruf ohne Erarbeiten neuer Fertigkeiten bis zur Pensionierung ausgeübt werden konnte, sind für die meisten vorbei. Für die Zukunft rechnet man damit, dass Durchschnittsschweizer wiederholt arbeitslos werden beziehungsweise gezwungen sind den Beruf zu wechseln und/oder die bisherige Ausbildung tiefgreifend zu ergänzen. Der Bedarf nach Berufsberatung steigt. Wer an seinem «Lebensberuf» krampfhaft festhalten will, riskiert wegen seiner beruflichen Enge bald gar keinen Arbeitsplatz mehr zu haben.

Doch auch die Ansicht, dass möglichst viel Aus- und Weiterbildung das Problem der individuellen Arbeitslosigkeit zu lösen vermöge, ist heute in Frage gestellt. Die Tatsache, dass immer mehr Arbeitslose intensiv geschult werden, allein schafft noch keine neuen Stellen (ausser für die Lehrkräfte, welche diesen Unterricht erteilen).

Arbeiten bis zum Umfallen oder mindestens bis zur Pensionierung, Überstunden leisten (immer häufiger unbezahlt) und daneben die Freizeit in vollen Zügen geniessen – das ist der Alltag, wie ihn wohl auch heute noch die Mehrheit der Arbeitnehmer und Arbeitnehmerinnen beschreiben würde. Zaghaft erst beginnt die Diskussion um eine allfällige Neuverteilung der Arbeit. Denn in Zukunft wird es vermutlich nicht mehr viele sichere Arbeitsplätze im Sinn eines traditionellen Hundertprozentjobs mit so genannten Ernährerlöhnen (vorwiegend für Männer) geben. Unsere Gesellschaft muss sich vielleicht darauf einstellen, dass Selbstwert nicht mehr nur durch Arbeiten entsteht.

In zahlreichen anderen Ländern hat die Rezession schon früher eingesetzt. Die Diskussion um die Neuverteilung der Arbeit etwa in England und Holland ist viel weiter fortgeschritten. In Holland gab es in den Achtzigerjahren mehr als zwölf Prozent Arbeitslose. Gewerkschaften und Unternehmer kamen überein, die Arbeitswelt zu flexibilisieren. Insbesondere wurden die fixen Arbeitszeiten abgeschafft. Ladenbesitzer können ihre Geschäfte zwischen 06.00 und 22.00 Uhr offen halten. Die Arbeitszeit wurde bei tieferem Lohn reduziert, um die Arbeit auf mehr Köpfe zu verteilen. Fast 40 Prozent aller Holländerinnen und Holländer arbeiten heute als Teilzeitbeschäftigte. In den letzten sechs Jahren wurden so über 300 000 neue Arbeitsplätze geschaffen.

In der Schweiz ist von solchen gemeinsamen Anstrengungen bisher wenig zu spüren. Arbeitgeber- und Arbeitnehmervertreter stehen sich diametral gegenüber; Lösungsansätze der einen Gruppe stossen auf Widerstand der andern. Die Gewerkschaften etwa stellen die 37-Stunden-Woche zur Diskussion – doch werden dafür mehr Stellen geschaffen? Und soll der Lohn bei reduzierter Arbeitsleistung gleich bleiben? Fortschrittliche Unternehmer schaffen neue Arbeitszeitmodelle, indem sie beispielsweise statt vier Personen zu 100 Prozent fünf zu 80 Prozent anstellen. Andere lassen zu, dass ihre Angestellten Überstundenguthaben ansparen für längere Ferien oder eine frühzeitige Pensionierung. Doch vorläufig bleiben dies Einzelvorstösse.

Der finanzielle Schaden ist gross

Wer einmal arbeitslos ist, kann, je länger die Arbeitslosigkeit dauert, fast alles verlieren. Zwar mag die Arbeitslosenentschädigung noch knapp dazu reichen, den finanziellen Alltag frei von Schulden zu halten. Doch zurzeit finden 20 Prozent aller Arbeitslosen keine Stelle mehr. Ihr Leidensweg ist vorgezeichnet: zuerst reduziertes Einkommen bei der Arbeitslosenversicherung, dann Beschäftigungsprogramme, dann kantonale Arbeitslosenhilfe mit einer weiteren Reduktion der Leistungen (nicht in allen Kantonen), dann Fürsorgeamt. Ein anderer Weg führt über Krankheit und Krankentaggelder zur Invalidenversicherung. Rasch wachsende Defizite im Sozial- und Fürsorgewesen haben einerseits Sparübungen, anderseits eine immer stärkere finanzielle Belastung der (noch) Erwerbstätigen zur Folge. Der Konsum geht zurück, was wiederum zu einer Verschärfung der Krise beiträgt.

Das Büro für Arbeits- und Sozialpolitische Studien (BASS) hat eine Untersuchung über die Auswirkungen der Erwerbslosigkeit auf den städtischen Finanzhaushalt am Beispiel der Stadt Bern im Jahr 1993 verfasst. Gestützt auf diese Studie haben Werner Vontobel und Viktor Breu (Tages-Anzeiger vom 12. 11. 1993) Überlegungen zur Gesamtbelastung der öffentlichen Hand angestellt. Mit berücksichtigt wurden die Taggelder der Arbeitslosenversicherung, die Kosten für beschäftigungspolitische Massnahmen sowie für Arbeitslosen- und Sozialhilfe der Kantone. Nicht in die Berechnung eingeflossen sind die Steuerausfälle, die Gesundheitskosten, die Verluste an Erfahrung und Qualifikation und weitere soziale Kosten. Nach dieser Rechnung hat 1993 jeder der 3500 Arbeitslosen in der Stadt Bern die öffentliche Hand ca. 46 000 Franken gekostet. Damit waren die direkten Kosten für Arbeitslose höher als ihr letzter durchschnittlicher Lohn von 44 000 Franken. Werden auch noch Krankentaggeld- und IV-Leistungen sowie die Ausfälle von Steuern und Sozialversicherungsbeiträgen hinzugerechnet, so ist der finanzielle Schaden durch Arbeitslosigkeit in der Schweiz auf über zehn Milliarden Franken pro Jahr zu veranschlagen.

Eine andere Zahl: 1990 bezogen 130 000 Personen Sozialhilfe, 1997 werden es mehr als 300 000 sein. Die Fürsorgeämter der Gemeinden werden in diesem Jahr über eine Milliarde Franken an bedürftige Familien und Einzelpersonen auszurichten haben. Und immer mehr Menschen, die zwar noch arbeiten, deren Lohn aber nicht mehr reicht, melden sich bei den Fürsorgeämtern, um den laufenden Lebensunterhalt bestreiten zu können.

2.
Das müssen Sie wissen: Grundlagen der Arbeitslosenversicherung

Den Arbeitsuchenden stehen ein gewaltiger Apparat und eine Vielzahl von Institutionen gegenüber. Störend ist insbesondere, dass gleich drei bis vier verschiedene Stellen auf Gemeinde- und Kantonsebene die Finger im undurchsichtigen Spiel um die Existenzsicherung haben:
- Kantonales Amt für Industrie, Gewerbe und Arbeit (KIGA; in einigen Kantonen heisst es anders, beispielsweise kantonales Arbeitsamt), das gewöhnlich der Volkswirtschaftsdirektion des Kantons unterstellt ist
- Regionale Arbeitsvermittlungszentren (RAV → Seite 23)
- Gemeindearbeitsamt: Dieses Amt ist erst in wenigen Kantonen ganz von den RAV ersetzt worden. Die Zukunft dieser bürgernahen Institution ist unklar.
- Arbeitslosenkassen (→ Seite 26)
- Bundesamt für Industrie, Gewerbe und Arbeit (BIGA) in Bern, die Aufsichtsbehörde über die kantonalen und regionalen Stellen

Mit Beschwerden gegen Entscheide der Behörden können sich Arbeitslose jeweils an mindestens eine kantonale Instanz, meist das kantonale Sozialversicherungsgericht, wenden; im Welschland sind es oft deren zwei. Wer mit dem Entscheid der kantonalen Richter nicht einverstanden ist, kann diesen an das eidgenössische Versicherungsgericht (EVG) in Luzern weiterziehen.

Diese unübersichtlichen Strukturen haben bisher alle Gesetzesrevisionen überstanden. Als Besänftigungsversuch des wirren Systems muss wohl verstanden werden, dass es die Arbeitslosen neu als «Kunden» bezeichnet. Die Behinderten heissen bei der Invalidenversicherung bereits seit zwei Jahren so, der Service dieses Versicherungszweigs ist aber nur noch katastrophaler geworden. Ein böses Omen für die Arbeitslosenversicherung, die König Kunde jetzt auf Händen tragen will? Nehmen Sie das System beim Wort, lassen Sie sich nur als Kunden und nicht mehr als arbeitslose Drückeberger behandeln... Doch nun zum organisatorischen Chaos: Wer ist wofür zuständig?

BIGA und KIGA

Das *BIGA* (Bundesamt für Industrie, Gewerbe und Arbeit) ist die höchste Instanz in der Arbeitslosenverwaltung. Es kann den anderen Stellen Weisungen erteilen. Meist geschieht dies in Form von Kreisschreiben, damit das Gesetz von den kantonalen und lokalen Behörden überall gleich angewendet wird. Das BIGA legt beispielsweise fest, welche Unterlagen es braucht, damit ein Gesuch für einen Kursbesuch behandelt werden kann. Weiter überprüft das BIGA die Arbeitslosenkassen sowie deren Revisoren, die darauf achten, dass die Kassen nicht zu Unrecht Taggelder auszahlen. Die Versicherten haben kaum je direkten Kontakt zu dieser Bundesstelle.

Jeder Kanton hat eine Stelle für die praktische Durchführung der Arbeitslosenversicherung eingerichtet, welche dem *KIGA* (kantonales Amt für Industrie, Gewerbe und Arbeit) angegliedert ist. Dieses kantonale Amt hat insbesondere dafür zu sorgen, dass ein ausreichendes Angebot an arbeitsmarktlichen Massnahmen besteht. Es bewilligt die Teilnahme an solchen Massnahmen; es entscheidet über Kurzarbeits- und Schlechtwetterentschädigung. Ferner entscheidet es in folgenden Fällen, die ihm von den Arbeitslosenkassen unterbreitet werden:
– Ein Arbeitsloser erscheint als nicht vermittelbar.
– Eine Versicherte bemüht sich nicht genügend um Arbeit.
– Jemand nimmt eine zugewiesene zumutbare Arbeit nicht an.
– Eine Kundin besucht den Kurs, auf dessen Besuch sie angewiesen und zu dem sie auch angemeldet ist, ohne entschuldbaren Grund nicht oder bricht ihn ab.
– Ein Arbeitsloser (oder ein Arbeitgeber) verletzt seine Auskunftspflicht gegenüber der zuständigen Amtsstelle oder dem KIGA.

Das KIGA kann gewisse Aufgaben auch den regionalen Arbeitsvermittlungszentren beziehungsweise dem Arbeitsamt zuweisen. Diesbezüglich ist 1997 alles im Fluss. Ab 1998 werden vermutlich alle oder die meisten Kompetenzen an die regionalen Arbeitsvermittlungszentren delegiert sein. Vorläufig gilt: Fragen Sie im Zweifelsfall nach, wer für eine Sie interessierende Frage in Ihrem Kanton zuständig ist.

Regionale Arbeitsvermittlungszentren lösen Arbeitsämter ab

Beratung und Kontrolle waren bisher Sache der (oft überforderten) Arbeitsämter. Anfang 1997 rücken in allen Kantonen die regionalen Arbeitsvermittlungszentren (RAV) in den Mittelpunkt der Welt der Arbeitslosen. Sie verstehen sich als professionelle Stellenvermittlungszentren, die schneller als bisher Arbeitgeber und Stellensuchende in Kontakt bringen sollen.

Diese Zentren sind zuständig für die Beratungs- und Kontrollgespräche und für den direkten Kontakt mit den Versicherten. Die erste Anmeldung und die Erfassung der Kontrolldaten geschieht je nach Kanton bei den Arbeitsämtern der Gemeinde oder beim zuständigen RAV. Sofern das Gemeindearbeitsamt noch am Ball ist, beschränkt sich seine Tätigkeit auf das Aufnehmen der Daten, das Verteilen der Formulare und bis 1998 allenfalls auf die Stempelkontrolle (→ Seite 69). Weiter führen die Arbeitsämter grösserer Städte Beschäftigungsprogramme durch; sie sind auch häufig für die Auszahlung der kantonalen Arbeitslosenhilfe zuständig (→ Seite 192).

Als anfangs der Neunzigerjahre die Arbeitslosenzahlen hochschnellten, wurde eine Neuorientierung in der Arbeitslosenversicherung dringend notwendig. Die Arbeitsämter waren angesichts der Flut von Arbeitslosen zu Stempelbuden verkommen, die kaum Kontakte zu den Arbeitgebern pflegen konnten. Und weil Arbeitslose, die möglichst viele Bewerbungen schrieben, weniger Probleme mit dem System hatten, leisteten sie einen ansehnlichen Beitrag an die Überfütterung der Personalchefs. Wie sollte jemand aus über 100 Bewerbungen (darunter vier Schreiner und drei kaufmännische Angestellte) einen Metzger auswählen? Um den aufwendigen Ausleseprozess zu vermeiden, entschlossen sich die Arbeitgeber vermehrt Personalberatungsbüros zu engagieren. Auch wenn es darum ging, überzählige Mitarbeiter einer neuen Firma schmackhaft zu machen (vornehm englisch ausgedrückt Outplacement), wurden solche Büros vermehrt direkt angegangen. In dieser Szenerie spielten die Arbeitsämter in den letzten Jahren eine sehr bescheidene Rolle.

Abhilfe sollen nun die neuen Arbeitsvermittlungszentren schaffen. Wenn dieses Buch erstmals erscheint, haben die meisten allerdings erst vor einigen Monaten ihre Tore geöffnet. Chaos, Unsicherheiten und Fehler werden an der Tagesordnung sein. Es ist zu hoffen, dass der gute Wille, die guten Absichten des neuen Konzepts siegen.

Ziel der neuen Zentren ist es vor allem, mehr Beratungskapazität zu schaffen. Die Arbeitslosen sollen weniger verwaltet, dafür mehr betreut werden. Die Qualität der Vermittlung und Beratung soll steigen, der Kontakt zu den Arbeitgebern verbessert werden und die Zentren werden mit privaten Arbeitsvermittlungsstellen zusammenarbeiten. Aufgabe der Beraterinnen und Berater ist es auch, die neu eingeführten arbeitsmarktlichen Massnahmen massgeschneidert an die Arbeitslosen heranzutragen.

Leistungen der Arbeitslosenversicherung galten bisher oft als Almosen. Dabei handelt es sich richtig verstanden um Investitionen in die Zukunft. Die neue Devise (auf dem Papier zumindest) lautet: Weg vom kleinkarierten Stempelkissen, weg von den substanzlosen Kontrollen und der planlosen Stellenjägerei vieler Arbeitslosen; hin zu Bewerbungsstrategien für jeden Einzelnen, zu gezielter Weiterbildung etc.

Was wird die Professionalisierung der öffentlichen Arbeitsvermittlung bringen? Erfahrungen aus anderen Ländern zeigen, dass der Wechsel von der Stempelbude zum modernen kundenorientierten Vermittlungszentrum dazu führen könnte, dass sich die Personalberater vor allem um die «guten» Fälle kümmern. Dass sie den Kontakt mit den Arbeitgebern pflegen und allenfalls beginnen, auch in ungekündigtem Verhältnis stehende Angestellte, die ihre Stelle wechseln wollen, zu vermitteln. Das Nachsehen hätten dann die potentiellen Langzeitarbeitslosen, zum Beispiel die gesundheitlich angeschlagenen Hilfsarbeiter, die keine schwere körperliche Arbeit mehr verrichten dürfen, oder die vielen Ausländer mit unvollständigem Schulsack und mangelhaften Sprachkenntnissen.

Das neue System ist nur dann besser, wenn es gelingt, auch schwierigere Kundinnen und Kunden nachhaltig zu vermitteln. Ziel muss es sein, für jeden und jede eine längerfristige Perspektive aufzubauen und beispielsweise auch gesundheitliche Probleme mit einzubeziehen. Das führt naturgemäss zu höheren Kosten, zum Beispiel für eine längere, umfassendere Ausbildung. Wenn eine Beraterin der Überzeugung ist, dass eine junge Sekretärin in zehn Jahren keine Chance mehr auf dem Arbeitsmarkt haben wird, sollte sie ihr bereits heute eine neue Ausbildungsschiene offerieren.

Notwendig wird es auch sein, neue Konzepte in der Zusammenarbeit mit der Invalidenversicherung zu realisieren. In diesem Versicherungszweig herrschen zurzeit katastrophale, geradezu zynische Verhältnisse. Offiziell gilt der Grundsatz: Eingliederung vor Rente. In Wirklichkeit heisst es heute: keine Eingliederung, keine Rente, und wenn doch eine

Rente, dann nach jahrelangem Prozess und ohne Eingliederungsversuche. Standardbeispiel aus der Praxis: Der armamputierte Bauarbeiter kann in seinem angestammten Beruf nicht mehr tätig sein. Die IV erklärt, er könne aber leichte Arbeit in der Fabrik verrichten und erleide dadurch kaum eine finanzielle Einbusse. Das mag theoretisch stimmen; doch für die Tausende von behinderten Hilfsarbeiterinnen und Hilfsarbeitern, die nachgewiesenermassen keine schweren Arbeiten mehr verrichten können, stehen solche fiktiven Arbeitsplätze gar nicht zur Verfügung. Offenbar versucht man bei der IV mit dieser Passivität das Defizit auf Kosten der Arbeitslosenversicherung zu reduzieren – ein unhaltbarer Verteilkampf. Es ist dringend notwendig, dass die Arbeitsvermittlungszentren solche Fälle nicht nur der IV überlassen, sondern rasch eine Umschulung oder Grundausbildung anstreben. Konzepte dafür gibt es (→ Seite 208).

In der Schweiz gibt es bei Drucklegung dieses Ratgebers rund 130 RAV (Adressen → Seite 270) mit ca. 2000 Mitarbeiterinnen und Mitarbeitern. Auf ein regionales Arbeitszentrum sollten etwa 1000 Arbeitslose kommen; das entspricht einem Gebiet von 50 000 bis 70 000 Einwohnern. Eine Beraterin, ein Berater betreut zurzeit ca. 200 Arbeitslose. Geplant war eine Betreuung von ca. 100 bis 150 Personen. Doch die steigenden Arbeitslosenzahlen warfen diese Vorstellungen über den Haufen. Vorgesehen ist deshalb ein weiterer Ausbau des Systems.

Zu den wichtigsten Aufgaben der RAV-Mitarbeiter gehört neben der Beratung der Arbeitslosen und dem Kontakt zu Arbeitgebern auch eine sinnvolle Triage der Versicherten, allenfalls unter Beizug von Sozialarbeiterinnen und Berufsberatern. Denn nicht jede und nicht jeder Arbeitslose benötigt die gleiche Betreuung. In der engen Kooperation zwischen den verschiedenen Beratungsstellen liegt eine Chance. Wichtig ist dabei, dass die Beratungen unter einem Dach stattfinden und die Betroffenen nicht von Stelle zu Stelle geschickt werden.

Die Beraterinnen und Berater der RAV stehen in einem Zielkonflikt zwischen kurzfristiger Vermittlung und umfassender Beratung und Betreuung. Sie haben nicht viel Zeit pro Person und Monat: 30 bis 60 Minuten. Lassen sie aber die schwierige Situation der Schwervermittelbaren ausser Acht, besteht die Gefahr, dass diese, auch wenn ein Arbeitsplatz gefunden wird, bald wieder als «Rückfällige» im RAV erscheinen. Lässt sich ein Berater anderseits zu sehr auf persönliche Probleme ein und baut beispielsweise eine umfassende Karriereplanung für jeden einzelnen «seiner» Arbeitslosen auf, kommt das System rasch an seine Grenzen.

Im Moment sind die RAV in einer Einarbeitungsphase. Doch ist diese einmal abgeschlossen, erwartet sie eine neue, delikate Arbeit. Voraussichtlich ab 1998 sollen die RAV auch für Sanktionen bei ungenügenden Arbeitsbemühungen verantwortlich sein. Beraten und strafen in einer Hand? Erste Erfahrungen mit dem RAV-System in Solothurn haben offenbar gezeigt, dass sich die Arbeitslosen dank der intensiveren Begleitung aktiver verhalten und insbesondere auch befristete Anstellungen, Zwischenverdienste und Einsätze in Beschäftigungsprogrammen als Chance wahrnehmen können. Es wäre zu begrüssen, wenn mit dem neuen System weniger Strafen notwendig würden.

Tripartite Kommission

Für jedes RAV wird eine tripartite Kommission geschaffen. Sie setzt sich zusammen aus Vertretern der Arbeitsmarktbehörden und der Arbeitgeber- und Arbeitnehmerorganisationen. Sie berät das RAV und soll bei der Bereitstellung der notwendigen arbeitsmarktlichen Massnahmen behilflich sein. Eine neue Institution mehr! Nötig? – das wird sich zeigen.

Die Arbeitslosenkassen

Sie sind für die Auszahlung der Arbeitslosenentschädigung zuständig. Jeder Kanton führt eine öffentliche Kasse, die allen Versicherten offen steht. Daneben gibt es Verbandskassen von Arbeitnehmer- und Arbeitgeberorganisationen. Eigentlich ist diese Struktur wenig praktikabel; sie ist aber historisch gewachsen und hat bisher alle Gesetzesrevisionen überstanden. Es ist heute wirklich nicht einzusehen, warum für die Auszahlung von Versicherungsleistungen verschiedene Organisationen bestehen. Abklärung des Anspruchs, Beratung und Zahlung von Taggeldern gehören in eine Hand. Bisher jedoch haben die Partikularinteressen der Gewerkschaften und der Arbeitgeberverbände eine Schlankheitskur der Organisation wirksam torpediert.

Die Versicherten können die Kasse frei wählen mit einer Ausnahme: Für die Auszahlung der Insolvenzentschädigung (→ Seite 245) ist ausschliesslich die öffentliche Kasse zuständig. Die Arbeitslosenkassen haben hauptsächlich folgende Aufgaben:

- Sie klären den Anspruch auf Taggeld ab.
- Sie richten die Leistungen nach dem Gesetz aus.
- Sie verfügen die Einstellung in der Anspruchsberechtigung bei selbstverschuldeter Arbeitslosigkeit, bei Verzicht auf Lohnforderungen gegenüber dem bisherigen Arbeitgeber, bei unrechtmässigem Bezug von Taggeldern sowie bei einer Verletzung der Meldepflicht gegenüber der Kasse.

Bestehen Zweifel darüber, ob ein Versicherter anspruchsberechtigt ist oder ob und wie lange jemand mit einer Taggeldkürzung bestraft werden soll, entscheiden die Kassen aber nicht selbst, sondern müssen den Fall dem KIGA unterbreiten. Auch das ein Unsinn: Für gewisse Sanktionen sind die Kassen, für andere das kantonale Amt zuständig. Ziel der nächsten Gesetzesrevision muss es sein, die regionalen Zentren nicht nur für die Vermittlung und für Sanktionen (geplant ab 1998), sondern auch für die Ausrichtung der Leistungen zuständig zu erklären.

Die wichtigsten Begriffe im Überblick

Damit Sie sich im Kontakt mit den zuständigen Stellen besser zurechtfinden, hier das Einmaleins des Arbeitslosenversicherungsrechts. Die häufig verwendeten Begriffe werden nur kurz erklärt; detailliertere Erläuterungen mit der Darstellung der Gerichtspraxis finden Sie in den folgenden Kapiteln.

● **Anspruch** (G8; → Seite 67): Meldet sich jemand bei der Arbeitslosenversicherung an, so wird erst überprüft, ob alle der sieben so genannten Anspruchsvoraussetzungen erfüllt sind. Wer Taggeld erhalten will, muss
- ganz oder teilweise arbeitslos sein,
- einen Arbeitsausfall erleiden,
- Wohnsitz in der Schweiz haben,
- die obligatorische Schulzeit zurückgelegt, aber das AHV-Alter noch nicht erreicht haben,
- während einer gewissen Zeit Beiträge bezahlt haben oder von der Erfüllung der Beitragszeit befreit sein,
- vermittlungsfähig sein und
- die Kontrollvorschriften erfüllen.

Der ganze Papierkrieg bei der Anmeldung (→ Seite 61) dient dazu, diesen Anspruch abzuklären.

● **Beitragspflicht** (G13, G14 und V11 bis V13; → Seite 73): Als Grundsatz gilt: Wer Taggelder beziehen will, muss in den letzten zwei Jahren vor der Anmeldung mindestens während sechs Monaten Beiträge an die Versicherung bezahlt haben. Doch es gibt Ausnahmen: In bestimmten Situationen (zum Beispiel nach einer Scheidung) kann jemand von der Erfüllung der Beitragspflicht befreit sein (→ Seite 76).

● **Vermittlungsfähigkeit** (G15 und V14 bis V15; → Seite 83): Nur wer vermittlungsfähig ist, wird auf Leistungen der Arbeitslosenversicherung zählen können. Es wird überprüft, ob jemand arbeiten
– will (Werden genügend gute Stellenbewerbungen nachgewiesen?)
– kann (Gibt es Hindernisse persönlicher oder gesundheitlicher Art?)
– darf (Haben Ausländer eine gültige Arbeitsbewilligung?)

Bei vorübergehender Erkrankung oder Arbeitsunfähigkeit wegen Schwangerschaft zahlt die Arbeitslosenversicherung trotz fehlender Vermittlungsfähigkeit während rund eines Monats.

● **Anrechenbarer Arbeitsausfall** (G11 und V4, V5; → Seite 70): Damit ein Arbeitsausfall entschädigt werden kann, muss dieser auch ein Loch ins Portemonnaie reissen (Verdienstausfall). Zwar einen Arbeits-, aber keinen Verdienstausfall hat, wer in der Kündigungszeit bei vollem Lohn freigestellt wird. Kein anrechenbarer Arbeitsausfall entsteht auch, wenn gegenüber dem Arbeitgeber noch Ansprüche geltend gemacht werden können.

● **Rahmenfristen** (G9): Diese begrenzen die Leistungen der Arbeitslosenversicherung. Zu unterscheiden sind zwei Rahmenfristen:
– Zweijährige Rahmenfrist für die *Beitragszeit:* Als Grundsatz gilt: Wer in den letzten zwei Jahren vor dem ersten Stempeltag mindestens sechs Monate gearbeitet und Beiträge bezahlt hat (beitragspflichtige Beschäftigung), erhält Leistungen der Arbeitslosenversicherung.
– Zweijährige Rahmenfrist für den *Leistungsbezug:* Vom ersten Stempeltag an besteht grundsätzlich ein Anspruch darauf, während maximal zwei Jahren Leistungen der Arbeitslosenversicherung zu beziehen. In gewissen Fällen ist eine Verlängerung des Leistungsbezugs um bis zu zwei weitere Jahre möglich.

Zwei unterschiedliche Rahmenfristen

Rahmenfrist Beitragszeit	1. Stempeltag ↓ Rahmenfrist Leistungsbezug	Verlängerung
2 Jahre	2 Jahre	bis zu 2 Jahre
Mindestens 6 Monate Arbeit	Stempeln, Teilnahme an arbeitsmarktlichen Massnahmen; Bezug von normalen und besonderen Taggeldern	Zusätzlicher Leistungsbezug (zum Beispiel kurz vor AHV-Alter → Seite 187, Ausbildungszuschüsse → Seite 169, selbständige Erwerbstätigkeit → Seite 179)

● **Zumutbare Arbeit** (G16 und V16, V17; → Seite 99): Arbeitslose müssen zur Schadenminderung grundsätzlich jede Arbeit unverzüglich annehmen. Das Gesetz nennt die wenigen Ausnahmen, wann eine Arbeit nicht zumutbar ist. Wer zumutbare Arbeit ablehnt, riskiert zuerst mit Einstelltagen gebüsst zu werden. Im Wiederholungsfall müssen Arbeitslose damit rechnen, dass ihnen die Vermittlungsfähigkeit abgesprochen wird und sie den Anspruch auf Taggelder verlieren.

● **Versicherter Verdienst** (G23 und V37 bis V41; → Seite 114): Dieser bildet die Grundlage für die Taggeldberechnung. Nicht jeder Verdienst, auf dem Beiträge an die Arbeitslosenversicherung abgeführt worden sind, ist auch entschädigungsberechtigt. Versicherter Verdienst ist normalerweise der Lohn, der aus einem oder mehreren Arbeitsverhältnissen erzielt worden ist, maximal 8100 Franken pro Monat (Stand 1997). Eingeschlossen sind vertraglich vereinbarte Zulagen, die insbesondere auch während der Ferien bezahlt werden. Nicht versichert sind etwa ein Nebenverdienst, Überstunden, ein Monatsverdienst von insgesamt weniger als 500 Franken.

● **Stempeln** (G17 und V18 bis V27): Bisher mussten Arbeitslose zweimal in der Woche stempeln gehen. Ab 1997 wird das Stempeln zunehmend durch Beratungsgespräche, die mindestens einmal im Monat stattfinden, ersetzt. Ab 1998 verschwinden Stempelkarten und -kissen aus dem Sprachgebrauch der Arbeitslosenversicherung. Dieses Buch verwendet den Begriff Stempeln vorderhand weiter, da das Wort als Synonym für Arbeitslosigkeit steht.

● **Taggeld** (G22; → Seite 114): Arbeitslose sind immer Tagelöhner; der frühere Lohn wird in ein Taggeld umgerechnet. Der Entschädigungssatz beträgt 70 beziehungsweise 80 Prozent davon; im Zug der Sparmassnahmen werden aber seit dem 1. Januar 1997 je nach Familienstand ein oder drei Prozent abgezogen, was Ansätze zwischen 67,9 und 79,2 Prozent ergibt. Von diesem Betrag gehen schliesslich noch namhafte Versicherungsbeiträge weg. Im Gegensatz zu anderen Versicherungszweigen rechnet die Arbeitslosenversicherung nicht mit Kalender-, sondern mit Arbeitstagen. Das Taggeld wird für fünf Werktage pro Woche und für bezahlte Feiertage ausgerichtet. 150 normale Taggelder entsprechen also 30 Wochen beziehungsweise einem guten halben Jahr.

● **Wartefrist** (G18 und V6 bis V8; → Seite 129): Alle Arbeitslosen haben zu Beginn eine allgemeine Wartefrist von fünf Tagen zu bestehen. Während dieser Zeit müssen sie stempeln, erhalten aber kein Geld. Wer von der Beitragszeit befreit ist (→ Seite 76), dem wird zusätzlich eine Wartefrist von 1 bis 120 Tagen aufgebrummt.

● **Zwischenverdienst** (G24; → Seite 135): Erzielt jemand während der Arbeitslosigkeit aus unselbständiger oder selbständiger Tätigkeit ein Einkommen, das tiefer ist als das Taggeld der Arbeitslosenversicherung, wird dies Zwischenverdienst genannt. Der Arbeitslose hat dann Anspruch auf Kompensationszahlungen der Arbeitslosenkasse. Es ist durchaus erwünscht, zum Teil sogar Pflicht, dass jemand während des Stempelns arbeitet. Nur muss jede Arbeit sofort gemeldet werden.

● **Einstelltage** (G30 und V44 bis V45; → Seite 143): Arbeitslose werden dann in der Anspruchsberechtigung eingestellt (im Buch öfter «Taggeld- oder Stempelbusse» genannt), wenn sie bestimmte Fehler begehen: etwa bei selbstverschuldeter Kündigung oder wenn zu wenig Arbeitsbemühungen vorgewiesen werden. Während der Einstelltage werden keine Taggelder ausgezahlt; sie verkürzen den Taggeldanspruch.

● **Aktive arbeitsmarktliche Massnahmen** (G59 bis G75 und V81 bis V102; → Seite 159): Damit sind Leistungen zur Verhütung und Bekämpfung von Arbeitslosigkeit gemeint, welche die Arbeitslosenversicherung anbietet. Das können sein:

- Kurse zur Umschulung und Weiterbildung
- Programme zur vorübergehenden Beschäftigung
- Einarbeitungszuschüsse
- Förderung des Vorruhestands
- Ausbildungszuschüsse
- Förderung der selbständigen Erwerbstätigkeit
- Pendlerkosten- und Wochenaufenthalterbeiträge

● **Verfügung:** Entscheide der Amtsstellen, zum Beispiel eine Einstellung in der Anspruchsberechtigung (Stempelbusse), müssen als Verfügung mitgeteilt werden. Eine mündliche Mitteilung genügt nicht, ebenso wenig ein Brief, da nur gegen eine Verfügung Beschwerde eingereicht werden kann. Eine Verfügung muss folgende Punkte enthalten:
- den Entscheid in eindeutiger Formulierung
- eine Begründung des Entscheids
- einen Verweis auf die entsprechenden Gesetzesartikel
- Angabe, bei welcher Behörde innert 30 Tagen Beschwerde geführt werden kann (→ Seite 223)

● **Ausgesteuert** (→ Seite 191): Haben Versicherte alle möglichen Taggelder bezogen, besteht kein Anspruch mehr und die Versicherung muss nichts mehr bezahlen. In der Mehrheit der Kantone erhält man dann während einer beschränkten Zeit Leistungen der kantonalen Arbeitslosenhilfe. Auch bei der Arbeitslosenhilfe kann man schliesslich ausgesteuert werden.

● **Krankheit und Unfall** (G28 und V42): Wer vorübergehend wegen Krankheit, Unfall oder Mutterschaft arbeitsunfähig ist, kann während 30 Kalendertagen ein Taggeld beziehen (bei mehrmaliger Erkrankung höchstens 34 Taggelder pro Rahmenfrist). Die Arbeitsunfähigkeit muss innert einer Woche dem Arbeitsamt oder RAV gemeldet werden (zum Versicherungsschutz → Seite 199).

● **Kontrollperiode:** Das Taggeld wird pro Kontrollperiode abgerechnet. Diese beträgt immer einen Monat.

● **Insolvenzentschädigung** (G51 bis G58 und V73 bis V80; → Seite 245): Geht ein Arbeitgeber Konkurs, deckt die Insolvenzentschädigung den nicht bezahlten Lohn der letzten sechs Monate des Arbeitsverhältnisses. Die Entschädigung beträgt nicht bloss knapp 70 beziehungsweise

80, sondern 100 Prozent des entgangenen Lohnes, sofern dieser 8100 Franken monatlich (Stand 1997) nicht übersteigt.

● **Kurzarbeit** (G31 bis G41 und V46 bis V64; → Seite 239): Hier muss der Arbeitgeber aktiv werden. Um die Arbeitsplätze längerfristig halten zu können, reduziert er vorübergehend das Arbeitspensum, verlangt einen Teil des Erwerbsausfalls bei der Arbeitslosenkasse und leitet die Entschädigung an seine mit einer Lohnreduktion einverstandenen Angestellten weiter. Unter den Begriff Kurzarbeit fällt unter Umständen auch die gähnende Leere in Wintersportgebieten als Folge eines ungewöhnlichen Schneemangels.

● **Schlechtwetterentschädigung** (G42 bis G50 und V65 bis V72; → Seite 244): Das extreme Wetter ist schuld: Nässe oder Trockenheit können in gewissen vom Gesetz bezeichneten Branchen (zum Beispiel Bau) zu Arbeitsausfällen und deshalb zu Entschädigungen der Arbeitslosenversicherung führen.

● **Regionale Arbeitsvermittlungszentren RAV** (→ Seite 23): Mit der Neuregelung der Arbeitslosenversicherung lösen die regionalen Arbeitsvermittlungszentren die Arbeitsämter ab. Sie sind zuständig für die Beratung der Arbeitslosen, für die Stellenvermittlung und dafür, dass die Arbeitslosen zu den richtigen arbeitsmarktlichen Massnahmen kommen. Ein RAV ist für 50 000 bis 70 000 Einwohner zuständig.

● **Arbeitslosenkasse** (→ Seite 26): Es gibt öffentliche und private (meist gewerkschaftliche) Kassen. Sie sind zuständig für die Auszahlung der Arbeitslosenentschädigung; 1997 sind sie vorderhand noch für die Überprüfung des Taggeldanspruchs und für gewisse Sanktionen zuständig. Arbeitslose können «ihre» Kasse frei wählen.

3. Sichere Stelle – was interessiert mich die Arbeitslosenversicherung?

Auch wer glaubt in einem sicheren Arbeitshafen gelandet zu sein, riskiert, dass die Konjunkturwellen einen Dammbruch bewirken. Es empfiehlt sich deshalb schon in guten Tagen, sich über das Sozialversicherungssystem zu informieren. Auch lohnt es sich, den eigenen Arbeitsvertrag einmal genauer anzuschauen und sich mit dem Arbeitsrecht wenigstens in groben Zügen auseinander zu setzen. Denn je nach Arbeitsverhältnis können unterschiedliche Schwierigkeiten entstehen, sollten Sie einmal mit Arbeitslosigkeit konfrontiert werden.

Wer ist gegen Arbeitslosigkeit versichert?

Die Arbeitslosenversicherung ist, wie es der Name sagt, eine Versicherung und funktioniert nach dem üblichen System: Beiträge zahlen in guten Tagen, damit man im «Schadenfall» Leistungen erhält. Diese Versicherung ist obligatorisch für alle unselbständigen Arbeitnehmerinnen und Arbeitnehmer. Im Normalfall bedeutet das: Wer bei einem Arbeitgeber angestellt ist und AHV-Beiträge bezahlt, dem wird auch automatisch der Beitrag an die Arbeitslosenversicherung abgezogen. Überhaupt deckt sich die Versicherungspflicht im Arbeitslosenversicherungsrecht weitgehend mit der AHV-Beitragspflicht. Es gibt allerdings einige Ausnahmen (G2 und V1):
- Mitarbeitende Familienmitglieder in der Landwirtschaft zahlen keine ALV-Beiträge (weil man davon ausgeht, dass sie nicht arbeitslos werden).
- Auch Rentnerinnen und Rentner, die nach Erreichen des AHV-Alters weiter arbeiten, müssen sich keinen Abzug gefallen lassen (sie würden von der ALV auch kein Geld erhalten).

● Wer weniger als insgesamt 500 Franken pro Monat verdient, zahlt zwar auch ALV-Beiträge, ist aber später nicht berechtigt Taggelder zu beanspruchen.

● Auf dem Lohn für Überstunden werden wie vom übrigen Lohn auch ALV-Prämien abgezogen; diese Lohnbestandteile bleiben aber bei der Taggeldberechnung unberücksichtigt.

● Auch für Nebenverdienste (die zusätzlich zu einer Vollzeitbeschäftigung erzielt werden) gibt es bei Arbeitslosigkeit kein Geld, obwohl ebenfalls ALV-Beiträge abgezogen werden.

● Saisonniers und Asylbewerber müssen zwar, wenn beschäftigt, Prämien zahlen, erhalten aber unter Umständen keine Leistungen.

Nicht gegen Arbeitslosigkeit versichert sind *Selbständigerwerbende*. Sie können sich auch nicht freiwillig versichern. Wenn ihre Firma scheitert, bleibt meist nur der Gang zur Fürsorge. Zwar schreibt die Bundesverfassung vor: «Der Bund sorgt dafür, dass selbständig Erwerbende sich unter bestimmten Voraussetzungen versichern können.» Bis jetzt gibt es jedoch keine Versicherungspflicht und auch kein -recht für Selbständigerwerbende, wohl deshalb, weil ein behaupteter Arbeitsausfall praktisch nicht überprüfbar ist. Fraglich ist auch, ob die Selbständigen selber dazu bereit wären, sich in ihren guten Tagen Solidaritätsbeiträge abziehen zu lassen. Dennoch: Auch Selbständigerwerbende können beschränkt Leistungen der Arbeitslosenversicherung beanspruchen; sie haben Anspruch auf bezahlte Kurse (→ Seite 168).

Was kostet mich die Arbeitslosenversicherung?

Arbeitnehmer und Arbeitgeber bezahlen die Beiträge an die Arbeitslosenversicherung zu gleichen Teilen. Der Beitragssatz wird vom Bundesrat festgelegt. Er beträgt 1997 total drei Prozent für monatliche Lohnbestandteile bis 8100 Franken; auf Lohnbestandteilen über 8100 und bis 20 250 Franken monatlich zahlen Arbeitgeber und Arbeitnehmer je 0,5 Prozent zusätzlich – gleichsam ein Solidaritätsbeitrag (V1a). Die Beiträge werden der AHV-Ausgleichskasse des Arbeitgebers überwiesen. Versäumt es der Arbeitgeber zum Beispiel wegen Liquiditätsproblemen, die abgezogenen Beiträge weiterzuleiten, sind die Arbeitnehmer trotzdem versichert.

Bei der Arbeitslosenversicherung kommen erhebliche Beträge zusammen: 1994 waren es 3,64 Milliarden Franken, 1995 5,45 Milliarden und 1996 (provisorische Zahlen) nahm die Versicherung rund 5,6 Milliarden Franken ein. Wie wurde dieses Geld verteilt? 1996 gingen 4,1 Milliarden in Form von Taggeldern (Erwerbsersatz) an die Arbeitslosen, weitere 68 Millionen erhielten die Arbeitnehmerinnen und Arbeitnehmer für Lohnausfall infolge Zahlungsunfähigkeit des Arbeitgebers (Insolvenzentschädigung → Seite 245). Für Kurzarbeit (→ Seite 239) wurden den Arbeitgebern 313 Millionen Franken ausgezahlt und für Schlechtwetterentschädigungen (→ Seite 244) schüttete die Versicherung 58 Millionen aus. Schliesslich kamen den Arbeitslosen im Rahmen von aktiven arbeitsmarktlichen Massnahmen (Kurse, Einarbeitungszuschüsse, Beschäftigungsprogramme etc. → Seite 159) 722 Millionen Franken zugut.

Es ist übrigens unglaublich, wie viele Hände im Spiel sind, bis das Geld von der Quelle (Arbeitgeber) zu den Arbeitslosen gelangt. Zuerst wird es an die AHV-Ausgleichskasse geschickt, welcher der Arbeitgeber angeschlossen ist. Diese Kasse überweist es der Zentralen Ausgleichsstelle der AHV in Genf. Dann geht das Geld an die Ausgleichsstelle ALV in Bern und von dort an eine der 49 Arbeitslosenkassen, die mit den Arbeitslosen abrechnen. Die Bürokratie könnte sicher schlanker und billiger gehalten werden; immerhin: der lange Weg schafft Arbeitsplätze!

Wie kann ich der Arbeitslosigkeit vorbeugen?

Sichere Arbeitsplätze gibt es immer weniger. Vor allem für ältere Angestellte ist die Luft auf dem Arbeitsmarkt dünn geworden: Sollten sie den Job verlieren, gibt es kaum noch Chancen für eine Neuanstellung.

Wer unvorbereitet arbeitslos wird, hat es sicher schwerer, sich vom Schock zu erholen und seine Situation aktiv anzupacken. Stellen Sie sich deshalb bereits in ungekündigter Stellung ein paar Fragen:
- Wie sicher ist mein jetziger Arbeitsplatz?
- Ist die Branche, in der ich arbeite, zukunftsträchtig? Braucht es das Produkt oder die Dienstleistung in einigen Jahren noch?
- Welche Fähigkeiten habe ich und wo könnte ich noch gefragt sein?
- Wie stehe ich fachlich da? Bin auf dem neuesten Stand oder brauche ich Weiterbildung?
- Wie verhalte ich mich, wenn es mich trifft? An wen wende ich mich?
- Könnte ich mit einem reduzierten Einkommen mein Leben weiter finanzieren? Wo wären Abstriche möglich?

- Wie ist das, wenn ich plötzlich viel Zeit habe?
- Welche beruflichen Möglichkeiten habe ich ausserhalb meiner jetzigen Arbeit?
- Kann ich mich heute schon auf andere Tätigkeiten vorbereiten?
- Weiss ich überhaupt noch, worauf es bei einer Bewerbung ankommt und wie man sich am besten «verkauft»?

Aus der Antwort auf einige dieser Fragen ergibt sich allenfalls ein Handlungsbedarf. Wer beispielsweise seinen aufwendigen Lebensstil reduziert auf das, was ihm wirklich wichtig ist, braucht weniger Geld – und ist entsprechend unabhängiger. Schauen Sie auch immer mal wieder einen Stellenanzeiger durch. Auf welche Inserate könnten Sie sich bewerben? Welche Branchen suchen regelmässig Leute? Vielleicht passt eine Nebenbeschäftigung, ein Hobby, das Sie schon lange vertiefen wollten, zu Angeboten ausserhalb Ihres eigentlichen Berufsfelds. Die Bereiche Umwelt, Soziales, Pflege und Weiterbildung gelten heute noch am ehesten als Wachstumsbranchen, und es werden hier auch recht viele Kurse für Erwachsene angeboten.

Vor einigen Jahren war es relativ einfach, die Stelle zu kündigen, für ein paar Monate ins Ausland zu fahren und anschliessend wieder aus einer ganzen Zahl passender Angebote auszuwählen. So sinnvoll ein Auslandaufenthalt für die weitere berufliche Entwicklung ist – heute sollten Sie sich schon vor der Abreise Gedanken über Ihre Situation nach der Rückkehr machen. Vielleicht können Sie mit Ihrer jetzigen Firma ein Abkommen treffen?

Regelmässige Weiterbildung im Beruf ist ein Muss. Die Zeiten sind vorbei, in denen eine gute Berufsausbildung Arbeit fürs Leben garantierte. In jedem Beruf gibt es laufend Veränderungen, denen man sich durch neues Wissen anpassen muss. Ein nahe liegendes Beispiel ist die Computerisierung, es gibt bald keinen Arbeitsplatz mehr ohne EDV. Wenn in Ihrem Betrieb also Kurse und Schulungen angeordnet werden, nehmen Sie diese nicht als Zusatzbelastung, sondern als Chance wahr. Informieren Sie sich auch selber über Kurse, mit denen Sie Wissenslücken füllen können. Vielleicht beteiligt sich ja Ihr Arbeitgeber an den Kosten oder gibt Ihnen wenigstens die Zeit dafür frei. Und wenn nicht, dann besuchen Sie einen wichtigen Kurs eben in Ihrer Freizeit – so sind Sie Ihrem Arbeitgeber auch nichts schuldig.

Ihr Arbeitsvertrag – ein wichtiges Dokument

Ist der Arbeitsvertrag von beiden Seiten unterschrieben, wandert er meist in die unterste Schublade. Kriselt es im Betrieb oder denken Sie an einen Stellenwechsel, so kann aber plötzlich ausschlaggebend sein, was in Ihrem Vertrag steht. Denn je nach Arbeitsverhältnis kann es unterschiedliche Probleme mit der Arbeitslosenversicherung geben.

Wichtiger Grundsatz: Geld gibt es von der Arbeitslosenkasse nur, wenn der Arbeitgeber nicht mehr leistungspflichtig ist. Und wenn die Lohnverhältnisse unklar sind, hapert es auch mit dem Geld von der Arbeitslosenversicherung (Stichworte: Temporärjobs und Arbeiten auf Abruf). Es ist wichtig, dass Sie genau wissen, was Ihnen zusteht, und das auch verlangen. Sonst riskieren Sie weder vom Arbeitgeber noch von der Arbeitslosenkasse etwas zu erhalten. Hier deshalb eine kurze Lektion zum Arbeitsrecht (wer's noch genauer wissen will: Beobachter-Ratgeber «Arbeitsrecht»).

Die wichtigsten Bestimmungen zum Arbeitsvertrag finden sich im Obligationenrecht (OR). Dieses Gesetz gilt immer dann, wenn nichts anderes vereinbart oder der Vertrag unklar ist. Manche Vorschriften des Arbeitsvertragsrechts sind zwingend, das heisst, sie können nicht durch Vertrag abgeändert werden. Es geht dabei vor allem um Vorschriften, die dem Schutz der Arbeitnehmer dienen.

Ein Arbeitsvertrag kann mündlich oder schriftlich abgeschlossen werden. Mündliche Abmachungen sind aber, sollte es zu einem Streit kommen, kaum mehr zu beweisen. Es ist deshalb sinnvoll, die wichtigsten Punkte schriftlich festzuhalten.

Unklare Arbeitsverträge führen immer wieder zu Schwierigkeiten beim Stempeln. Im Folgenden werden deshalb die unterschiedlichen Arbeitsverhältnisse kurz dargestellt. Arbeitsverträge können nach verschiedenen Kriterien unterschieden werden:
– unbefristet (das ist der Regelfall) oder befristet
– Vollzeit oder Teilzeit
– feste Anstellung oder auf Abruf
– temporäre Anstellung

Befristetes Arbeitsverhältnis

Der Arbeitsvertrag wird für eine bestimmte Dauer abgeschlossen und gilt nur für den vereinbarten Zeitraum. Ist dieser abgelaufen, so ist der Vertrag ohne Kündigung beendet. Es gibt in diesem Vertragsverhältnis keine Probezeit. Innerhalb der Vertragszeit kann von keiner Vertragspartei regulär gekündigt werden. Eine vorzeitige Auflösung ist nur im gegenseitigen Einverständnis möglich oder wenn eine Seite sich so verhält, dass der andern ein Weiterführen des Arbeitsverhältnisses nicht mehr zugemutet werden kann (fristlose Entlassung → Seite 51).

Wird ein solches befristetes Arbeitsverhältnis vom Arbeitgeber vor Ablauf der Frist einseitig aufgelöst, müssen Sie sofort reagieren und eingeschrieben gegen die Kündigung protestieren.

Protest gegen vertragswidrige Kündigung eines befristeten Arbeitsverhältnisses

---

Vreni H.
Mattstrasse 100
8004 Zürich

EINSCHREIBEN
Firma M.
Seestrasse 50
8000 Zürich

Zürich, 10. Mai 1997

Vertragswidrige Kündigung

Sehr geehrter Herr M.

Heute habe ich Ihren Brief erhalten, in dem Sie mir per Ende Juni 1997 kündigen. Ich protestiere gegen diese Kündigung, da sie vertragswidrig ist. Unser befristeter Arbeitsvertrag wurde für die Zeit vom 1. Januar bis 31. Oktober 1997 abgeschlossen. Einer vorzeitigen Auflösung stimme ich nicht zu. Ich biete Ihnen meine Arbeit weiterhin an.

Mit freundlichen Grüssen

Vreni H.

Mit diesem Vorgehen setzen Sie den Arbeitgeber «in Verzug». Das heisst, auch wenn er Sie nicht weiter beschäftigt, muss er Ihnen den Lohn bis zum Ablauf des Vertrags zahlen. Es ist sehr wichtig, dass Sie sich auf diese Weise gegen eine vertragswidrige Kündigung zu Wehr setzen. Sonst handeln Sie sich bei der Arbeitslosenversicherung Stempelbussen (→ Seite 143) ein. Die Argumentation: Sie hätten Ihren Verdienstausfall selber verschuldet, da Sie länger Lohn gestützt auf das Arbeitsverhältnis hätten beziehen können. Es sei nicht Sache der Arbeitslosenversicherung, anstelle des Arbeitgebers zu zahlen.

Unbefristetes Arbeitsverhältnis

In den meisten Arbeitsverträgen wird kein Ende des Arbeitsverhältnisses vereinbart. Es wird lediglich festgestellt, dass die neu eingestellte Person ihre Stelle an einem bestimmten Datum antreten wird.

Typischer Arbeitsvertrag für unbefristetes Arbeitsverhältnis

Arbeitsvertrag

zwischen

Firma N., Zürich, als Arbeitgeberin

und

Hans Z. als Arbeitnehmer

1. Hans Z. wird als technischer Mitarbeiter angestellt.
2. Der Arbeitsvertrag wird auf unbestimmte Zeit abgeschlossen. Nach einer Probezeit von drei Monaten kann er beidseits mit einer einmonatigen Frist gekündigt werden.
3. Der Stellenantritt erfolgt am 1. Januar 1997.
4. Die wöchentliche Arbeitszeit beträgt 40 Stunden.
5. Der Ferienanspruch beträgt 5 Wochen pro Jahr.
6. Der Monatslohn beträgt Fr. 4800.–; es wird ein 13. Monatsgehalt ausgezahlt.

Ein unbefristetes Arbeitsverhältnis beginnt meist mit einer Probezeit. Dabei sollen Arbeitgeber und -nehmer gegenseitig prüfen können, ob die richtige Person an der richtigen Stelle sitzt. Die Kündigungsfrist während der Probezeit ist deshalb sehr kurz: sieben Tage, wobei auch noch am letzten Tag der Probezeit so kurzfristig gekündigt werden kann. Die Probezeit darf höchstens drei Monate betragen; dann müssen sich beide Parteien entscheiden. Verlängert werden darf die Probezeit nicht, ausser bei Krankheit, Unfall oder Ähnlichem (OR 335b).

Wenn es Ihnen also während der Probezeit nicht gefällt, können Sie das Arbeitsverhältnis auflösen – kein Problem aus der Sicht des Arbeitsrechts. Doch, wer eine Stelle aufgibt, ohne einer neuen Stelle sicher zu sein, wird von der Arbeitslosenversicherung mit Einstelltagen bestraft. Es ist deshalb besser, wenn Ihnen der Arbeitgeber kündigt (→ Seite 145).

Wer nach der Probezeit das Arbeitsverhältnis regulär auflösen will, muss eine Kündigungsfrist einhalten. Diese ist häufig im Arbeitsvertrag festgehalten; fehlt eine solche Vereinbarung gelten die Fristen des Obligationenrechts (→ Seite 45). Wichtig: Beharren Sie immer auf korrekter Einhaltung der Kündigungsfrist, selbst wenn der Arbeitgeber Sie nicht mehr beschäftigen kann. Bieten Sie der Vorsicht halber Ihre Arbeitskraft schriftlich an. Der Arbeitgeber bleibt dann zur Lohnzahlung bis zum Ende der Kündigungsfrist verpflichtet.

Temporäres Arbeitsverhältnis und Leiharbeit

Organisatorin der temporären Arbeit ist immer eine Temporärfirma. Sie schliesst zwei Verträge ab, einen mit dem Arbeitnehmer, einen mit der Einsatzfirma. Der Vertrag zwischen Arbeitnehmer und Temporärfirma legt Folgendes fest:
– Der Arbeitnehmer ist bereit bei einer Drittfirma eingesetzt zu werden.
– Die Temporärfirma bezahlt dem Arbeitnehmer einen Lohn.
– Der Arbeitnehmer hat an sich keinen Anspruch auf Arbeit, sondern hält sich auf Abruf für einen Einsatz zur Verfügung.

Meist wird ein Rahmenvertrag abgeschlossen, der Allgemeines regelt: Rechte und Pflichten, Versicherungen, Kündigungsfrist. Diese Übereinkunft ist noch kein Arbeitsvertrag; sie verpflichtet weder die Temporärfirma Einsatzmöglichkeiten anzubieten, noch den Arbeitnehmer derartige Angebote anzunehmen. Für einen konkreten Einsatz wird jeweils ein weiterer Vertrag (Einsatzvertrag) unterschrieben; das ist der eigentliche Arbeitsvertrag. Auch bei Temporärarbeit gibt es befristete und unbefristete Arbeitsverhältnisse.

Der Einsatzfirma gegenüber verpflichtet sich die Temporärfirma, gegen eine Vergütung eine geeignete Arbeitskraft zur Verfügung zu stellen. Zwischen Arbeitnehmer und Einsatzfirma besteht kein eigentlicher Arbeitsvertrag, aber doch eine gewisse vertragliche oder quasi vertragliche Beziehung (der Arbeitnehmer muss beispielsweise verschwiegen sein, Weisungen befolgen etc.).

Für Temporärbeschäftigte beginnt die Arbeitslosigkeit mit dem Ende eines Einsatzes, wenn kein neuer Einsatz angeboten wird. Zwar können Sie als Temporärarbeitnehmer auch einen Einsatz ablehnen. Erhalten Sie dann aber keinen neuen, kann es Schwierigkeiten mit der Arbeitslosenversicherung geben: Ihre Arbeitslosigkeit gilt als selbstverschuldet (→ Seite 145). Probleme kann es während des Stempelns auch geben, wenn Sie nicht bereit sind einen «Systemwechsel» vorzunehmen und eine Dauerstelle zu suchen (→ Seite 86).

Der *Leihvertrag* ist eine Spezialform der Temporärarbeit. Dabei gibt es keine Aufspaltung in zwei Verträge (Rahmen-, Einsatzvertrag), sondern die Ausleihfirma schliesst mit dem Arbeitnehmer einen Vertrag über mehrere Einsätze ab. Dabei hat der Arbeitnehmer nicht die Möglichkeit, einzelne Arbeitseinsätze abzulehnen. Kommt es zu Einsatzlücken, bleibt die Ausleihfirma anders als beim Temporärarbeitsverhältnis lohnzahlungspflichtig.

Arbeit auf Abruf

Diese Art von Arbeitsverhältnis ist für Arbeitnehmer äusserst gefährlich und vielfach ungünstig. Es wird vereinbart, dass ein Einsatz nur erfolge, wenn es der Arbeitgeber verlangt. Sind Sie auf Abruf angestellt, werden Sie also gerufen und heimgeschickt je nach Arbeitsanfall. Rechtlich gesehen ist Arbeit auf Abruf ein Teilzeitarbeitsverhältnis, das Sie vertraglich bindet. Der Arbeitgeber legt die Arbeitszeiten fest; Sie müssen arbeiten, wenn es der Arbeitgeber verlangt, haben aber keinen Anspruch auf Arbeit. Ein solches Arbeitsverhältnis wird meist auf unbestimmte Zeit abgeschlossen. Beim Stempeln kann es mit diesem so genannten *unregelmässigen Abruf* verschiedene Probleme geben:

Es ist schwierig, eine «normale» Arbeitszeit festzustellen. Daher ist auch unklar, welcher Arbeitsausfall entsteht, wenn plötzlich immer weniger oder gar keine Arbeit mehr zugeteilt wird. Auch ist oft nicht eindeutig, ob ein solches Arbeitsverhältnis überhaupt beendet worden ist oder nicht. Damit ist es auch nicht einfach, auf dem Einhalten einer Kündigungsfrist zu bestehen und vom Arbeitgeber für diese Zeit einen Lohnausfall zu verlangen.

Neben dem unregelmässigen gibt es auch den *regelmässigen Abruf*, beispielsweise eine Beschäftigung im Ausflugsrestaurant jedes Wochenende bei schönem Wetter. Diese Arbeitsverhältnisse sind klarer und einfacher zu handhaben. Weist der Arbeitgeber an sonnigen Tagen keine Arbeit zu, muss er bis zur Beendigung des Arbeitsverhältnisses durch Kündigung weiter Lohn zahlen. Während der Kündigungsfrist haben Beschäftigte auf Abruf ein Recht auf Bezahlung desjenigen Lohnes, welchen sie bisher durchschnittlich erzielten.

Wichtig also auch bei Arbeit auf Abruf: Prüfen Sie nach einer Kündigung immer zuerst, ob Sie nicht gegenüber dem Arbeitgeber noch Lohnansprüche haben. Und gehen Sie, wenn Ihnen plötzlich deutlich weniger oder gar keine Arbeit mehr angeboten wird, bald zur Arbeitslosenversicherung. Nicht nur wegen des Geldes, das es allenfalls aus dieser Kasse gibt, sondern um gezielte Informationen über Ihr konkretes Abrufverhältnis und seine Kündigungsmöglichkeiten zu erhalten.

Alarmzeichen im Betrieb

Relativ selten wird eine Kündigung aus heiterem Himmel ausgesprochen. Umstrukturierungen, Fusionen, Chefwechsel, Zahlungsschwierigkeiten, Konkurse in der Branche, Anstellungsstopp, vorzeitige Pensionierungen, Einführung von Kurzarbeit, verspätete Lohnzahlung, das sind untrügliche Zeichen eines nahen Kündigungsgewitters. Die Unsicherheiten übertragen sich auf das Betriebsklima: Wen wird die Kündigung treffen? Bleibe ich verschont?

Diese Ungewissheit schlägt auf die Psyche und erschwert es, in dieser entscheidenden Phase einen kühlen Kopf zu bewahren. Trotzdem ist es wichtig, dass Sie sich mit einem Stellenwechsel und auch mit einer möglichen Arbeitslosigkeit auseinander setzen.

Unklare Verhältnisse am Arbeitsplatz führen später oft zu Schwierigkeiten beim Stempeln. Wie können Sie solchen Problemen beggenen? Wenn es bei der Arbeit kriselt oder wenn der Chef wechselt, sollten Sie Ihre Überstunden und Ferienguthaben schriftlich festhalten und die Aufstellung vom Arbeitgeber unterschreiben lassen. Das erleichtert es Ihnen bei einer Kündigung, Ihre Forderungen zu beweisen. Wenn in Ihrer Firma die Löhne plötzlich nicht mehr pünktlich bezahlt werden, sollten Sie noch offene Überstundenguthaben, Spesen und Ähnliches unbedingt einfordern.

Bei einem Chefwechsel verlangen Sie am besten immer ein Zwischenzeugnis, in dem die Art des Arbeitsverhältnisses genau beschrieben wird und Ihre Leistung und Ihr Verhalten «benotet» werden. Wer weiss, wie Sie mit Ihrem neuen Vorgesetzten zurechtkommen. Achten Sie darauf, dass all Ihre Aufgaben und Funktionen erwähnt werden und dass die Formulierungen positiv und klar sind.

Wenn Ihr Lohn nicht bezahlt wird, mahnen Sie, verlangen Sie eine unterschriebene Bestätigung der Guthaben, betreiben Sie wenn nötig Ihren Arbeitgeber oder rufen Sie das Arbeitsgericht an. Wer monatelang den Lohnschlendrian des Brotgebers duldet, riskiert schliesslich leer auszugehen (→ Seite 245). Wer während zwei Monaten den Lohn nicht erhält, sollte das Arbeitsverhältnis – nach einer Mahnung und nach Rücksprache mit dem regionalen Arbeitsvermittlungszentrum – fristlos auflösen. Im Obligationenrecht steht: «Wird der Arbeitgeber zahlungsunfähig, so kann der Arbeitnehmer das Arbeitsverhältnis fristlos auflösen, sofern ihm für seine Forderungen aus dem Arbeitsverhältnis nicht innert angemessener Frist Sicherheit geleistet wird.» Als angemessen gilt eine Mahnung mit einer Fristansetzung von etwa zehn Tagen. Keine Mahnung ist nötig, wenn sich der Arbeitgeber mit der Firmenkasse auf eine unbekannte ferne Insel abgesetzt hat.

Soll man in einer Krisensituation übrigens selber kündigen oder sich kündigen lassen? Als Grundsatz gilt: (Fast) immer sollten Sie nur dann kündigen, wenn Ihr neuer Arbeitsvertrag bereits unterschrieben ist (Ausnahme: Zahlungsverzug des bisherigen Arbeitgebers). Kündigen Sie ohne klare schriftliche Zusicherung einer neuen Stelle selber, riskieren Sie Probleme mit der Arbeitslosenversicherung (Taggeldkürzung wegen selbstverschuldeter Arbeitslosigkeit → Seite 145). Ausserdem fällt bei eigener Kündigung der Kündigungsschutz im Krankheitsfall weg (→ Seite 48).

Lohnansprüche sind übrigens beim Konkurs des Arbeitgebers gegenüber anderen Forderungen privilegiert. Sie werden nach den Hypothekardarlehen als Erste bezahlt. Sobald der Konkurs über Ihren Arbeitgeber eröffnet ist, sollten Sie sich beim Konkursamt melden und die nötigen Formalitäten erfüllen. Auch die Arbeitslosenversicherung müssen Sie möglichst rasch über offene Lohnforderungen informieren. Unter gewissen Bedingungen richtet sie eine Insolvenzentschädigung aus (→ Seite 245).

Das Wichtigste in Kürze

- Überprüfen Sie regelmässig Ihre berufliche Stellung und Ihre Chancen auf dem Arbeitsmarkt.

- Regelmässige Weiterbildung ist ein Muss, sei es im Betrieb oder auf eigene Initiative.

- Kennen Sie Ihren Arbeitsvertrag? Es lohnt sich, ihn genau zu lesen – am besten vor dem Unterschreiben.

- Bei unregelmässigen Arbeitsverhältnissen (temporär oder auf Abruf) sollten Sie alle wichtigen Unterlagen wie Abrechnungen, Bestätigung von Überzeit etc. sorgfältig aufbewahren.

- Achten Sie auf Alarmzeichen im Betrieb wie Fusionen, Chefwechsel, Zahlungsschwierigkeiten, Konkurse in der Branche, Anstellungsstopp, vorzeitige Pensionierungen.

- Bei verspäteten Lohnzahlungen sollten Sie rasch mahnen und eine Bestätigung Ihrer Guthaben verlangen.

- Wenn Ihr Arbeitgeber zahlungsunfähig ist und deshalb das Salär nicht überweist, müssen Sie ihn in der Regel zuerst mahnen und ihm eine Frist zur Zahlung setzen (als angemessen gelten zehn Tage), bevor Sie das Arbeitsverhältnis fristlos auflösen.

- Wollen Sie nicht Geld bei der Arbeitslosenversicherung verlieren, gilt: Nicht kündigen, bevor Sie nicht die klare, schriftliche Zusicherung für die neue Stelle im Sack haben. Müssen Sie aus gesundheitlichen Gründen kündigen, sollten Sie auf jeden Fall ein Arztzeugnis vorlegen können.

4.
Kündigung, was nun?

Die Kündigung ist da, der Schock wahrscheinlich auch. Spätestens jetzt sollten Sie sich für die Belange der Arbeitslosenversicherung interessieren. Unmittelbar nach der Kündigung stellen sich vor allem folgende Fragen: Ist die Kündigung gültig? Stimmt der angegebene Zeitpunkt der Beendigung des Arbeitsverhältnisses? Was soll ich tun, wenn ich zu Unrecht fristlos entlassen werde? Was muss ich sofort nach der Kündigung unternehmen, damit ich Arbeitslosenunterstützung erhalte? Um diese Fragen zu beantworten, ist nochmals ein Ausflug ins Arbeitsrecht nötig. Denn die Arbeitslosenversicherung bezahlt erst, wenn Sie gegenüber dem Arbeitgeber keine Lohnansprüche mehr geltend machen können. Liegt eine ungültige Kündigung vor oder verlängert sich die Kündigung wegen einer Krankheit oder Schwangerschaft, fliessen Arbeitslosengelder oft später als erwartet.

Zahnloser Kündigungsschutz

Prinzipiell gilt im Schweizer Arbeitsrecht die Kündigungsfreiheit: Arbeitgeber und Arbeitnehmer können ein Arbeitsverhältnis jederzeit auflösen, wenn sie sich an die Fristen halten. Einen Schutz gegen Kündigung gibt es nur in drei Situationen: bei missbräuchlichen Kündigungen, bei Kündigungen, die eine Diskriminierung wegen des Geschlechts darstellen, und bei der (viel häufigeren) Kündigung zur Unzeit.

Die ordentliche Kündigung

Unbefristete Arbeitsverhältnisse können nach der Probezeit unter Einhaltung der Kündigungsfrist jeweils auf ein Monatsende hin gekündigt werden (OR 335c). Sind im Arbeitsvertrag keine Kündigungsfristen festgelegt, gelten diejenigen des Obligationenrechts:
– 1 Monat im 1. Dienstjahr
– 2 Monate im 2. bis 9. Dienstjahr
– 3 Monate ab dem 10. Dienstjahr

Diese Fristen dürfen nur schriftlich abgeändert werden (Mindestdauer: ein Monat). Nur ein Gesamtarbeitsvertrag darf die Kündigungsfrist im ersten Dienstjahr tiefer als einen Monat ansetzen.

Die Kündigungsfrist beginnt am Ersten eines Monats zu laufen, wenn der Empfänger die Kündigung spätestens am letzten Tag des Vormonats in den Händen hat (es gilt nicht der Poststempel). Trifft also bei zweimonatiger Kündigungsfrist eine Kündigung per Ende Mai erst am 1. April bei Ihnen ein, endet das Arbeitsverhältnis erst am 30. Juni. Eingeschriebene «blaue Briefe», die nicht innert sieben Tagen abgeholt werden, gelten als beim Empfänger eingetroffen, sobald sie auf dem Postamt zum Abholen bereit liegen. Wird der Brief aber fristgerecht abgeholt, ist der Abholtag massgeblich.

Eine Kündigung muss schriftlich begründet werden, wenn das der Arbeitnehmer verlangt. Es empfiehlt sich in jedem Fall, eine solche Begründung zu verlangen. Denn wenn Sie anschliessend arbeitslos werden sollten, stellt das Sozialversicherungssystem dem Arbeitgeber die Frage: Warum ist gekündigt worden? Hat der Arbeitnehmer die Kündigung – und damit die Arbeitslosigkeit – durch sein Verhalten provoziert? Kurz nach der Kündigung fällt diese Begründung nicht selten günstiger aus. Denn während der Kündigungszeit kommt es oft zu Unstimmigkeiten, das Klima ist gespannt, plötzliche Krankheitsabsenzen treten auf – und statt der wirtschaftlichen Schwierigkeiten, die der eigentliche Kündigungsgrund waren, werden jetzt plötzlich ungenügende Leistungen angeführt.

Die missbräuchliche Kündigung

Im Obligationenrecht (Art. 336) sind eine Reihe von Kündigungsgründen aufgeführt, die als missbräuchlich gelten. Eine Kündigung ist vor allem dann missbräuchlich, wenn sie ausgesprochen wird
● wegen einer persönlichen Eigenschaft des Arbeitnehmers wie Rasse, Geschlecht, Religion.
● weil der Arbeitnehmer ein verfassungsmässiges Recht ausübt, beispielsweise einer bestimmten Partei angehört oder an einer bewilligten Demonstration teilnimmt.
● wegen Zugehörigkeit zu einer Gewerkschaft.
● weil der Arbeitnehmer Ansprüche aus dem Arbeitsverhältnis wie Überstundenguthaben, Ferienlohn etc. geltend macht (so genannte Rachekündigung).

● weil der Arbeitnehmer Militär-, Zivilschutz- oder Rotkreuzdienst leistet oder eine nicht freiwillig übernommene gesetzliche Pflicht (zum Beispiel als Geschworener) erfüllt.

Gegen eine missbräuchliche Kündigung müssen Sie noch während der Kündigungsfrist schriftlich Einsprache erheben. Verlangen Sie – wenn Sie diese nicht schon erhalten haben – gleichzeitig eine schriftliche Begründung. Sie müssen nämlich beweisen, dass die Kündigung missbräuchlich ist. Bisher ist dieser Beweis kaum je gelungen, da die Arbeitgeber es verstehen, immer wieder andere Gründe vorzuschieben («Die Auftragslage zwingt uns, Ihnen die Kündigung auszusprechen...»). Kommt es zu keiner Einigung mit dem Arbeitgeber, müssen Sie innert 180 Tagen nach Ende des Arbeitsverhältnisses beim Arbeitsgericht Klage einreichen.

Eine missbräuchliche Kündigung ist übrigens nicht ungültig. Das Arbeitsverhältnis endet in jedem Fall nach Ablauf der Kündigungsfrist. Der Arbeitgeber muss aber eine Entschädigung, die maximal sechs Monatslöhne beträgt, bezahlen.

Mit dem Gleichstellungsgesetz (in Kraft seit dem 1. Juli 1996) wurde der Kündigungsschutz verstärkt. Verboten sind so genannte diskriminierende Kündigungen. Wird also einer Arbeitnehmerin wegen ihres Geschlechts gekündigt («Frisch verheiratet und 25, Sie kriegen ja sowieso bald ein Kind.»), kann sie sich dagegen wie gegen eine missbräuchliche Kündigung zur Wehr setzen. In solchen Fällen ist die Beweislage ein bisschen günstiger: Der diskriminierende Kündigungsgrund muss nicht bewiesen, sondern nur glaubhaft gemacht werden, das heisst, es genügt, wenn Tatsachen vorgebracht werden, die eine Diskriminierung als wahrscheinlich erscheinen lassen.

Das Gleichstellungsgesetz bringt zudem einen zusätzlichen Schutz gegen Rachekündigungen: Kündigungen, die ausgesprochen werden, weil sich jemand gegen Diskriminierung am Arbeitsplatz gewehrt hat, können angefochten werden. Während des ganzen Verfahrens sowie sechs Monate darüber hinaus gilt ein Kündigungsschutz. In dieser Zeit kann vom Arbeitgeber Lohn beansprucht werden; Stempeln ist nicht möglich. Diese Bestimmung ist erst seit dem 1. Juli 1996 in Kraft. Gerichtsurteile sind bisher keine ergangen. Es ist aber sehr zu bezweifeln, dass sie in der Praxis grosse Auswirkungen haben wird. Zu gross sind die Beweisschwierigkeiten, trotz der im Gesetz vorgesehenen Erleichterungen.

Die so genannte Kündigung zur Unzeit

Der zeitliche Kündigungsschutz hat eine weit grössere Bedeutung als derjenige bei missbräuchlicher Kündigung. Er ist vor allem auch wichtig im Zusammenhang mit der Frage, ab wann denn jemand als arbeitslos gilt und mit Stempeln beginnen kann.

Artikel 336c des Obligationenrechts hält fest, wann der Arbeitgeber nicht kündigen darf. Nach Ablauf der Probezeit sind Arbeitnehmerinnen und Arbeitnehmer gegen Kündigungen geschützt:

- während sie obligatorischen Militär-, Zivilschutz- oder Rotkreuzdienst leisten: Dauert der Dienst mehr als elf Tage, beginnt die Sperrfrist bereits vier Wochen davor und endet vier Wochen danach. Sie beträgt dann also mindestens acht Wochen und zwölf Tage.
- während sie wegen Krankheit oder Unfall ohne eigenes Verschulden arbeitsunfähig sind: Die Sperrfrist beginnt mit dem ersten Krankheitstag und beträgt im ersten Dienstjahr bescheidene 30 Tage, im zweiten bis fünften Dienstjahr 90 und ab dem sechsten Dienstjahr 180 Tage.
- während einer Schwangerschaft: Die Sperrfrist beginnt mit der Schwangerschaft und endet 16 Wochen nach der Niederkunft.

Eine Kündigung, die während einer Sperrfrist ausgesprochen wird, ist *nichtig,* das heisst, sie wird «wie Luft» behandelt und muss nach Ablauf der Sperrfrist wiederholt werden. Wird die Kündigung vor Beginn einer

Nichtige Kündigung während Schwangerschaft

Beginn Arbeitsverhältnis	1. Januar 1995
Beginn Schwangerschaft	April 1996
Geburt	5. Januar 1997
Kündigung erhalten	27. Mai 1996
Sperrfrist	ab April 1996 bis 16 Wochen nach Geburt

April 96 – 5.1.97	5.1.97 – 27.4.97	28. 4. 97
Sperrfrist während Schwangerschaft	Sperrfrist 16 Wochen nach Geburt	frühester Termin für neue Kündigung

Die Kündigung vom 27. Mai 1996 hat keine Wirkung, da sie innerhalb der Sperrfrist ausgesprochen worden ist. Eine neue Kündigung ist frühestens 16 Wochen nach der Geburt, am 28. April 1997, möglich.

Sperrfrist ausgesprochen und reicht die Kündigungsfrist in die Sperrfrist hinein, ist diese Kündigung zwar gültig. Aber der Ablauf der Kündigungsfrist wird während der Sperrfrist *unterbrochen* und erst nachher fortgesetzt. Das Arbeitsverhältnis endet dann am nächstmöglichen Endtermin, meist an einem Monatsende.

Die beschriebenen Kündigungsbeschränkungen gelten nur, wenn der *Arbeitgeber* kündigt. Wer selbst kündigt, kann sich nicht auf die Sperrfristen berufen. Der Kündigungsschutz greift auch dann nicht, wenn sich die Parteien im gegenseitigen Einverständnis auf eine Vertragsauflösung geeinigt haben oder wenn es sich um ein von vornherein befristetes Arbeitsverhältnis handelt. Und bei einer fristlosen Auflösung aus wichtigen Gründen (→ Seite 53) spielen die Sperrfristen ebenfalls keine Rolle.

Gegen eine Kündigung zur Unzeit müssen Sie sofort und schriftlich protestieren. Sind Sie unsicher über den Endtermin, sollten Sie rasch (möglichst am selben Tag!) Rat holen, sei es bei den im Anhang genannten Beratungsstellen, sei es im nächstgelegenen regionalen Arbeitsvermittlungszentrum (Adressen → Seite 270 und 289). Anspruch auf Lohn während der Verlängerung des Arbeitsverhältnisses haben Sie nur, wenn Sie Ihre Dienste dem Arbeitgeber unzweifelhaft

Verlängerung der Kündigungsfrist bei Krankheit

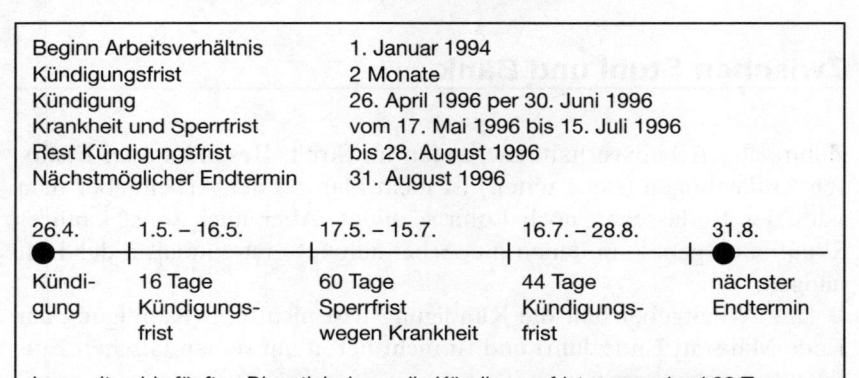

Beginn Arbeitsverhältnis	1. Januar 1994
Kündigungsfrist	2 Monate
Kündigung	26. April 1996 per 30. Juni 1996
Krankheit und Sperrfrist	vom 17. Mai 1996 bis 15. Juli 1996
Rest Kündigungsfrist	bis 28. August 1996
Nächstmöglicher Endtermin	31. August 1996

26.4.	1.5. – 16.5.	17.5. – 15.7.	16.7. – 28.8.	31.8.
Kündigung	16 Tage Kündigungsfrist	60 Tage Sperrfrist wegen Krankheit	44 Tage Kündigungsfrist	nächster Endtermin

Im zweiten bis fünften Dienstjahr kann die Kündigungsfrist um maximal 90 Tage verlängert werden. Wird der Arbeitnehmer vor dem 28. August erneut arbeitsunfähig, kann es nochmals einen Aufschub von 30 Tagen geben. Wird er jedoch nach dem 28. August, also während der Verlängerung bis zum nächstmöglichen Endtermin, ein zweites Mal arbeitsunfähig, gibt es keinen Aufschub mehr, da die Sperrfrist abgelaufen ist.

anbieten (in Verzug setzen → Seite 39) – entsprechend Ihrer Arbeitsfähigkeit natürlich. Wer zu 100 Prozent krankgeschrieben ist, braucht seine Dienste nicht zu offerieren.

Viele Arbeitnehmer (und auch Arbeitgeber) kennen diese von der Rechtsprechung entwickelte Regelung nicht. Die Entlassenen versäumen es, ihre Arbeitskraft anzubieten, und gehen – weil sie glauben das Arbeitsverhältnis sei gelaufen – direkt zum Arbeitsamt oder RAV. Dank einer neueren Rechtsprechung hat diese Unkenntnis, sofern sie unverschuldet ist, keine grossen finanziell nachteiligen Folgen. Wer sich früh (das heisst vor Ablauf der Kündigungsfrist) bei der Arbeitslosenversicherung meldet, kann die Situation allenfalls noch retten. Ist es dafür zu spät, bezahlt die Arbeitslosenversicherung sofort, obwohl noch Ansprüche gegenüber dem Arbeitgeber bestanden hätten. Einem Arbeitslosen allerdings, der sich – obwohl er vom Arbeitsamt rechtzeitig darauf hingewiesen wird, er müsse seine Arbeitskraft anbieten – nicht darum kümmert, wird das Taggeld wegen schuldhaftem Verhalten gekürzt (→ Seite 148).

Ist die Kündigung nichtig, weil sie während einer Sperrfrist ausgesprochen wurde, ist beim Arbeitsamt nichts zu holen. Erst eine neue Kündigung nach Ablauf der Sperrfrist führt ja zur Beendigung des Arbeitsverhältnisses. Ansprechpartner für Lohnansprüche bleibt in diesen Fällen der Arbeitgeber, notfalls via Arbeitsgericht.

Zwischen Stuhl und Bank

Zahlreiche Arbeitsverhältnisse enden im Streit. Besonders bei fristlosen Entlassungen (siehe unten) ist nicht klar, ob der Arbeitgeber dem oder der Entlassenen noch Lohn schuldet. Aber auch sonst kann es Situationen geben, in denen die Arbeitnehmer erst einmal in der Luft hängen:
● Der Arbeitgeber hält die Kündigungsfrist nicht ein (Kündigung auf Ende Mai statt Ende Juni) und ist nicht bereit auf seinen falschen Entscheid zurückzukommen.
● Eine Arbeitnehmerin wird seit Jahren auf Abruf unregelmässig beschäftigt. Plötzlich weigert sich der Arbeitgeber, Arbeit zuzuweisen, und ist auch nicht bereit, die Kündigung auszusprechen.
● Der Arbeitgeber löst einen Vertrag, der auf bestimmte Zeit eingegangen ist, vor Vertragsende zu Unrecht auf.

● Ein Arbeitnehmer wird während der Kündigung krank, weshalb sich die vom Arbeitgeber ausgesprochene Kündigung hinauszögert (Sperrfrist). Der Arbeitgeber weigert sich, die gesetzlichen Bestimmungen zur Kenntnis zu nehmen.

Der Anspruch auf Taggelder der Arbeitslosenkasse setzt unter anderem voraus, dass ein anrechenbarer Arbeitsausfall besteht, den Versicherten also keine Ansprüche gegenüber dem Arbeitgeber zustehen. Wird das Arbeitsverhältnis nicht ordentlich beendet, müssen die Versicherten erst einmal allfällige Ansprüche aus dem Arbeitsverhältnis gegenüber dem Arbeitgeber, notfalls gerichtlich, geltend machen. Solange Streitigkeiten vor Gericht hängig sind, herrscht aber meist Unklarheit über den Bestand und die Höhe der Forderung. Müssen Arbeitslose in einem solchen Fall einfach warten, bis das Arbeitsgericht entschieden hat?

Nein! Hat die Kasse begründeten Zweifel darüber, ob einem Versicherten für die Zeit des Arbeitsausfalls gegenüber dem Arbeitgeber Lohn- und Entschädigungsansprüche zustehen, richtet sie Taggelder aus. Auch wenn die Ansprüche zwar zweifelsfrei feststehen, aber fraglich ist, ob sie je erfüllt werden (zum Beispiel wegen Zahlungsunfähigkeit), leistet die Kasse. Wichtig ist also, dass Sie in einem solchen Fall sofort stempeln gehen!

Zahlt Ihnen die Arbeitslosenkasse Taggelder, gehen alle Ihre Ansprüche im Umfang der bezahlten Beträge an diese über. Die Kasse wird Sie ermuntern, Ihre Ansprüche gegenüber dem Arbeitgeber selber geltend zu machen, und sich gegebenenfalls an einem Verfahren, das bereits eingeleitet ist, beteiligen. Notfalls wird die Kasse auch selber den Prozess suchen.

Fristlos entlassen – sofort handeln

«Sie können zusammenpacken. Sie sind fristlos entlassen!» Was tun? Zusammenpacken, nach Hause gehen und sofort einen Protestbrief gegen die Kündigung schreiben.

Nimmt der Arbeitgeber die fristlose Entlassung nicht zurück, gilt es wieder, rasch zu handeln: Melden Sie sich sofort beim regionalen Arbeitsvermittlungszentrum und klären Sie gleichzeitig ab, ob Chancen bestehen den Lohn bis zum Ablauf der Kündigungsfrist gegenüber dem Arbeitgeber allenfalls gerichtlich geltend zu machen. Das Vermittlungszentrum oder eine spezialisierte Rechtsberatungsstelle (Adressen → Seite 270 und 289) kann Sie beraten.

Wer sich gegen eine unberechtigte fristlose Entlassung nicht zur Wehr setzt, erhält ab sofort nicht nur keinen Lohn, es werden ihm wahrscheinlich aus 20 bis 60 Taggelder gestrichen, je nach Schwere des Verschuldens (→ Seite 153). Trotz dieser drohenden Einbusse sollten Sie sich unbedingt sofort bei der Arbeitslosenversicherung melden. Denn diese Taggeldkürzungen fangen erst an zu laufen, wenn Sie ange-

Protestbrief bei fristloser Kündigung

Viktor B.
Aarestrasse 15
3000 Bern

EINSCHREIBEN
Firma W.
Postfach
3000 Bern

Bern, 24. März 1997

Sehr geehrter Herr W.

Ich protestiere gegen die fristlose Entlassung, die Sie heute (Montag) Morgen ausgesprochen haben, da dafür kein wichtiger Grund vorliegt.

Sie werfen mir vor, ich hätte wiederholt «Blauen» gemacht. Das trifft nicht zu. Mit Erlaubnis meines Vorgesetzten ging ich zwei Mal pro Woche zur Therapie und musste deswegen nicht jedes Mal ein ärztliches Zeugnis bringen. Weil ich mich korrekt verhalten habe, bin ich auch noch nie verwarnt worden. Ich bin bereit weiterzuarbeiten.

Bitte rufen Sie mich an. Ich bin jeweils am Morgen zwischen 8.00 und 10.00 Uhr telefonisch erreichbar. Wenn ich bis Freitag 17.00 Uhr nichts von Ihnen höre, nehme ich an, Sie seien an meiner Weiterbeschäftigung nicht interessiert. Ich müsste mir dann vorbehalten, ans Arbeitsgericht zu gelangen. Gerne hoffe ich, dass dies nicht notwendig sein wird.

Noch etwas: Sollten Sie an der fristlosen Entlassung festhalten, erwarte ich ein Kündigungsschreiben mit einer detaillierten Begründung.

Mit freundlichen Grüssen

Viktor B.

meldet sind und stempeln. Wer also zu Hause sitzt und denkt: «Ich bin ja eh zu spät und kriege nichts», schädigt sich gleich doppelt.

Ist die fristlose Entlassung überhaupt gültig?

Eine fristlose Entlassung ist ein schwerwiegender Eingriff in das Leben eines Arbeitnehmers. Von einer Minute zur andern steht man auf der Strasse und hat von diesem Moment an auch keinen Lohn mehr. Der Gesetzgeber hat dafür gesorgt, dass eine fristlose Vertragsauflösung nur ausnahmsweise *«aus wichtigen Gründen»* möglich ist (OR 337) – viele der in unserem Land ausgesprochenen fristlosen Entlassungen halten diesem Kriterium nicht stand.

Nach Gesetz gilt als wichtiger Grund «namentlich jeder Umstand, bei dessen Vorhandensein dem Kündigenden nach Treu und Glauben die Fortsetzung des Arbeitsverhältnisses nicht mehr zugemutet werden darf». Bei fristlosen Entlassungen, die der Arbeitgeber ausspricht, haben die Gerichte bisher folgende Tatbestände anerkannt:

● Vergehen oder Verbrechen während der Dauer der Anstellung: Dazu gehören Diebstahl, Betrug, Veruntreuung etc. Wird das Delikt am Arbeitsplatz begangen, genügen bereits geringfügige Vergehen, um eine fristlose Entlassung zu rechtfertigen, etwa Fälschen von Spesenabrechnungen oder Arztzeugnissen, Stehlen eines Brotes durch die Kassierin eines Supermarkts.

● Wiederholte und beharrliche Verweigerung der zugewiesenen Arbeit, unberechtigtes Fernbleiben vom Arbeitsplatz, eigenmächtiger Ferienbezug, wiederholtes unentschuldigtes Blaumachen, wiederholtes unentschuldigtes Zuspätkommen. In der Regel braucht es in diesen Fällen zunächst eine Verwarnung durch den Arbeitgeber, bevor er eine fristlose Entlassung aussprechen kann.

● Illoyales Verhalten gegenüber dem Arbeitgeber: Darunter fällt beispielsweise Verrat von Geschäftsgeheimnissen, Konkurrenzierung, Annahme von Schmiergeldern.

● Falsche Angaben bei der Stellensuche, soweit sie Fähigkeiten, absolvierte Ausbildungsgänge, bestandene Examen und ähnliche Tatsachen betreffen, die im Zusammenhang mit dem betreffenden Arbeitsplatz ganz wesentlich sind.

Unverschuldete Arbeitsunfähigkeit des Arbeitnehmers wegen Krankheit, Unfall, Ausübung einer gesetzlichen Pflicht ist nie Grund für eine fristlose Entlassung. Auch Unfähigkeit oder schlechte Leistungen sind normalerweise kein ausreichender Anlass für eine sofortige Vertragsauflösung. Um die Eignung der Angestellten zu prüfen, gibt es ja die Probezeit. Grundsätzlich gilt: Je länger das Arbeitsverhältnis gedauert hat, desto gravierender muss der Verstoss des Arbeitnehmers sein, um eine fristlose Entlassung zu rechtfertigen. Und: Je gehobener und verantwortungsvoller die Position eines Arbeitnehmers, desto eher kann ein illoyales Verhalten als wichtiger Grund für eine fristlose Entlassung beurteilt werden.

Liegt ein wichtiger Grund vor, so kann die fristlose Kündigung *jederzeit* ausgesprochen werden, also auch während einer Krankheit oder Schwangerschaft des oder der Betroffenen. Auch während der Probezeit oder im bereits gekündigten Arbeitsverhältnis ist eine fristlose Entlassung möglich. Allerdings müssen die wichtigen Gründe hier besonders schwerwiegend sein. Nur in Ausnahmefällen wird es unzumutbar sein, während der Probezeit die ordentliche siebentägige Kündigungsfrist einzuhalten oder das Ende des bereits gekündigten Arbeitsverhältnisses abzuwarten. Im Streitfall ist es Sache des Gerichts zu entscheiden, ob eine fristlose Entlassung gerechtfertigt ist oder nicht.

Ausserdem muss der Arbeitgeber rasch handeln, wenn er einen Verstoss feststellt. Er hat höchstens ein bis zwei Tage Bedenkfrist. Wartet er zu und duldet das Verhalten zunächst stillschweigend, kann er ein paar Wochen später keine fristlose Kündigung mehr aussprechen; er hat ja bewiesen, dass das Weiterführen des Arbeitsverhältnisses nicht unzumutbar war.

Auch für die fristlose Kündigung gilt übrigens: Sie ist auf Wunsch der Gegenpartei schriftlich zu begründen. Im Streitfall ist es Sache des Kündigenden, den wichtigen Grund zu beweisen.

Sofort Geld, nur wenn kein Verschulden

Wie Sie bei der Arbeitslosenversicherung nach einer fristlosen Entlassung behandelt werden, hängt vor allem davon ab, ob und wie sehr Sie diese selbst verschuldet haben. Vier Fälle sind zu unterscheiden:

● Sie sind zu Recht fristlos entlassen worden oder Sie unternehmen keine rechtlichen Schritte gegen Ihren Arbeitgeber. Dann werden Sie sofort stempeln können. Aber die Kasse wird Ihnen wegen selbstverschuldeter Arbeitslosigkeit eine Taggeldstrafe von wahrscheinlich mehr als 25 Tagen – das sind gut fünf Wochen – aufbrummen.

● Sie wehren sich gegen die fristlose Entlassung. Für Aussenstehende (darunter auch die Arbeitslosenkasse) ist nicht klar, ob Sie durch eigenes Verschulden arbeitslos geworden sind. Klarheit gibt es oft erst nach Abschluss des Gerichtsverfahrens, und das kann Jahre dauern. Liegen klare Indizien für ein Verschulden Ihrerseits vor, wird die Kasse vorsorglich eine Taggeldkürzung vornehmen. Sie schätzt vorerst anhand der Akten die Schwere Ihres Verschuldens; die Leitlinie: Mit wie viel Tagen büssen wir den Arbeitslosen, falls er seinen Prozess verliert? Eine Beschwerde gegen diese Kürzung wird wahrscheinlich nicht viel helfen: Das Verfahren vor dem Sozialversicherungsgericht wird sistiert, bis die arbeitsgerichtliche Streitigkeit entschieden ist. Auch in diesem Fall erleiden Sie eine Lohneinbusse von mehr als einem Monat.

● Wenn keine Indizien für ein Verschulden Ihrerseits vorliegen, hat die Kasse sofort mit der Taggeldzahlung zu beginnen. Im Prozess gegen den Arbeitgeber tritt die Kasse im Umfang der bezahlten Taggelder in Ihre Rechte ein. Das heisst: Wenn der Prozess gewonnen wird und der Arbeitgeber noch zahlungsfähig ist, geht Ihr Lohn in diesem Umfang direkt an die Kasse. Wichtig: Die Anwaltskosten, die Ihnen in der Auseinandersetzung mit dem Arbeitgeber entstehen, können vom Erlös, welcher der Arbeitslosenversicherung zufliesst, abgezogen werden. Ein Entscheid, den fast niemand kennt (ARV 1990 Nr. 1).

● Häufig kommt es in Arbeitsgerichtsverfahren zu Vergleichen. Das Resultat widerspiegelt meist das Verschulden des Arbeitslosen. Wenn der Vergleich ungünstig ausfällt, wird eine früher ausgesprochene Taggeldbusse nicht mehr rückgängig gemacht werden können. Hat die Kasse noch zu keiner Sanktion gegriffen, hat dieser Arbeitslose wahrscheinlich Glück gehabt. Denn eine Sanktion müsste innert sechs Monaten ab Beginn der Arbeitslosigkeit ausgesprochen werden. Selten ist innert dieser Frist ein Prozess vor Arbeitsgericht abgeschlossen.

Das Wichtigste in Kürze

- Generell gilt: Die Arbeitslosenkasse zahlt nicht, so lange Sie noch vom Arbeitgeber Geld beziehen könnten.

- Stellen Sie sich deshalb zuerst die Frage: Ist die Kündigungsfrist richtig berechnet worden? Wenn nicht, müssen Sie sofort reklamieren und Ihre Dienste anbieten.

- Verlangen Sie – am besten zu Anfang der Kündigungsfrist – eine schriftliche Begründung der Kündigung. Als Arbeitsloser müssen Sie belegen können, dass Sie an Ihrer Entlassung nicht selber schuld sind.

- Halten Sie die Kündigung Ihres Arbeitgebers für missbräuchlich, müssen Sie noch während der Kündigungsfrist Einsprache dagegen erheben. Können Sie sich nicht einigen und wollen Sie vor Arbeitsgericht klagen, haben Sie dazu bis 180 Tagen nach Ende des Arbeitsverhältnisses Zeit.

- Wurde die Kündigung während einer Sperrfrist (zum Beispiel wegen Krankheit, Unfall oder Schwangerschaft) ausgesprochen, ist sie nichtig. Protestieren Sie sofort dagegen und bieten Sie Ihre Dienste schriftlich an. Werden Sie während der Kündigungsfrist krank oder verunfallen Sie, wird das Ende des Arbeitsverhältnisses hinausgeschoben. Auch in diesem Fall sollten Sie rechtzeitig Ihre Dienste anbieten.

- Achtung: Die Sperrfristen gelten nicht, wenn Sie selber gekündigt haben.

- Sie sind fristlos entlassen worden: Sofort schriftlich protestieren und Ihre Arbeitskraft anbieten. Gehen Sie sofort zum Arbeitsamt oder RAV und lassen Sie sich beraten.

- Suchen Sie Rat beim Arbeitsamt oder RAV, wenn unklar ist, ob die Kündigung gerechtfertigt ist, ob Ihnen der Arbeitgeber noch Lohn schuldet etc. Allenfalls können Sie von der Arbeitslosenkasse auch Vorschüsse erhalten.

- Wichtig: Bereits während der Kündigungsfrist müssen Sie eine neue Stelle suchen (→ Seite 99).

5. Arbeitslos – was heisst das?

Die Arbeitslosenversicherung beschäftigt sich vor allem mit den finanziellen Seiten der Arbeitslosigkeit. Im Vordergrund steht die Schadenminderungspflicht: Arbeitslosigkeit verursacht der Allgemeinheit einen finanziellen Schaden, also haben die Arbeitslosen alles zu unternehmen, um diesen Schaden möglichst klein zu halten. An sich ist gegen diese Vorstellung nichts einzuwenden. Doch wenn sie – wie dies in wirtschaftlich ungünstigen Zeiten regelmässig der Fall ist – zu immer neuen Sparübungen auf Kosten der Arbeitslosen führt, wird der Schwarze Peter bloss der Fürsorge zugeschoben. Schliesslich verpflichtet die Verfassung das Gemeinwesen, für eine menschenwürdige Existenz seiner Bewohnerinnen und Bewohner zu sorgen.

Arbeitslosigkeit macht krank

Arbeitslosigkeit bedeutet nicht nur finanzielle Verluste, sie schadet auch der Gesundheit. Arbeitslose sind häufiger krank, haben eine erhöhte Sterblichkeit, werden – je länger ihre Situation andauert – depressiv, rauchen mehr, trinken mehr. Arbeitslosigkeit belastet nicht nur die Arbeitslosenversicherung und den Säckel der Gemeinden, sondern auch das Gesundheitswesen. Erwerbslose sind gemäss einer Studie des Instituts für Sozial- und Präventivmedizin der Universität Zürich (1993) zwei- bis viermal häufiger in ärztlicher Behandlung als Erwerbstätige. Ein Teil der Gekündigten gerät in einen krank machenden Schockzustand, in eine tiefe Depression und wird arbeitsunfähig. Belastet wird damit zuerst die Lohnausfallsversicherung. Kommt es gar zu einer Invalidität, wird die IV und die Pensionskasse beansprucht. Die Arbeitslosenversicherung erbringt in diesen Fällen häufig keine Leistungen.

In der Regel fassen viele Arbeitslose nach dem Kündigungsschock erst einmal wieder Mut. Sie sind optimistisch, sich bald wieder an einem neuen Arbeitsplatz behaupten und bestätigen zu können. Doch nach den ersten Absagen verdunkelt sich der Himmel. Die Ungewissheit lastet schwer: Jeden Monat zeigt die Abrechnung der Arbeitslosenkasse, dass wieder mehr Taggelder verbraucht worden sind; das Ende des Stempelns rückt näher. Je länger die Arbeitslosigkeit dauert, desto mehr braucht es Nerven wie Drahtseile, desto eher schwankt das Seelenleben – und die Betroffenen isolieren sich auch sozial. Ein Horrorszenario, wie es die Ausbildungsunterlagen für Personalberater der neuen RAV im Kanton Zürich aufzeichnen: «Phase 4: Fatalismus. Das Einkommen sinkt auf ein Minimum ab, die Freunde und Bekannten werden weniger, die Spannungen in der Partnerschaft steigen – die gesellschaftliche Desintegration beginnt (oder kann beginnen). Sehr oft verstärken sich jetzt die psychischen Wirkungen auf den Körper, Krankheiten treten auf. Das Gedächtnis verliert an Leistungsfähigkeit, berufliche Fähigkeiten und die Anpassungsfähigkeit an soziale Normen gehen verloren. Wenn dieser Zustand lange anhält, wird eine Reintegration in die Arbeitswelt nicht mehr möglich. Im Extremfall fallen Familien auseinander, die Männer werden obdachlos und ertränken ihr Schicksal in Alkohol, die Frauen überleben auf tiefem Niveau mit ihren Kindern, die wiederum mit dem Stigma der Armut aufwachsen müssen. Die nächste Generation von sozial Schwachen ist in Ansätzen bereits produziert.»

Kommt Ihnen das, zumindest teilweise, nur zu bekannt vor? Wie Sie sich selber gegen das Versinken im «schwarzen Loch» zur Wehr setzen können, dafür finden Sie auf den nächsten Seiten einige Ansätze und Möglichkeiten. Dass Sie sich immer wieder fühlen werden wie Münchhausen, der sich am eigenen Zopf aus dem Sumpf zog, gehört wohl mit zur unerfreulichen Situation.

Wie sich wehren gegen die Mutlosigkeit?

Während der Arbeitslosigkeit läuft ein dauernder Kampf gegen die Angst. Rezepte dagegen gibt es viele: Vielleicht hilft es Ihnen, wenn Sie sich jeden Tag eine halbe Stunde hinsetzen und alles aufschreiben, was Ihnen im Zusammenhang mit der kränkenden Kündigung durch den Kopf geht. Das hilft die Gedanken ordnen, gute Ideen werden festgehalten, und vieles, was beim Hin- und Herdrehen im Kopf überproportionale Dimensionen annimmt, wird beim Aufschreiben wieder auf ein erträglicheres Mass zurückgestutzt.

Wichtig ist vor allem, dass Sie sich mit dieser Angst nicht verkriechen. Reden Sie mit Ihrer Partnerin, Ihrem Partner, mit guten Freunden und Verwandten über Ihre Situation und Ihre Zukunftsaussichten. Halten Sie also Ihre Arbeitslosigkeit nicht geheim. Je mehr Personen wissen, dass Sie keine Stelle haben, desto grösser ist auch die Chance, dass Ihnen jemand von einem offenen Job erzählt.

Erkundigen Sie sich nach Selbsthilfegruppen und Beratungsstellen in Ihrer Nähe. Die meisten Arbeitslosen nehmen ihre Situation nur als ganz persönliches Problem wahr, denken mit der Zeit gar, ihr Misserfolg liege nur an ihnen selbst. Dabei sind viele andere in der gleichen Lage: Arbeitslosigkeit ist ein Problem, das die gesamte Gesellschaft betrifft. Arbeitslose schliessen sich nicht zusammen, um gegen die gesellschaftliche Diskriminierung vorzugehen. Doch gilt auch für sie: Gemeinsamkeit macht stark; ein Beispiel aus dem Kanton Zürich:

Im DAZU (Dienstleistungs- und Arbeitspool Zürcher Unterland) haben sich einige Arbeitslose aus der Region Bülach zusammengeschlossen. Sie bieten einen Service auf Abruf an für Gartenarbeiten, kleinere Reparaturen, Hauswartung, Kinderhüten, Begleiten von älteren und behinderten Menschen, einfache Büroarbeiten, Verteilen von Werbematerial... Unterstützt wird DAZU vom Bülacher Institut für Beratung und Kommunikation IBBK, das einen Büroplatz mit PC und Telefon zur Verfügung stellt. Die Einnahmen sind noch tief und werden als Zwischenverdienst mit der Arbeitslosenkasse abgerechnet. Mindestens so wichtig wie der finanzielle Anreiz ist den Mitgliedern von DAZU jedoch das Dazugehören, der Kontakt und die Beziehungen zu Schicksalsgenossen, aber auch zu all den Leuten, welche die Dienste von DAZU in Anspruch nehmen (Quelle: Tages-Anzeiger vom 23. 12. 1996).

Finanzielle Probleme

Wer arbeitslos wird, hat weniger Einnahmen; die festen Verpflichtungen aber (Wohnungsmiete, Versicherungen etc.) bleiben gleich. Prekär wird die Situation, wenn Kleinkredite oder Hypotheken das Budget belasten. Auch wer die viele freie und oft leere Zeit sinnvoll ausfüllen möchte, braucht immer wieder Geld: Kursbesuche, ein Ausflug, ein Kaffeeklatsch mit Leidensgenossen und Freunden.

Stellen Sie als Erstes ein genaues Budget auf. Wo können Sie beim bisherigen Lebensstil etwas einsparen? Was können Sie selber machen (mehr Zeit haben Sie ja), statt es teuer einzukaufen? Wenn das Geld trotz allem nicht reicht, müssen Sie sich an die Fürsorge wenden. Warten Sie damit nicht zu lange: Die Fürsorge zahlt keine alten Schulden, sondern nur die laufenden Kosten.

Meist ist es eine schlechte Lösung, sich das fehlende Geld bei Bekannten zusammenzupumpen. Die Rückzahlung ist, auch wenn Sie eine (vielleicht schlechter bezahlte) Stelle finden, oft unsicher – und das kann die besten Freundschaften arg belasten.

Nehmen Sie auf keinen Fall einen Kleinkredit auf, um Ihre laufenden Ausgaben zu decken. Die Zinsen – Kleinkreditbanken dürfen je nach Kanton bis zu 18 Prozent verlangen – vergrössern Ihren Schuldenberg nur. Mit seriösen Banken werden Sie als Arbeitsloser erst gar nicht ins Geschäft kommen. Haben Sie bereits früher einen Kleinkredit aufgenommen und können nun die Raten nicht mehr zurückzahlen, reden Sie am besten mit Ihrer Bank, und zwar bevor Sie mit dem Abzahlen im Rückstand sind. Seriöse Institute sind häufig bereit tiefere Raten zu vereinbaren oder die Raten für eine gewisse Zeit zu stunden, allerdings meist gegen happige Verzugszinsen.

Hilfe bei Geldschwierigkeiten finden Sie auch bei den Budgetberatungsstellen (Adressen → Seite 294). Sie zeigen, wie man ein realistisches Budget aufstellt, und wissen auch, wie man am besten mit Banken und anderen Gläubigern (zum Beispiel dem Steueramt) verhandelt. Voraussetzung ist allerdings, dass Sie der Beratungsstelle ohne falsche Scham alle nötigen Unterlagen offen legen.

Aktiv bleiben trotz Arbeitslosigkeit

Arbeitslose sind viel allein. Während man im Arbeitsleben von Kollegen und Vorgesetzten immer wieder Rückmeldungen erhielt und sich und seine Leistung so ganz gut einschätzen konnte, fällt dies nun weg. Sich selbst einzuschätzen ist gar nicht so einfach. Bei längerer Arbeitslosigkeit besteht deshalb die Gefahr einer gewissen Weltfremdheit.

Die Einsamkeit kann auch zu einer Überempfindlichkeit führen: Sie haben mehr Zeit zum Grübeln und weniger Abwechslung von aussen. Da kann manch Unangenehmes viel schwerer wiegen als während der Arbeit, als Sie stärker gefordert waren, weniger Musse hatten und deshalb vieles rascher «wegstecken» mussten.

Kommt dazu, dass der Tagesrhythmus nicht mehr vom Fahrplan der Arbeitswelt diktiert wird. Sie selber bestimmen, wann Sie aufstehen, wie Sie den Tag verbringen. Neben den angenehmen Seiten birgt dies auch Probleme: Der Tag plätschert dahin, und am Abend haben Sie das Gefühl, Sie hätten gar nichts geleistet.

Die wichtigste Regel heisst deshalb: Bleiben Sie aktiv, verkriechen Sie sich nicht ins Schneckenhaus. Suchen Sie sich jeden Tag – neben der

Stellensuche – eine Beschäftigung. Am besten sind natürlich berufsbezogene Aktivitäten: Ob Sie einem Bekannten bei der Buchhaltung helfen, einen Weiterbildungskurs besuchen oder sich an einem Arbeitslosenprojekt beteiligen – das alles macht auch auf mögliche zukünftige Arbeitgeber einen guten Eindruck. Aber auch andere Tätigkeiten helfen Ihnen aktiv und beweglich zu bleiben: Reparieren Sie die defekte Garagentür, streichen Sie die Küche neu. Oder helfen Sie den Kindern bei den Schulaufgaben, besuchen Sie Ausstellungen, erledigen Sie die Einkäufe für Ihre betagte Nachbarin, lesen Sie Fachliteratur. Nutzen Sie die «geschenkten» Stunden für Dinge, die Sie schon immer mal tun wollten, aber aus Zeitmangel aufschieben mussten. Wichtig ist, dass Sie nach wie vor einen «normalen» Lebensrhythmus einhalten.

Richtig stempeln spart viel Ärger

Sofort nach der Kündigung sollten Sie herausfinden, welche Stelle der erste Anlaufhafen ist, wenn Sie arbeitslos werden. Diesbezüglich ist alles im Fluss: Nach dem Wissensstand der Autoren können Sie sich in den Kantonen Aarau, Appenzell Innerrhoden, Basel-Stadt, Glarus, St. Gallen, Solothurn und Uri bereits anfangs 1997 direkt bei den regionalen Arbeitsvermittlungszentren anmelden; dasselbe gilt für die Stadt Zürich. Die anderen Kantone behalten – allenfalls während des ganzen Jahres 1997 – die Doppelspurigkeit bei und verlangen in der Regel eine Anmeldung zuerst beim Arbeitsamt, das sich meist darauf beschränkt, die Personaldaten zusammenzustellen, und die Arbeitslosen dann an die zuständigen Zentren weist. In der Mehrheit der Kantone bleiben die Arbeitsämter 1997 auch für das Stempelritual zuständig. Genaueres erfahren Sie beim lokalen Arbeitsamt (Adresse im Telefonbuch) oder auf der Gemeindeverwaltung.

Der richtige Zeitplan

Die Anmeldung bei der Amtsstelle artet zuerst einmal in einen zünftigen Papierkrieg aus. Dieser ist jedoch wichtig, denn anhand der von Ihnen ausgefüllten Formulare klärt die Arbeitslosenkasse Ihren Anspruch auf Taggeld ab. Je besser und vollständiger Ihre Unterlagen, desto rascher läuft diese Abklärung und desto problemloser kommen Sie zu Ihrem Geld. Halten Sie sich am besten an den folgenden Zeitplan. Sonst wird das Arbeitslosengeld verspätet ausgezahlt und im schlimmsten Fall verpassen Sie sogar einige Tage, für die Sie Taggeld beziehen könnten.

● Spätestens *einen Monat vor Ende des Arbeitsverhältnisses* gehen Sie beim Arbeitsamt oder RAV vorbei und lassen sich beraten. Sammeln Sie die Merkblätter, die dort aufliegen, erkundigen Sie sich nach den Spielregeln für Sonderfälle (beispielsweise als Temporärangestellte, als Angestellte auf Abruf, bei Krankheit). Beziehen Sie alle nötigen Formulare (siehe Kasten und Muster im Anhang → Seite 252) und fangen Sie an diese auszufüllen.

● Etwa *eine Woche vor Ende der Kündigungsfrist* sollten Sie einen Termin bei der zuständigen Amtsstelle abmachen und zu dieser Bespre-

Ohne diese Formulare läuft gar nichts

Antrag auf Arbeitslosenentschädigung: Dieses Formular müssen Sie selber ausfüllen. Es lohnt sich, das sehr genau zu tun und auch die verlangten Unterlagen (Kündigungsschreiben, Diplome, allenfalls Arztzeugnis etc.) aufzutreiben und beizulegen.

Arbeitgeberbescheinigung: Ihr ehemaliger Arbeitgeber muss dieses Formular ausfüllen und Ihren Verdienst angeben; Lohnausweise genügen nicht. Wenn Sie in den letzten zwei Jahren bei verschiedenen Arbeitgebern gearbeitet haben, müssen Sie jedem ein solches Formular schicken. Die Arbeitgeber sind gesetzlich verpflichtet das Formular sofort auszufüllen und zurückzuschicken. Manchen Firmen eilt es damit aber nicht so sehr. Seien Sie wenn nötig hartnäckig – ohne die Arbeitgeberbescheinigung erhalten Sie kein Geld. Achten Sie auch darauf, dass wirklich alle Lohnbestandteile verzeichnet sind; Spesen- oder Trinkgeldpauschalen beispielsweise gehen gerne vergessen.

Arbeitsbemühungen während der Kündigungsfrist: Hier führen Sie alle Ihre Bewerbungen auf; geben Sie Firmennamen, Adresse, Telefon, zuständige Person an. Auch dieses Formular ist wichtig. Es dient als Beweis dafür, dass Sie sich genügend um Arbeit bemüht haben und nicht etwa mit einer Taggeldbusse bestraft werden müssen.

Spezielle Formulare bei Krankheit, Invalidität, Militärdienst etc.: Auf den Amtsstellen erfahren Sie, ob Sie noch weitere Formulare ausfüllen müssen.

chung die ausgefüllten Formulare gleich mitbringen. Zudem benötigen Sie noch folgende Unterlagen:
- Schriftenempfangsschein (Schweizer) beziehungsweise
- Niederlassung (Ausländer mit Ausweis C) beziehungsweise
- Arbeitsbewilligung (übrige Berechtigungskategorien wie Asylbewerber, Jahresaufenthalter etc.)
- Kündigungsschreiben
- Arztzeugnisse, Rentenbescheide, Diplome etc.
- AHV-Ausweis

Das Arbeitsamt überprüft Ihre Angaben und legt Ihnen ein Verzeichnis der Arbeitslosenkassen in Ihrem Kanton vor. Daraus können Sie «Ihre» Kasse frei wählen. Erkundigen Sie sich, welche Kasse am schnellsten Zahlungen leistet und welche allenfalls auch Vorschüsse auszahlt (wichtig bei Finanzknappheit).

● Der *erste Tag nach Ende des Arbeitsverhältnisses* ist Ihr erster Stempeltag. In den meisten Kantonen wird 1997 noch gestempelt. Wenn Sie den Formularkrieg bereits erledigt haben, läuft dies ganz banal ab: Die zuständige Amtsstelle macht auf Ihrer gelben Karte für jeden Tag, für den Sie Taggeld kriegen, einen Stempel. Sie kontrolliert, ob alle Formulare richtig ausgefüllt sind.

● Zu Beginn Ihrer Arbeitslosigkeit, in der Zeit vor oder nach dem ersten Stempeltag, werden Sie auch zu einem *Informationsgespräch* beim Arbeitsamt oder RAV aufgeboten. Dabei werden Sie auf Folgendes aufmerksam gemacht:
- Arbeitslose müssen sich intensiv um Arbeit, auch um ausserberufliche, bemühen.
- Sie müssen ihre Bemühungen nachweisen.
- Sie müssen bereit sein eine zumutbare Arbeit anzunehmen.
- Arbeitslose müssen sich für aktive arbeitsmarktliche Massnahmen (zum Beispiel Weiterbildung → Seite 159) bereithalten.
- Sie müssen sich der Kontrollpflicht unterziehen.
- Arbeitslose haben eine Auskunfts- und Meldepflicht (beispielsweise wenn sie eine Stelle gefunden haben, krank geworden sind etc.).
- Erkrankungen und Unfälle müssen sofort gemeldet werden, wenn dadurch der Besuch beim Arbeitsamt oder RAV verunmöglicht wird.
- Zwischenverdienste (→ Seite 135) müssen sofort gemeldet werden.

● Anschliessend findet in allen Kantonen eine *erste Beratung* im RAV statt. Dabei geht es weniger um Kontrolle und Bürokratie – die auch nötig sind –, sondern darum, Ihre individuelle Situation zu durchleuchten und Möglichkeiten, eine neue Stelle zu finden, aufzuzeigen. Ist die Stellensuche für Sie schwierig, wird gemeinsam erarbeitet, wo die Probleme liegen und wie sie angegangen werden können. Je nach Situation werden Ihnen verschiedene so genannte arbeitsmarktliche Massnahmen angeboten (→ Seite 159).

Übrigens: Gemäss Statistik finden jeden Monat rund zehn Prozent aller Arbeitslosen wieder eine Stelle. Jeder zweite Arbeitslose muss länger als sechs Monate auf einen neuen Job warten.

Wie läuft ein Beratungsgespräch ab?

Ziel der Beratung im RAV ist es, Ihnen bei einer möglichst raschen Wiedereingliederung in den Arbeitsmarkt zu helfen. Welche Haltung wird der Personalberater oder die Personalberaterin Ihnen gegenüber einnehmen? In den Schulungsunterlagen für RAV-Mitarbeiter werden drei Leitlinien betont: Hilfe zur Selbsthilfe, Vermittlung statt Betreuung und Respekt vor der Persönlichkeit der Stellensuchenden.

Erste Aufgabe der Berater ist es, sich ein Bild von der individuellen Situation des oder der Arbeitslosen zu machen, das heisst also: fragen, wo die Unterlagen nicht genug Informationen enthalten, fragen nach Wünschen und Zielen, nach Problemen, die sich aus dem familiären Umfeld ergeben können, nach gesundheitlichen Schwierigkeiten etc. Ganz wichtig ist, dass die Berater ihren Kunden auch zuhören. Nur so ergibt sich ein umfassendes Bild der persönlichen Situation, aus dem dann sinnvolle Ziele und Massnahmen abgeleitet werden können.

Die Berater dürfen nicht einfach verordnen, was Arbeitslose zur Wiedereingliederung in die Arbeitswelt zu tun haben. So weit als möglich sollen die Betroffenen die Ziele und Massnahmen selbst erarbeiten – mit Unterstützung der Berater, die mehr über den Stellenmarkt und die Angebote der Arbeitslosenversicherung wissen. Die Berater müssen also in erster Linie alle Informationen liefern, welche ihre Schützlinge brauchen, um selbst einen Weg aus der Arbeitslosigkeit zu finden.

Sind die Ziele und Massnahmen einmal definiert, ist es Aufgabe der Berater, die Arbeitslosen beim Erreichen zu unterstützen. In regelmässigen Gesprächen müssen sie sich vergewissern, ob und wie ihre Klienten vorankommen und wenn nötig Korrekturen vorschlagen. Wird deutlich, dass ein Arbeitsloser seine Ziele zu wenig intensiv verfolgt und die vereinbarten Massnahmen vernachlässigt, müssen die Berater mahnen und auf die Konsequenzen hinweisen, die ein solches Verhalten nach sich ziehen kann (Einstelltage → Seite 143).

Das Wichtigste in Kürze

- Bleiben Sie aktiv. Nutzen Sie die freie Zeit für Dinge, die Sie schon immer tun wollten. Besuchen Sie Kurse, die Ihnen das Arbeitsamt anbietet. Packen Sie eine Arbeit an, auch wenn der Verdienst gering ist. Das ist gut fürs Selbstbewusstsein und dank dem Zwischenverdienst fahren Sie auch finanziell besser.

- Für Ihre Arbeitslosigkeit brauchen Sie sich nicht zu schämen. Verkriechen Sie sich nicht. Suchen Sie Kontakte und nützen Sie vor allem auch die Angebote von Beratungsstellen und RAV.

- Kümmern Sie sich schon kurz nach der Kündigung um einen ersten Kontakt zum Arbeitsamt oder RAV. Halten Sie den oben beschriebenen Zeitplan ein. Geld von der Arbeitslosenkasse gibt's erst, wenn Sie sich offiziell bei der zuständigen Stelle angemeldet haben.

- Langweilig, aber nötig: Füllen Sie die Formulare sorgfältig aus und geben Sie sie rechtzeitig ab. Nur so kann Ihr Anspruch auf Arbeitslosenentschädigung geprüft werden.

- Die Beraterinnen und Berater der RAV sind den Arbeitslosen in der Regel freundlich gesinnt. Sie wollen und können Ihnen weiterhelfen.

6.
Die sieben Hürden oder: Wer hat Anspruch auf Taggeld?

Wer keine Arbeit hat, kriegt nicht automatisch Geld von der Arbeitslosenkasse. Stellenlose müssen folgende Voraussetzungen erfüllen (G8):
- ganz oder teilweise arbeitslos sein,
- Wohnsitz in der Schweiz haben,
- die obligatorische Schulzeit zurückgelegt und das AHV-Alter noch nicht erreicht haben,
- die Kontrollvorschriften erfüllen,
- einen anrechenbaren Arbeitsausfall erleiden,
- genügend Beitragszeit aufweisen oder einen der Gründe für eine Befreiung von der Beitragspflicht erfüllen und
- vermittlungsfähig sein.

Von der Vermittlungsfähigkeit hängt sehr viel ab und das Thema ist recht komplex. Deshalb wird es separat in Kapitel 7 (→ Seite 83) behandelt.

Ganz oder teilweise arbeitslos

Nicht alle, die keine Arbeit haben, gelten vor dem Gesetz als arbeitslos.
● Als *ganz arbeitslos* (G10) wird bezeichnet, wer in keinem Arbeitsverhältnis steht, eine Vollzeitbeschäftigung sucht und sich beim Arbeitsamt der Gemeinde oder beim regionalen Arbeitsvermittlungszentrum gemeldet hat.
● Als *teilweise arbeitslos* gelten die Angemeldeten, wenn sie nicht in einem Arbeitsverhältnis stehen und eine Teilzeitbeschäftigung suchen oder wenn sie in einem Teilzeitarbeitsverhältnis stehen und eine Vollzeitstelle oder eine weitere Teilzeitbeschäftigung suchen. Auch teilweise Arbeitslose müssen sich bei der zuständigen Amtsstelle zur Arbeitsvermittlung melden.

Wer keine Arbeit hat und sich zwar beim Arbeitsamt meldet, aber (zum Beispiel aus gesundheitlichen oder persönlichen Gründen) keine Stelle sucht, gilt nicht als arbeitslos.

Wohnsitz in der Schweiz

Berechtigt Arbeitslosengelder zu beziehen ist, wer in der Schweiz wohnt. Ausländerinnen und Ausländer mit Niederlassungsbewilligung (Ausweis C) sind den Schweizern gleichgestellt, wenn sie in der Schweiz angemeldet sind und hier ihre Schriften hinterlegt haben. Ausländer ohne diese C-Bewilligung (Jahresaufenthalter mit Ausweis B etc.) müssen zusätzlich eine Aufenthaltsbewilligung besitzen, die sie zur Ausübung einer Erwerbstätigkeit berechtigt. Der Wille, die Schweiz zum Mittelpunkt des Lebens zu machen, allein genügt nicht, um hier wohnhaft zu sein. Ausländer, deren fremdenpolizeiliche Bewilligung zwar abgelaufen ist, die aber rechtzeitig um Verlängerung nachgesucht haben und diese voraussichtlich auch erhalten werden – das ist bei Jahresaufenthaltern regelmässig der Fall – dürfen ebenfalls stempeln.

Auch *Asylbewerber* können grundsätzlich Taggelder der Arbeitslosenversicherung beziehen, sofern sie mit einer Arbeitsbewilligung rechnen können (→ Seite 93). Bei *Saisonbewilligungen* (Ausweis A) wird ein Anspruch nur in Ausnahmefällen anerkannt.

Im richtigen Alter

Wer die obligatorische Schulzeit zurückgelegt hat und noch keine Rente der AHV bezieht, hat das passende Alter für die Arbeitslosenversicherung. Typisch schweizerisch: Je nach Kanton sind Eintrittsalter und Dauer des obligatorischen Schulunterrichts unterschiedlich geregelt. An den meisten Orten kann man nach neun Jahren Schulbank-Drücken stempeln gehen.

Eine spezielle Regelung gibt es für Personen, die aus wirtschaftlichen Gründen vorzeitig pensioniert worden sind, aber noch keine AHV-Rente beziehen (→ Seite 187). Wer sich jedoch vor Erreichen des Pensionsalters eine reduzierte AHV auszahlen lässt (seit Januar 1997 möglich), hat überhaupt keinen Anspruch auf Taggelder der Arbeitslosenversicherung.

Kontrollvorschriften erfüllt?

Wer Stempelgeld beanspruchen will, muss nicht nur *alles Zumutbare* (durch Stellensuche → Kapitel 8, Seite 99) unternehmen, um die Arbeitslosigkeit zu vermeiden oder zu verkürzen. Er oder sie muss sich auch persönlich regelmässig kontrollieren lassen (G17). In den meisten Kantonen erfüllen Sie diese so genannte Kontrollpflicht, indem Sie den Kontrollausweis einmal pro Woche zum Arbeitsamt oder RAV bringen und dort stempeln lassen. Im Prinzip sind telefonisches Stempeln oder «Verwandte vorbeischicken» streng verpönt. Ausnahmen gibt es für Kranke, Verunfallte oder Schwangere, wenn sie nicht arbeits- und vermittlungsfähig sind. Wochenaufenthalter können wählen, wo sie persönlich vorbeigehen wollen: am Arbeits- oder am Wohnort.

Überspringen Sie einen Kontrolltag, dürfen die Beamten des Arbeitsamts nur die Tage nach dem versäumten Kontrolltag eintragen. Für die Zeit vor dem verpassten Stempeltag verlieren Sie jeden Anspruch. Vorstempeln ist nicht zulässig. Doch es gibt Ausnahmen: Während der Stempelferien (siehe unten) und zwischen Weihnachten und Neujahr bleibt der Deckel über dem Stempelkissen geschlossen.

Den Versicherten dürfen die Kontrollstempel nicht verweigert werden, und zwar auch dann nicht, wenn nach Ansicht des Arbeitsamts oder des RAV kein Geld fliessen wird. Es ist Sache des KIGA oder der Arbeitslosenkasse, über den Anspruch zu befinden. Immer wieder kommt es aber vor, dass Arbeitslose zu Unrecht von den Ämtern weggeschickt werden, dann nicht mehr stempeln gehen und natürlich auch kein Geld kriegen. In solchen Fällen hilft die neuere Gerichtspraxis; das Eidgenössische Versicherungsgericht hat entschieden: Es darf einem Versicherten nicht zum Nachteil gereichen, wenn er sich aufgrund einer falschen Auskunft des zuständigen Beamten nicht mehr zur Stempelkontrolle meldet (ARV 1993/94 Nr. 32).

In wenigen Kantonen sind schon 1997 die RAV auch für die Kontrolle zuständig. Die aktuelle Situation wird in nächster Zeit laufend ändern, sodass es praktisch unmöglich ist, einen Überblick zu geben. Bei der Anmeldung werden Sie jedoch mit der Regelung, die in Ihrem Kanton gilt, vertraut gemacht.

Stempelferien

Von Zeit zu Zeit sollen sich die Versicherten von der Stempelei und der Stellensuche erholen können. Während diesen kontrollfreien Tagen brauchen sie keine persönlichen Arbeitsbemühungen nachzuweisen, sie müssen auch nicht vermittlungsfähig sein.

Pro 50 Tage kontrollierter Arbeitslosigkeit haben Sie Anspruch auf eine Woche Stempelferien (V27). Diesen Ferienanspruch können Sie auch aufsparen und am Stück beziehen. Wenn Sie beispielsweise 100 Tage gestempelt haben, können Sie zwei Wochen in Urlaub fahren etc. Als Bezugstage werden auch Einstell- und Wartetage angerechnet. Wer also nach einem Stellenverlust wegen eines schweren Verschuldens 50 Taggelder abgezogen erhält, kann bereits eine Woche Ferien nehmen.

Die stempelfreien Tage müssen während der Arbeitslosigkeit eingezogen werden. Sie können keine «Ferienguthaben» ansparen und sich diese, wenn Sie eine Stelle gefunden haben, auszahlen lassen. Auch ein Vorbezug oder gar ein tageweiser Ferienbezug ist nicht zulässig. Dies würde dem Erholungszweck zuwiderlaufen.

Meldepflicht

Wenn wichtige Veränderungen anstehen – Beendigung der Arbeitslosigkeit, Aufnahme oder Änderung eines Zwischenverdienstes, Geburt eines Kindes, Eingang eines Rentenentscheids der IV, Wohnsitz- und Zivilstandsänderung etc. –, so müssen Sie dies der zuständigen Stelle mitteilen: Erkrankungen und Unfälle müssen innert einer Woche gemeldet werden. Wollen Sie in die Ferien fahren, Kurse besuchen oder müssen Sie Militär- oder Zivilschutzdienst leisten, gehören auch diese Informationen auf das Pult der zuständigen Betreuerin.

Nicht jeder Arbeitsausfall wird bezahlt

Entschädigt wird nur der «anrechenbare Arbeitsausfall» (G11) – eine fürchterliche Wortkonstruktion, die der Erklärung bedarf: Wer (noch) in einem Arbeitsverhältnis steht, hat keinen anrechenbaren Arbeitsausfall. Dieser entsteht erst bei Arbeitslosigkeit, also dann, wenn keine Lohnansprüche gegenüber dem Arbeitgeber mehr bestehen. Wird ein Arbeitsausfall entschädigt, zum Beispiel durch ein Kranken- oder Unfalltaggeld, ist ebenfalls kein Platz für Arbeitslosenentschädigung.

Zwar sind allenfalls Arbeitstage ausgefallen, das Loch muss aber durch andere Versicherungen oder durch den Arbeitgeber gefüllt werden, weshalb der Ausfall nicht anrechenbar ist. Ein Beispiel dazu:

Einer Kellnerin erklärt die Chefin, das Restaurant werde wegen Umbau für einen Monat geschlossen, sie solle nach dem Umbau wieder kommen und in der Zwischenzeit stempeln gehen. Diese Arbeitgeberin ist, weil sie keine Kündigungsfrist eingehalten hat, auch während des Umbaumonats zahlungspflichtig. Die Kellnerin muss deshalb den Lohn von ihr fordern.

Nicht jeder geringfügige Arbeitsausfall wird entschädigt. Ein Arbeitsausfall ist nur dann anrechenbar, wenn er auch zu einem Verdienstausfall führt und wenn er mindestens zwei volle aufeinander folgende Arbeitstage dauert. Wer also wegen Arbeitsmangel nach Hause geschickt wird, aber den Lohn erhält, erleidet keinen Arbeitsausfall, ebenso wenig jemand, dessen Arbeitsausfall nur einen Tag beträgt. Als voller Arbeitstag gilt der fünfte Teil der normalen wöchentlichen Arbeitszeit. Bei *Vollstellen* sind dies jeder Wochentag von Montag bis Freitag sowie die bezahlten Feiertage. Ein Beispiel:

In einer Firma wird über lange Zeit während 40 Stunden pro Woche gearbeitet. Aus betrieblichen Gründen wird auf 36 Stunden pro Woche verkürzt. Das führt zwar zu einem Arbeits- und Verdienstausfall, aber er beträgt nur einen halben Tag pro Woche. Es liegt also kein Arbeitsausfall von zwei vollen Arbeitstagen nacheinander vor.

Bei *Teilzeitstellen* muss der Arbeitsausfall innerhalb von zwei Wochen mindestens zwei volle Teilzeitarbeitstage betragen. Auch dazu ein Beispiel:

Die übliche Arbeitszeit einer Teilzeitangestellten beträgt 20 Stunden pro Woche, ihr Arbeitstag dauert also vier Stunden. Reduziert wird auf 16 Stunden pro Woche. Innerhalb zweier Wochen beträgt der Arbeitsausfall acht Stunden, das sind zwei volle Arbeitstage. Dieser Arbeitsausfall wird angerechnet.

Bei *Verträgen auf Abruf* und bei *Stundenlöhnen* ist es besonders schwierig, den anrechenbaren Arbeitsausfall zu bestimmen. Zuerst stellt sich die Frage, ob überhaupt von einer normalen Arbeitszeit gesprochen werden kann. Nur wenn eine einigermassen regelmässige Arbeitszeit über eine längere Dauer belegt wird, ist es möglich, einen Arbeitsausfall nachzuweisen. Es ist also ganz wichtig, alle Belege für die Arbeitszeit und den Lohn aufzubewahren. Denn auf die Arbeitgeber ist nicht immer Verlass (ungenügende Lohnabrechnungen, Konkurs etc.). Arbeitnehmer, die auf Abruf arbeiten, sind rundum schlecht gestellt. Sie riskieren, nicht stempeln zu können, weil sie derart unregelmässig arbeiten, dass nicht mehr von einem Ausfall gesprochen werden kann (→ Seite 41).

Peter K. vereinbarte mit einer Bewachungsgesellschaft, er halte sich für eine unbestimmte Zeit für Arbeitseinsätze zur Verfügung. Die Kündigungsfrist wurde auf 14 Tage festgesetzt. Plötzlich werden Peter K. keine Einsätze mehr zugewiesen. Ihm entsteht aber kein anrechenbarer Arbeitsausfall, denn eine unregelmässige Arbeitszeit ist ja ausdrücklich vereinbart und normal. In der Zeit, in der Peter K. nicht zum Arbeiten aufgefordert wird, entsteht kein Verdienstausfall. Konsequenz: Peter K. muss zuerst kündigen (Gefahr von Einstelltagen!) und dann stempeln gehen (ARV 1991 Nr. 7, ähnliches Beispiel ARV 1995 Nr. 9).

Ein Arbeitsausfall ist nicht anrechenbar, wenn für diese Zeit noch Lohn- oder Entschädigungsansprüche geltend gemacht werden können – beispielsweise bei einer Kündigung zur Unzeit oder nach einer fristlosen Entlassung. In diesen Fällen muss der frühere Arbeitgeber den Verdienstausfall ersetzen, nicht die Arbeitslosenkasse (→ Seite 50).

Es gibt einen Sonderfall, in dem eigentlich kein anrechenbarer Arbeitsfall besteht, die Arbeitslosenkasse aber dennoch leistungspflichtig ist: dann, wenn während der Kündigungsfrist die Ferien nicht mehr in natura bezogen werden können und deshalb in Bargeld abgegolten werden.

Einer Buchhalterin ist auf den 30. Dezember 1996 gekündigt worden. Sie wird vom Arbeitgeber aufgefordert, noch den Abschluss per Ende Dezember 1996 praktisch fertigzustellen, weshalb sie ihre Ferien nicht mehr beziehen kann. Mit dem Arbeitgeber vereinbart sie, dass ihr die Ferien in Bargeld abgegolten werden. Bereits ab dem 1. Januar 1997 kann die Buchhalterin Taggeld beziehen. Über die Ferienentschädigung darf sie nach Belieben verfügen.

Umgekehrt gibt es Fälle, in denen eigentlich ein anrechenbarer Arbeitsausfall besteht, dieser aber nicht entschädigt wird. Saisonarbeitern beispielsweise wird eine bestimmte Zeit nicht angerechnet, weil es – so die Begründung – zur Saisontätigkeit gehöre, dass nach Abschluss einer Arbeit nicht immer sofort eine neue gefunden werden kann (besondere Wartefristen → Seite 130).

Wie komme ich auf die nötige Beitragszeit?

Als Grundsatz gilt: Wer Arbeitslosentaggelder beziehen will, muss in den letzten zwei Jahren – vom ersten Stempeltag rückwärts gerechnet – mindestens während *sechs Monaten Beiträge* an die Versicherung abgeführt haben (G13). Im Beamtenjargon heisst das: Jeder und jede muss eine beitragspflichtige Beschäftigung von mindestens sechs Monaten innerhalb der zweijährigen Rahmenfrist für die Beitragszeit mitbringen. Von diesem Grundsatz gibt es drei Ausnahmen:
– Es gibt Zeiten, in denen keine Beiträge bezahlt werden und die trotzdem angerechnet werden (G13 Abs. 2 → Seite 74).
– Es gibt Personen, die «von der Erfüllung der Beitragszeit befreit» sind (G14 → Seite 76).
– Und schliesslich gilt ab dem 1. Januar 1998: Wer zum zweiten Mal innert drei Jahren arbeitslos wird, darf erst wieder stempeln, wenn er oder sie seit der ersten Arbeitslosigkeit zwölf Monate gearbeitet und Beiträge bezahlt hat (G13 Abs. 1 → Seite 81).

Mindestens sechs Monate Beiträge bezahlen

Doch zunächst zum Grundsatz, wonach jemand sechs Monate lang gearbeitet und Beiträge bezahlt haben muss, bevor er oder sie Anspruch auf Arbeitslosenentschädigung hat. Das macht an sich Sinn. Ohne eine solche Mindestbeitragsdauer könnte jede Selbständigerwerbende, jeder Weltenbummler nach seiner Rückkehr sich die Arbeitsuche mit Taggeldern, zu deren Finanzierung sie oder er nichts beigetragen hat, erleichtern.

Wann sind die sechs Monate Beitragszeit erfüllt? Als Beitragsmonat zählt jeder volle Kalendermonat, in dem der oder die Versicherte beitragspflichtig ist. Es spielt keine Rolle, ob diese beitragspflichtige Beschäftigung während aller möglichen Arbeitstage oder nur an einzelnen (Teilzeitstelle) ausgeübt worden ist. Entscheidend ist die vom Arbeitgeber bescheinigte Dauer des Arbeitsverhältnisses. Wenn Sie also drei Tage pro Woche arbeiteten und dies laut Arbeitgeberbescheinigung sechs Monate lang getan haben, ist Ihre Beitragszeit erfüllt.

Arbeitet jemand nur tage- oder wochenweise bei verschiedenen Arbeitgebern, wird's komplizierter. Die einzelnen Beitragszeiten werden zusammengezählt und auf 30 Kalendertage umgerechnet. Je 30 Kalendertage gelten als Beitragsmonat. Dabei zählen 5 Arbeitstage als 7 Kalendertage, weshalb mit dem Faktor 1,4 gerechnet wird:

Herta L. arbeitete in der Zeit vom 1. März bis 30. Mai 1997 bei drei verschiedenen Arbeitgebern. Ihre Beitragszeit aus diesen drei Monaten wird folgendermassen berechnet:

Beschäftigung	Arbeitstage	Kalendertage
1. bis 20. März 1997 Serviceaushilfe im Café X	14	19,6
3. bis 18. April 1997 Bankettservice auf Messe	10	14
8. bis 27. Mai 1997 Buffet im Restaurant Z	<u>17</u>	<u>23,8</u>
Total	41	57,4

Herta L. hat in drei Monaten also nicht ganz zwei Beitragsmonate «erarbeitet».

Die sechs Monate Beitragszeit müssen auf den Tag erfüllt sein. Fehlt auch nur ein Tag, so besteht kein Anspruch.

Da von Erwerbsausfallsentschädigungen bei Militär- und Zivilschutzdienst sowie von den Taggeldern der Invaliden- und der Militärversicherung jeweils Beiträge an die Arbeitslosenversicherung abgeführt werden, gelten die entsprechenden Tage auch als Beitragszeiten. Wer also auf Kosten der Invalidenversicherung mehr als sechs Monate umgeschult worden ist, erfüllt die Beitragspflicht. Anders bei Taggeldern aus Kranken- und Unfallversicherungen: Da von diesen weder AHV- noch ALV-Beiträge abgezogen werden, können daraus auch keine Beitragszeiten entstehen.

Es spielt übrigens keine Rolle, ob der Arbeitgeber, der die Beiträge für die Arbeitslosenversicherung seinen Angestellten ja vom Lohn abzieht, diese auch tatsächlich der AHV-Ausgleichskasse weitergeleitet hat. Wenn Ihnen die Beiträge abgezogen werden müssen, sind Sie auch versichert.

«Geschenkte» Beitragszeiten

Bestimmte Zeiten können an die Beitragspflicht angerechnet werden, auch wenn konkret keine Beiträge geleistet worden sind (G13 Abs. 2). Dies trifft in folgenden Fällen zu (massgebend sind immer die zwei der Anmeldung vorausgehenden Jahre):

● Arbeitnehmer, die noch nicht 18 Jahre alt sind, müssen keine AHV-Beiträge und auch keine Beiträge an die Arbeitslosenversicherung bezahlen. Wer unter 18-jährig schon in einem Arbeitsverhältnis steht, dem wird diese Zeit trotzdem angerechnet.

● Schweizerischer Militär- oder Zivilschutzdienst sowie obligatorische Hauswirtschaftskurse, die ganztags und ununterbrochen besucht werden, gelten als Beitragszeiten.

● Immer wieder gibt es Arbeitnehmer, die zwar fest angestellt sind, aber während einer langen Krankheit keinen Lohn mehr erhalten. Der Arbeitgeber muss den Lohn bei Krankheit nur während einiger Wochen (abhängig vom Dienstalter → Seite 298) bezahlen. Wenn für längere Krankheiten kein genügender Versicherungsschutz besteht, gibt es keinen Lohn und deshalb keine Arbeitslosenbeiträge. Dennoch wird die lohnlose Zeit als Beitragszeit anerkannt.

● Auch Arbeitnehmerinnen, die wegen Schwangerschaft oder Mutterschaft die Arbeit unterbrechen, erhalten oft keinen Lohn mehr. Sofern der Unterbruch durch die Arbeitsschutzbestimmungen vorgeschrieben oder in einem Gesamtarbeitsvertrag vereinbart war (zum Beispiel acht Wochen nach der Geburt), wird die entsprechende Zeit als Beitragszeit angerechnet.

● Für Schweizer Bürger wird, gestützt auf Staatsverträge, auch eine unselbständige Tätigkeit in den Nachbarländern (mit Ausnahme Italiens) an die nötigen sechs Monate angerechnet.

In all diesen Perioden werden also keine Beiträge bezahlt; trotzdem sind sie der normalen «beitragspflichtigen Beschäftigung» gleichgestellt. Zur Illustration zwei Beispiele:

Reto S. war ab dem 1. Juli 1995 selbständig tätig, hatte aber vorher während 5 Monaten und 26 Tagen angestellt gearbeitet und ALV-Beiträge bezahlt. Während der beruflichen Selbständigkeit absolvierte er zwei WKs. Reto S. hat seine Beitragspflicht erfüllt: Die beiden WKs und auch die beitragspflichtige Beschäftigung fanden während den zwei Jahren vor Beginn der Arbeitslosigkeit statt und ergaben zusammen eine Beitragszeit von etwas über sieben Monaten.

Das befristete Arbeitsverhältnis von Anita M. dauerte vom 1. September 1996 bis zum 28. Februar 1997. Wegen Krankheit wurde ihr Lohn bloss bis zum 9. Februar bezahlt (Minimaldeckung gemäss OR), sodass sie nur etwas mehr als fünf Monate lang Beiträge ablieferte. Anita M. kann trotzdem Arbeitslosengeld beziehen. Entscheidend ist die Tatsache, dass sie während sechs Monaten eine beitragspflichtige Beschäftigung ausgeübt hat; dass der Lohn aus Krankheitsgründen nicht die ganze Zeit bezahlt wurde, spielt keine Rolle.

Wer ist von der Erfüllung der Beitragszeit befreit?

Personen, die in den zwei Jahren vor dem ersten Stempeltag während mehr als zwölf Monaten aus einem oder mehreren der unten aufgezählten Gründen nicht in einem Arbeitsverhältnis standen und deshalb weniger als sechs Monate Beitragszeit mitbringen, haben trotzdem Anspruch auf Arbeitslosenentschädigung (G14). Es werden so genannte Pauschalen (→ Seite 119) entrichtet, die meist tiefer liegen als die Entschädigung bei erfüllter Beitragszeit. Das Gesetz nennt folgende Gründe für die Befreiung von der Beitragszeit:

● Schulausbildung, Umschulung, Weiterbildung: Achtung, oft dauert eine Ausbildung zwar auf dem Papier ein Jahr. Massgebend ist aber die effektive Schulzeit und die ist häufig kürzer als zwölf Monate – beispielsweise weil die Schule im August beginnt, die Schlussprüfung aber Anfang Juli stattfindet. Bei einem Studienabschluss dauert die Ausbildung bis zu dem Zeitpunkt, in welchem der Student Kenntnis von der erfolgreich bestandenen Schlussprüfung erhält (SVR ALV Nr. 46).

● Krankheit, Unfall

● Mutterschaft (das heisst, die Zeit der Schwangerschaft plus sechzehn Wochen nach der Niederkunft). Angerechnet werden aber nicht neun Monate und sechzehn Wochen, sondern nur die Zeiten, in denen die Frau aus medizinischen Gründen an der Arbeit verhindert war. Eine normal verlaufende Schwangerschaft wird vor der Geburt nicht angerechnet (EVG, unveröffentlichter Entscheid vom 13. 3. 1996, C295/95).

● Aufenthalt in einer Haft-, Arbeits-, Erziehungs- oder ähnlichen Anstalt. Keine Befreiung gibt es für Gefangene, die – wären sie in Freiheit geblieben – eine selbständige Erwerbstätigkeit ausgeübt hätten (EVG, Urteil vom 6. 9. 1995, C151/95).

● Schweizer und niedergelassene Ausländer, die nach einem Auslandaufenthalt von über einem Jahr in die Schweiz zurückkehren, sind anschliessend während eines Jahres von der Erfüllung der Beitragspflicht befreit, wenn sie beweisen können, dass sie im Ausland als Arbeitnehmer beschäftigt waren. Niedergelassene Ausländer, die in dieser Zeit ihre Militärdienstpflicht erfüllten, haben denselben Anspruch. Der Lohn im ausländischen Arbeitsverhältnis beziehungsweise der Sold müssen mindestens während sechs Monaten bezahlt worden sein; der Aufenthalt selber muss mehr als ein Jahr gedauert haben. Sollte dieser Sachverhalt auf Sie zutreffen, verlangen Sie das Merkblatt für Auslandschweizer beim RAV.

● Recht häufig holen niedergelassene Ausländer (Ausweis C) ihre noch nicht 18-jährigen Kinder im Rahmen des Familiennachzugs in die Schweiz. Diese Kinder besitzen ebenfalls eine Niederlassungsbewilligung und können deshalb unter Umständen sofort stempeln gehen, sofern sie die obligatorische Schulpflicht (nach schweizerischem Recht!) erfüllt haben.

● Ist jemand wegen einer finanziellen Notlage gezwungen eine unselbständige Erwerbstätigkeit aufzunehmen oder zu erweitern, erhält er oder sie ebenfalls Pauschalen. Folgende Gründe werden als Beispiele im Gesetz genannt:
– Trennung oder Scheidung der Ehe (nicht aber Auflösung des Konkubinats)
– Invalidität oder Tod des Ehegatten
– Wegfall einer Invalidenrente

Die einzelnen Gründe sind kumulierbar. Wer beispielsweise wegen eines Unfalls fünf Monate lang arbeitsunfähig war und danach acht Monate in einer Alkoholentziehungsklinik verbrachte, dem wird die Beitragszeit erlassen.

Die Aufzählung der Gründe für die Befreiung von der Beitragspflicht im Gesetz ist nicht abschliessend. Auch «ähnliche Gründe» werden anerkannt. Das Eidgenössische Versicherungsgericht hatte verschiedentlich Gelegenheit, diesen unbestimmten Begriff auszulegen:

Bisher war Andrea G. für Haus und Kind zuständig gewesen. Als die Geschäfte ihres Mannes, eines selbständigen Malers, schlecht liefen, bemühte sie sich um eine Stelle. Sie machte «ähnliche Gründe» geltend, da ihr Mann in einem konjunkturellen Tief gelandet sei. Doch das EVG winkte ab. Es sei nicht Sache der Arbeitslosenversicherung, das Unternehmerrisiko eines Selbständigerwerbenden mitzutragen. Nur wenn der Ehemann dauernd oder zumindest längerfristig nicht fähig sei wie bisher für die ehelichen Bedürfnisse zu sorgen, könne Andrea G. von der Beitragspflicht befreit werden. Ihrem Mann aber könne zugemutet werden, nötigenfalls durch Aufnahme einer anderen Tätigkeit seinen bisherigen Beitrag an die ehelichen Lebenshaltungskosten weiterhin zu leisten (SVR ALV Nr. 8).

Paula M. arbeitete als Teilzeitsekretärin. Nachdem ihr Ehemann seine Stelle verloren hatte, versuchte sie eine zweite Halbtagsstelle zu finden.

Sie meldete sich bei der zuständigen Amtsstelle mit der Begründung, ihr Ehemann sei seit Monaten arbeitslos, sie sei deshalb gezwungen ihre Erwerbstätigkeit auszuweiten. Sie hatte mit ihrem Gesuch keinen Erfolg. Der Ehemann bezog vorderhand Taggelder der Arbeitslosenversicherung, die den Lohnausfall mindestens teilweise deckten. Von einer wirtschaftlichen Notlage konnte im Zeitpunkt des Gesuchs nicht gesprochen werden. Anders wäre der Fall allenfalls zu beurteilen, wenn ihr Ehemann ausgesteuert würde (BGE 120 V 145).

Mehr Glück hatte eine Ehefrau, die geltend machte, sie müsse eine Arbeit suchen, weil ihr Ehemann Konkurs gegangen sei. Das EVG bejahte angesichts der besonderen Umstände, dass sie wegen eines «ähnlichen Grundes» von der Beitragspflicht befreit sei (BGE 119 V 51).

Als ähnlicher Grund für die Beitragsbefreiung wurde auch folgende Sachlage anerkannt: Vizedirektor Peter K. muss wegen Unterschlagung für drei Jahre ins Gefängnis. Das Geld ist verspielt, seine Frau ist gezwungen sofort arbeiten zu gehen. Sie erhält Geld von der Arbeitslosenkasse.

Achtung: Liegen die Ereignisse, auf die Sie sich berufen, mehr als ein Jahr zurück, begründen sie keinen Anspruch mehr.

Nach Auffassung des Eidgenössischen Versicherungsgerichts muss im Übrigen ein Kausalzusammenhang zwischen der Ausweitung der Erwerbstätigkeit und der Finanzknappheit bestehen:

Kein Glück hatte deshalb Rosa L. Sie hatte halbtags als kaufmännische Angestellte gearbeitet, suchte nun eine Ganztagesstelle und meldete sich als Teilarbeitslose beim Arbeitsamt. Sie machte geltend, ihr geschiedener Ehemann sei nicht mehr in der Lage, ihr die Unterhaltsbeiträge zu bezahlen. Es liege deshalb ein ähnlicher Grund vor, der zur Befreiung von der Beitragspflicht führe. Doch Rosa L. wurde abgewiesen. Der Ehemann, so das Gericht, habe bis Ende Januar die Alimente pünktlich bezahlt. Die Versicherte habe sich aber bereits im Juli des Vorjahrs um eine Vollzeitstelle bemüht (BGE 121 V 336).

Fazit: Eigentlich eine überraschende Möglichkeit, dass auch Halbtagsbeschäftigte, die aus finanziellen Schwierigkeiten gezwungen sind eine Ganztagesbeschäftigung zu suchen, Geld von der Arbeitslosenversicherung bekommen können, wenn Befreiungsgründe vorliegen. Das ist aber nur möglich, wenn ein direkter Zusammenhang zwischen dem Befreiungsgrund und der Finanzknappheit besteht.

Wer von der Erfüllung der Beitragszeit befreit ist, hat oft längere Wartezeiten zu bestehen (→ Seite 130). Damit sollen insbesondere bei jungen Schulabgängern Missbräuche vermieden werden. Sie müssen erst einmal durch regen Kontakt mit den Behörden der Arbeitslosenversicherung beweisen, dass sie tatsächlich den Einstieg in die Welt der Arbeit planen.

Erziehungsgutschriften: Erleichterung vor allem für Mütter

Wer nach einer Erziehungsperiode den Wiedereinstieg versucht, hat es heute besonders schwer, eine geeignete Stelle zu finden. Diesen Wiedereinsteigenden kommt das Gesetz in einem Punkt entgegen: Mütter (oder Väter), die sich während mehr als 18 Monaten der Erziehung von Kindern unter 16 Jahren widmeten und deshalb keine beitragspflichtige Beschäftigung ausübten, können sich die lohnlose Zeit anrechnen lassen, wenn sie nach der Erziehungsperiode aufgrund einer wirtschaftlichen Zwangslage eine unselbständige Arbeit aufnehmen müssen. Die Eltern bestimmen selbst, wann das Ende der Erziehungsperiode erreicht ist – frühestens 18 Monate nach der Geburt des ersten Kindes und spätestens fünf Monate und 29 Tage, nachdem das jüngste Kind 16 geworden ist. Erziehende, die sich in einer finanziellen Zwangslage befinden, erhalten – ähnlich wie Versicherte nach einer Scheidung oder dem Tod des Ehegatten etc. – während maximal zwei Jahren einen Pauschalsatz, dessen Höhe von der Ausbildung abhängt (→ Seite 119). Ein solcher Anspruch kann nur einmal geltend gemacht werden. Unklar ist, ob Erziehungszeiten im Ausland anerkannt werden.

Wiedereinsteigende Mütter und Väter werden also ähnlich behandelt wie andere Personengruppen, die gezwungen sind eine Erwerbstätigkeit aufzunehmen. Wohl aus Angst vor Missbräuchen wird aber die konkrete wirtschaftliche Zwangslage bei ihnen genau überprüft – ein grosser bürokratischer Mehraufwand. Eine wirtschaftliche Zwangslage liegt dann vor, wenn die Einkommen beider Ehegatten plus zehn Prozent des Vermögens zusammen weniger als 35 Prozent des maximalen versicherten Verdienstes (1997: 35 Prozent von 8100 Franken, also 2835 Franken pro Monat) betragen. Für Verheiratete wird dieser Grenzbetrag um zehn Prozent erhöht. Für das erste Kind gibt's einen weiteren Zuschlag von zehn, für das zweite bis fünfte Kind von je fünf Prozent. Ab dem sechsten Kind erhält man keine weiteren Zuschläge. Ein Beispiel:

Familie Z. hat drei Kinder. Der Vater verdient monatlich 4600 Franken brutto, das Vermögen beträgt 5000 Franken. Weil die Familie finanziell nicht über die Runden kommt, sucht die Mutter eine Stelle auf ihrem alten Beruf als Verkäuferin. Die Rechnung der Arbeitslosenkasse:

Massgebendes Einkommen (4600.– + 500.–)	Fr. 5100.–
Grenzbetrag (35 % von 8100.–)	Fr. 2835.–
Zuschlag für Verheiratete (10 % von 8100.–)	Fr. 810.–
Kinderzuschläge (10 + 5 + 5 %)	Fr. <u>1620.–</u>
Total Grenzbetrag	Fr. 5265.–

Da das monatliche Einkommen unter dem Grenzbetrag liegt, erhält Frau Z. Geld von der Arbeitslosenkasse.

Leben Vater und Mutter gerichtlich getrennt, wird das Einkommen des Ehepartners nicht angerechnet. Auch das Einkommen eines Konkubinatspartners wird nicht berücksichtigt.

Die ganze Regelung ist systemwidrig: Wird ein Anspruch durch Beitragszeit begründet, spielen weder das Einkommen des Ehegatten noch das Vermögen eine Rolle. Ist jemand aus anderen Gründen von der Beitragszeit befreit (nach einer Ausbildung, einer Scheidung, dem Wegfall einer IV-Rente etc.), spielen die Einkünfte des Ehegatten und das Vermögen ebenfalls nicht eine solche Rolle. In diesen Fällen wird lediglich summarisch überprüft, ob eine finanzielle Notwendigkeit für die Aufnahme der Erwerbstätigkeit besteht. Abwehren vor Missbräuchen in allen Ehren, aber muss denn unbedingt gerade bei Wiedereinsteigerinnen bürokratisch und kleinkariert gespart werden.

Grenzbeträge für Erziehungsgutschriften

	Alleinstehend	**Verheiratet**
1 Kind	Fr. 3645.–	Fr. 4445.–
2 Kinder	Fr. 4050.–	Fr. 4860.–
3 Kinder	Fr. 4455.–	Fr. 5265.–
4 Kinder	Fr. 4860.–	Fr. 5670.–
5 und mehr Kinder	Fr. 5265.–	Fr. 6075.–

Schlechte Neuerung für Langzeitarbeitslose

Bisher hielten Kantone und Gemeinden die Langzeitarbeitslosen von den Fürsorgekassen fern, indem sie sechsmonatige Beschäftigungsprogramme anboten, die zum Teil aus Geldern der Arbeitslosenversicherung finanziert wurden. Nach diesen sechs Monaten konnten sich die so Beschäftigten wieder neu beim Arbeitsamt präsentieren; sie hatten ja wieder während sechs Monaten Beiträge bezahlt.

Neu gilt ab dem 1. Januar 1997, dass der Lohn eines von der Arbeitslosenversicherung finanzierten Beschäftigungsprogramms bei der Berechnung der Beitragszeit nicht mehr berücksichtigt wird. Eine weitere Schikane wurde eingebaut: Ab 1998 dürfen Arbeitslose, die innert drei Jahren nach der Aussteuerung wieder arbeitslos werden, erst Taggelder beanspruchen, wenn sie während mindestens *zwölf Monaten Beiträge* geleistet haben – und zwar Beiträge, die in der Wildbahn der freien Marktwirtschaft erarbeitet worden sind. Ein Beispiel:

Fritz B. stempelt seit dem 1. April 1996, seine Rahmenfrist für den Bezug von Taggeldern dauert bis zum 31. März 1998. Am 1. Juli 1997 findet er eine neue Stelle, doch per 30. April 1998 wird ihm wieder gekündigt. Fritz B. hat am 1. Mai 1998 keinen neuen Anspruch auf Arbeitslosengeld, da er nur zehn Monate Beitragszeit erworben hat. Als erneut Arbeitsloser müsste er zwölf Monate gearbeitet haben.

Die neue Regelung ist fragwürdig: Als sie kreiert wurde, ging man davon aus, dass die Arbeitslosenzahlen generell zurückgehen und dass die dank arbeitsmarktlichen Massnahmen besser auf den Markt vorbereiteten Arbeitslosen nicht ein zweites Mal arbeitslos würden. Doch die Arbeitslosenzahlen sind hochgeschnellt, die Langzeitarbeitslosigkeit verschärft sich – wo ein Wille ist, ist auf dem zukünftigen Arbeitsmarkt noch lange kein Weg. Es ist anzunehmen, dass diese erschwerende Bestimmung schon bald wieder aufgehoben werden muss.

Das Wichtigste in Kürze

- Das Arbeitsamt oder RAV muss Ihren Antrag auf Arbeitslosenentschädigung in jedem Fall entgegennehmen und prüfen, auch wenn die Stelle der Meinung ist, Sie hätten sowieso keinen Anspruch auf Taggeld.

- Anspruch auf Taggelder haben Sie nur, wenn Sie die Kontrollpflichten erfüllen. 1997 ist diesbezüglich alles im Fluss. Bei der Anmeldung auf dem für Sie zuständigen Arbeitsamt oder RAV erfahren Sie, welche Regelung für Sie gilt.

- Von Zeit zu Zeit haben Sie Anspruch auf Stempelferien. In dieser Zeit brauchen Sie sich nicht um Arbeit zu bemühen und müssen auch nicht vermittlungsfähig sein.

- Stempeln kann im Prinzip nur, wer in den letzten zwei Jahren vor dem ersten Stempeltag während sechs Monaten Beiträge an die Arbeitslosenversicherung bezahlt hat. Doch davon gibt es wichtige Ausnahmen: In Sonderfällen – Stichworte: Scheidung, Invalidität, Konkurs oder Tod des Ehepartners, Erziehungszeiten – gibt es Geld, auch ohne dass Sie vorher Beiträge geleistet haben. Aber Achtung: Sie müssen Ihren Anspruch innerhalb eines Jahres seit dem Ereignis stellen.

7.
Wer ist vermittlungsfähig?

Vermittlungsfähig ist, wer arbeiten will, arbeiten kann und berechtigt ist eine offene Stelle zu besetzen (G15). Versicherte, welche aus persönlichen oder familiären Gründen nicht gewillt oder nicht in der Lage sind, ihre Arbeitskraft so einzusetzen, wie dies von einem Arbeitgeber normalerweise verlangt wird, gelten aus der Sicht der Versicherung als vermittlungsunfähig. Flexibilität ist angesagt, in zeitlicher und örtlicher Hinsicht. Die Versicherten müssen ihr Umfeld so organisieren, dass sie auch tatsächlich dazu in der Lage sind, jederzeit eine zumutbare und geeignete Stelle anzutreten.

Wollen Sie? Können Sie? Dürfen Sie?

Fälle, in denen die Vermittlungsfähigkeit in Frage gestellt wird, sind recht häufig. Das zeigt die umfangreiche Gerichtspraxis des Eidgenössischen Versicherungsgerichts und vereinzelter kantonaler Gerichte. Doch zuerst eine Zusammenfassung der Kriterien, welche die Arbeitslosenkassen anwenden. Konkrete Beispiele aus der Rechtsprechung folgen ab Seite 85.

● **Das Wollen** (subjektives Element): Hier geht es um eine innere Bereitschaft, die am äusserlich sichtbaren Verhalten gemessen wird. Sind die Bemühungen um eine Stelle ernsthaft und genügend zahlreich? Entsprechen die Bewerbungen den Fähigkeiten des Arbeitslosen? Geht aus dem ganzen Verhalten hervor, dass eine Versicherte vermittlungsbereit ist? Grosses Gewicht kommt den Stellenbewerbungen zu. Ist die Zahl der Arbeitsbemühungen ungenügend, darf allerdings nicht sofort auf fehlende Vermittlungsbereitschaft geschlossen werden. Dieser Schluss kann erst gezogen werden, wenn ein Versicherter trotz mehrmaliger Stempelbussen (→ Seite 143) beispielsweise weiterhin nur in seinem Beruf Arbeit sucht, obwohl dort keine Chancen bestehen, oder sonst deutlich den Anschein erweckt, er wolle gar nicht arbeiten.

Sucht jemand ernsthaft Arbeit, hat aber zum Beispiel wegen seines Alters keine Chance, bleibt die Vermittlungsfähigkeit bestehen. Es kommt darauf an, ob jemand arbeiten will und dazu alles Nötige unternimmt.

● **Das Können** (objektives Element): Beurteilt wird, ob die Versicherten überhaupt in der Lage sind eine Arbeit anzunehmen. Sind sie gesund? Verreisen sie demnächst ins Ausland? Steht die Rekrutenschule vor der Tür? Sucht jemand mindestens eine 20-Prozent-Stelle? Hat eine Versicherte mit Kleinkindern die nötige Betreuungsinfrastruktur, um überhaupt eine Arbeit annehmen zu können? Wer beispielsweise eine Teilzeitstelle mit ungewöhnlichen Arbeitszeiten sucht, muss beweisen, dass dafür ein Arbeitsmarkt besteht.

● **Das Dürfen:** Können Ausländer damit rechnen, dass für eine neue Stelle auch eine Arbeitsbewilligung erteilt wird? Wenn zum Beispiel ein Asylgesuch abgelehnt wird, gibt es keine Arbeitsbewilligung mehr. Auch wenn bis zur Ausreise noch längere Zeit vergeht, ist Stempeln in der Regel nicht erlaubt. Frauen dürfen acht Wochen nach der Niederkunft von Gesetzes wegen nicht arbeiten. Sie können in dieser Zeit nicht vermittelt werden, weil ein rechtliches Hindernis besteht.

Haben die Amtsstellen Zweifel, ob ein Arbeitsloser vermittlungsfähig ist, werden die Akten zur Überprüfung ans KIGA geschickt. Für die Versicherten hat das die unangenehme Folge, dass sie zwar weiterhin stempeln müssen, aber bis zum Entscheid des KIGA kein Geld bekommen. Bis dahin aber kann es Monate dauern...

Vom Grundsatz, dass Arbeitslose vermittlungsfähig sein müssen, gibt es vorübergehende Ausnahmen:
– während der Stempelferien (→ Seite 70)
– bei Krankheit, Unfall und Schwangerschaft für eine begrenzte Zeit (→ Seite 205)
– bei Weiterbildung, Umschulung, Eingliederung (→ Seite 163, 169, 171)
– während militärischen Wiederholungskursen und Zivilschutzdienst
– wenn jemand mit Bewilligung der kantonalen Amtsstelle eine freiwillige Arbeit im Rahmen von Projekten für Arbeitslose ausübt. Die Tätigkeit muss unentgeltlich sein und muss sozialen Zwecken oder dem Umweltschutz dienen. Für Auslandeinsätze gibt es keine Bewilligung.

Nicht vermittlungsfähig wegen Kinderbetreuung?

Väter und Mütter müssen die Kinderbetreuung so organisieren, dass sie jederzeit eine zumutbare Stelle annehmen könnten:

Priscilla O. suchte nach der Geburt ihrer Tochter ausschliesslich Stellen als Heimarbeiterin. Sie mochte ihr Kleinkind nicht allein lassen, hatte in der Nähe keine Verwandten und wollte das Kind auch keiner unbekannten Drittperson anvertrauen. Zudem gebe es in ihrem kleinen Dorf keine Tagesmütter und eine Babysitterin sei zu teuer. Das Gericht verneinte die Vermittlungsfähigkeit: Selbst Personen, die vor Eintritt der Arbeitslosigkeit als Heimarbeiterinnen gearbeitet hatten (das war bei Priscilla O. nicht der Fall), müssten sich um ausserhäusliche Arbeit bemühen und dafür sorgen, dass die Kinder in ihrer Abwesenheit durch Dritte betreut werden. Nur bei ernsthaften gesundheitlichen Problemen oder wenn schwer pflegebedürftige Familienangehörige betreut werden müssten, dürfe sich eine Arbeitslose auf die Suche nach Heimarbeit beschränken (SVR ALV Nr. 66).

Die Versicherung wird, ausser bei offensichtlichem Missbrauch, nicht schon zu Beginn des Stempelns überprüfen, ob tatsächlich ein Kinderhüteplatz vorhanden ist. Nur wenn während der Bezugsdauer Zweifel aufkommen, ob die Eltern für eine Betreuung gesorgt haben, wird eine so genannte Obhutserklärung verlangt (ARV 1993/94 Nr. 31). Dies ist dann der Fall, wenn jemand ungenügende Arbeitsbemühungen vorweist, ganz spezielle Anforderungen bezüglich Arbeitszeiten stellt und wenn zugewiesene zumutbare Arbeit abgelehnt wird.

Teilzeit-, Schicht- und Temporärarbeit

Müssen Arbeitslose eine Ganztagesstelle suchen? Nein: die Vermittlungsfähigkeit eines teilweise Erwerbstätigen hängt nicht von seiner Bereitschaft ab, eine (zumutbare) Ganztagesbeschäftigung anzunehmen. Bedingung ist nur, dass er mindestens einen 20-Prozent-Job sucht und dass für den gesuchten Zeitumfang ein Angebot auf dem Arbeitsmarkt besteht (ARV 1995 Nr. 18).

Teilzeitbeschäftigte, die nur zu ungewöhnlichen Arbeitszeiten arbeiten möchten oder können, sind dann vermittlungsfähig, wenn in ihrer Region und im gesuchten Tätigkeitsbereich ein Bedarf nach solcher Arbeit besteht. Das kann dazu führen, dass eine Barmaid, die tagsüber die Kinder betreut und ab 20 Uhr arbeiten will, in Basel als vermittelbar, in Lützelflüh aber als vermittlungsunfähig eingestuft wird.

Von Teilzeitbeschäftigten, die mit einem weiteren Teilzeitjob auf ein volles Pensum aufstocken möchten, wird unter Umständen erwartet, dass sie ihre bisherige Teilzeit- gegen eine Vollzeitstelle eintauschen, wenn keine Aussicht besteht, dass sie innert nützlicher Frist eine ergänzende Beschäftigung finden.

Ausländische Ehepaare arbeiten häufig so genannte Gegenschicht, sodass immer ein Elternteil die Kinder betreuen kann. Wenn ein Partner nun die Stelle verliert, kann es im konkreten Fall immer wieder zu Streitigkeiten um die Vermittlungsfähigkeit kommen. Das EVG sagt dazu: Allein der Umstand, dass ein Versicherter *Schichtarbeit* leisten will, lässt nicht auf objektive Vermittlungsunfähigkeit schliessen. Schichtarbeit schränkt zwar die Zahl der offen stehenden Arbeitsstellen ein, doch auf dem für Hilfsarbeiter infrage kommenden Arbeitsmarkt entsprechen Schichtarbeitsplätze vor allem in grossen Betrieben einem durchaus üblichen Angebot (ARV 1991 Nr. 2).

Ein Versicherter, der wiederholt *Temporärbeschäftigungen* ausübt und gezielt nur solche sucht, gilt nicht als vermittlungsfähig, so lange er nicht bereit ist eine Dauerstelle anzunehmen (ARV 1991 Nr. 4).

Studenten sind nur vermittlungsfähig, wenn sie bereit und in der Lage sind, neben dem Studium dauernd einer Voll- oder Teilzeitbeschäftigung nachzugehen (zum Beispiel ARV 1982 Nr. 16). Nur *Werkstudenten* erhalten also Geld. Wer bloss während der Semesterferien Arbeit sucht, kann nicht stempeln gehen.

Nicht vermittlungsfähig wegen extremer politischer Ansichten?

Alexandre G. wurde von den Behörden des Kantons Waadt im Jahr 1983 als nicht vermittlungsfähig eingestuft. Er war Mitglied einer weit links stehenden Gruppierung, die sich der Gefangenenhilfe im schweizerischen «System der Klassenjustiz» angenommen hatte. Das Eidgenössische Versicherungsgericht kam zum Schluss, dass Alexandre G.s Vermittlungsfähigkeit zwar bezüglich staatlicher Stellen erschwert sein könne, die Zugehörigkeit zu extremeren politischen Gruppen allein bilde jedoch noch keinen Grund, ihn als vermittlungsunfähig in die linke Ecke zu stellen. Anders entschieden werden müsste allerdings bei Personen, die durch ihre unverbesserliche Streitsucht derart im öffentlichen Leben bekannt seien, dass sie als nicht mehr vermittlungsfähig zu bezeichnen seien. Ähnliches gelte für einen Arbeitslosen, der sich strikte weigere, sich in ein hierarchisches Arbeitsverhältnis einzugliedern (BGE 109 V 275).

Zu voller Stundenplan?

Wer von der Arbeitslosenkasse Geld beziehen will, muss in der Lage sein, jederzeit eine zumutbare Stelle anzunehmen. Eine zu grosse Beanspruchung durch Nebenbeschäftigungen, eine eigene Firma und allenfalls auch Weiterbildung stellen die Vermittlungsfähigkeit in Frage.

August E. arbeitete bei einer Firma als angestellter Reinigungsmann während 25 Stunden pro Woche. Daneben war er für fünf Firmen als freiberuflicher Hauswart tätig und führte ein eigenes Reinigungsinstitut. Für diese selbständigen Tätigkeiten setzte er nach seinen Angaben etwa 100 Stunden im Monat ein. Als er seinen Arbeitsplatz als Reinigungsmann verlor, meldete er sich bei der Stempelkontrolle. Das EVG verneinte seine Vermittlungsfähigkeit. Sein Spielraum sei deutlich begrenzt; er könne nur Stellen annehmen, die punkto Arbeitszeit mit seinen übrigen Tätigkeiten in Einklang zu bringen seien. Er habe ja bereits die Verpflichtung zur zweimaligen Stempelkontrolle (damals musste man zweimal pro Woche stempeln) als eine bedeutende Einschränkung seiner Möglichkeiten als selbständig Erwerbender empfunden. Er könne also seine Arbeitskraft nicht so einsetzen, wie es in zeitlicher Hinsicht ein Arbeitgeber normalerweise verlangt (BGE 112 V 215).

Besucht ein Arbeitsloser einen ganztägigen (von der Arbeitslosenversicherung nicht bewilligten) Kurs, schliesst dies die Annahme einer Erwerbstätigkeit aus. Der Versicherte ist nur vermittlungsfähig, wenn er eindeutig bereit und in der Lage ist, den Kurs jederzeit abzubrechen, um eine Stelle anzutreten. Zudem muss er auch während des Kurses seiner Pflicht zu persönlichen Arbeitsbemühungen nachkommen. Das EVG verlangt von Versicherten, die freiwillig und auf eigene Kosten einen nicht bewilligten Kurs besuchen, erhöhte Disponibilität und Flexibilität (BGE 122 V 265). Guter Wille und eine bloss verbal erklärte Vermittlungsbereitschaft allein genügen nicht.

Wählerisch darf man nicht sein

Pierino C. hatte innert drei Monaten zweimal eine zumutbare Anstellung abgelehnt und wies der zuständigen Amtsstelle nur ungenügende Bemühungen um Arbeit vor. Beispielsweise kam er einmal einer Weisung des Arbeitsamts nicht nach, sich bei einem möglichen Arbeitgeber zu melden. Das EVG sprach ihm die Vermittlungsfähigkeit ab: Sein Verhalten sei dadurch geprägt, dass er stets Forderungen (Entlöhnung, Art der Beschäftigung, schriftlicher Vertrag etc.) stelle. Pierino C. habe mit sei-

nem gesamten Verhalten nicht klar und unmissverständlich seine Bereitschaft zur Beendigung der Arbeitslosigkeit bekundet (ARV 1986 Nr. 5).

Die Kasse darf bei mangelhaften Stellenbemühungen eines Arbeitslosen nicht monatelang zusehen und ihm dann ohne Vorwarnung die Vermittlungsfähigkeit absprechen. Bestehen Zweifel an der Arbeitsbereitschaft eines Versicherten, muss dieser zuerst verwarnt werden. Oft wird aber die Vermittlungsfähigkeit zu schnell verneint. Wer sich zu wenig um geeignete Arbeit bemüht, muss erst einmal mit erklecklichen Stempelbussen rechnen (→ Seite 149). Bessert sich die Bewerbungsquote nicht, stellen die Arbeitslosenkassen rasch einmal die Vermittlungsfähigkeit in Frage. Dieser Unsitte trat das EVG entgegen (ARV 1996/97 Nr. 81):

Aus dürftigen Bemühungen dürfe nicht ohne weiteres geschlossen werden, ein Versicherter wolle gar keine neue Anstellung finden. Dafür brauche es besonders qualifizierte Umstände. Solche seien etwa gegeben, wenn sich ein Versicherter trotz Stempelbussen über längere Zeit hinweg nicht um eine neue Stelle bemühe. Unternehme er aber immerhin gewisse Anstrengungen, könne grundsätzlich nicht auf fehlende Vermittlungsbereitschaft geschlossen werden – es sei denn, ihm könne nachgewiesen werden, dass er trotz des äusseren Scheines keine Absicht habe, eine neue Arbeit aufzunehmen. Als nicht vermittlungsbereit könne ein Versicherter allenfalls auch eingestuft werden, wenn er seine Bemühungen um Arbeit weiterhin nur auf sein bisheriges berufliches Tätigkeitsgebiet richte, obwohl keine Anstellungschancen bestünden und obwohl er wegen seiner einseitigen Arbeitsuche schon mehrfach mit Einstelltagen gebüsst worden sei.

Neue Stelle in absehbarer Zeit

Peter K.s Arbeitsverhältnis endete Mitte April. Am 26. April erhielt er von der Firma S. die Zusage, er könne am 17. Mai eine Stelle als Betriebstechniker antreten. Hat Peter K. bis zum Antritt der Stelle noch Anspruch auf Taggeld?

Streng genommen: nein, denn er ist nicht mehr vermittlungsfähig. Das Eidgenössische Versicherungsgericht geht jedoch davon aus, dass ein Versicherter in einem solchen Fall in Erfüllung seiner Schadenminderungspflicht gehandelt habe und dafür nicht bestraft werden dürfe. Man könne von ihm nicht verlangen mit dem Abschluss des neuen Arbeitsvertrags zuzuwarten, nur weil er vielleicht anderswo noch früher eine Stelle antreten könnte. Damit riskiere er höchstens eine längere

Arbeitslosigkeit (BGE 110 V 207; ähnliches Beispiel BGE 111 V 38). Die «Schonfrist» beträgt ungefähr einen Monat.

Ähnlich wurde auch entschieden bei einem Arbeitslosen, der auf einen nahen Zeitpunkt die Aufnahme einer selbständigen Tätigkeit plante (ARV 1993/94 Nr. 29). Verneint wurde die Vermittlungsbereitschaft aber bei einem Versicherten, der in Abschlussverhandlungen für eine neue Stelle in zwei Monaten stand und deshalb keine zweimonatige Temporärstelle mehr annehmen wollte (BGE 110 V 207).

Vermittlungsfähig vor der Pensionierung

Versicherte, die nur wenige Monate vor der Pensionierung ihre Stelle verlieren, gelten als vermittlungsfähig, auch wenn sie absolut keine Chance mehr haben, irgend eine Beschäftigung zu finden. Hier siegt die Vernunft über eine gestrenge Gesetzesauslegung. Die letzten sechs Monate vor Erreichen des AHV-Alters brauchen Arbeitslose auch keine Stellenbemühungen mehr nachzuweisen.

Schwanger und vermittlungsfähig?

Schwangerschaft allein macht nicht vermittlungsunfähig. So lange die Schwangere mit einem Arztzeugnis nachweisen kann, dass sie arbeitsfähig ist, und sich genügend um Stellen bemüht, kann sie Taggeld beziehen. Verläuft jedoch eine Schwangerschaft ungünstig und lange Zeit krankhaft, gilt die werdende Mutter nicht mehr als vermittlungsfähig.

Am 1. Stempeltag erklärt die schwangere Jacqueline A., wegen ihres schlechten Gesundheitszustands könne sie im Moment auf ihrem erlernten Beruf als Verkäuferin nicht arbeiten. Bereits zu Beginn der Schwangerschaft war sie mehrere Wochen arbeitsunfähig geschrieben. Von einer gewöhnlich verlaufenden Schwangerschaft kann in diesem Fall nicht die Rede sein. Jacqueline A. wird die Vermittlungsfähigkeit abgesprochen (ARV 1979 Nr. 20).

In den letzten beiden Monaten vor der Geburt müssen Schwangere keine Stellenbemühungen mehr nachweisen.

Vermittlungsfähig vor Auslandaufenthalt und Militärdienst

Wer vor einem Auslandaufenthalt oder vor der RS für wenige Monate Arbeitslosengeld beziehen will, kann Schwierigkeiten mit der Vermittlungsfähigkeit bekommen. Wie im konkreten Fall entschieden wird,

hängt sehr von der Konjunktur und den jeweiligen Umständen ab; zwei Fälle mit ähnlicher Ausgangslage, aber unterschiedlichem Ergebnis:
Gertrud R. arbeitete bis Ende Oktober als kaufmännische Angestellte. Fünf Monate später plante sie einen Sprachaufenthalt im Ausland. Sie suchte deshalb keine neue Dauerstelle, sondern beschränkte sich auf drei Temporärstellen und wollte daneben Taggeld beziehen. Das EVG meinte: Ein Arbeitgeber habe in der Regel kein Interesse, eine Bewerberin bloss für fünf Monate einzusetzen. Gertrud R. müsse deshalb das Risiko, dass sie für die Zeit zwischen dem Verlust der Ganztagesstelle und dem Wegzug ins Ausland nicht vermittlungsfähig sei, selber tragen. Zwar sei berufliche Weiterbildung unter persönlichen und volkswirtschaftlichen Gesichtspunkten erwünscht. Das genüge aber nicht, um Ansprüche zu begründen, die gesetzlich nicht vorgesehen seien. Und auch die Tatsache, dass Gertrud R. das ungünstige Resultat eventuell hätte vermeiden können, wenn sie zum Schein eine Dauerstelle gesucht hätte, berechtige sie nicht dazu, Leistungen der Arbeitslosenversicherung zu beanspruchen (ARV 1988 Nr. 2).

Mehr Glück hatte Hanna M., die seit rund 20 Jahren im Service arbeitete und über entsprechend grosse Erfahrung im Gastgewerbe verfügte. Sie war seit dem 16. Februar arbeitslos und hatte vor, im Juli für drei Monate ins Ausland zu fahren. Im Zeitpunkt des Entscheids herrschte im Gastgewerbe ein grosser Mangel an qualifiziertem Personal. Deshalb bejahte das EVG die Vermittlungsfähigkeit von Hanna M.: Für die Frage der Vermittlungsfähigkeit sei entscheidend, ob der Versicherte seine Arbeitskraft auf dem allgemeinen Arbeitsmarkt verwerten könne. Dies beurteile sich nicht allein nach der zeitlichen Disponibilität, sondern aufgrund der gesamten Umstände, wie insbesondere der wirtschaftlichen Gegebenheiten oder der Art der zumutbaren Arbeit. Je grösser die Nachfrage auf dem für die Stellensuche in Betracht fallenden Arbeitsmarkt, umso kürzer könne in der Regel die zeitliche Verfügbarkeit ausfallen. Zudem sei es für einfachere Tätigkeiten, welche keine oder nur eine unbedeutende Einarbeitungszeit erforderten, leichter, für kurze Zeit eine Arbeit zu finden (ARV 1991 Nr. 3).

Ähnliche Fragen stellen sich auch bei bevorstehendem Militärdienst (Rekrutenschule, Abverdienen). So verneinte das EVG die Vermittlungsfähigkeit eines Kochs mit eidgenössischem Fähigkeitsausweis, der am 3. Dezember die Unteroffiziersschule beendete und zwei Monate später bereits wieder zum Abverdienen einrücken musste (EVG, unveröffentlichter Entscheid vom 3. 4. 1995, C126/94).

Sind Selbständigerwerbende vermittlungsfähig?

Früher wurden Arbeitslose, die sich selbständig machen wollten, rasch als vermittlungsunfähig abqualifiziert. Ab 1997 nun finanziert die Versicherung Arbeitslosen, die eine selbständige Tätigkeit aufnehmen wollen, unter Umständen die Projektphase und beteiligt sich am finanziellen Risiko (→ Seite 179).

Doch es gibt auch Selbständige wider Willen, die der Not gehorchend, provisorisch und mit wenig finanziellem Aufwand einen eigenen «Laden» eröffnen und beispielsweise Büroarbeiten vom Schlafzimmer aus erledigen. Sie können sich die meist bescheidenen Einnahmen als Zwischenverdienst anrechnen lassen (→ Seite 136), stehen aber immer am Abgrund der Vermittlungsunfähigkeit. Denn dieses selbständige Werken müssen sie jederzeit zugunsten einer zumutbaren Stelle aufgeben können. Das bedingt insbesondere, dass sie ihre Infrastruktur möglichst billig halten und intensiv nach neuen Stellen als Unselbständige suchen. Geht der Elan statt ins Stellensuchen ins eigene Geschäft, dann ist's aus mit den Taggeldern. Einem Selbständigerwerbenden beispielsweise, der sich während fünf Monaten um keine Stelle beworben hatte, wurde die Vermittlungsfähigkeit abgesprochen (ARV 1993/94 Nr. 30).

Die so genannten Schwervermittelbaren: Ältere, Ausländer, Behinderte und zum Teil auch Frauen

1993 hat das BIGA der Arthur Andersen Beratungsgruppe den Auftrag gegeben, eine Studie zur möglichen Reform der öffentlichen Arbeitsvermittlung in der Schweiz zu erstellen. Die Beratungsgruppe kam darin zum Schluss, dass nur rund ein Prozent der Arbeitslosen keine Unterstützung nötig hätten und weitere 13 Prozent relativ rasch wieder eine Arbeit finden könnten. Rund ein Drittel aller Betroffenen aber seien als schwer vermittelbar einzustufen; diese Menschen hätten auch Handicaps wie psychische Probleme, Suchtansätze und totale Fehleinschätzung ihrer Möglichkeiten auf dem Arbeitsmarkt.

Schwer vermittelbar sind Versicherte, deren persönliche Eigenschaften, Fähigkeiten und Verhältnisse eine Stellensuche auch bei guter Arbeitsmarktlage schwierig machen. Heikle Punkte sind:
– Alter: zu jung oder zu alt
– keine oder die falsche Berufserfahrung: zum Beispiel Spezialisten aussterbender Berufe

- unter- oder überqualifiziert: Hilfsarbeiten gibt es immer weniger, aber auch Direktoren werden immer häufiger entlassen.
- langsames Arbeiten
- fehlende Kenntnisse: zum Beispiel Sprachen, EDV
- gesundheitliche Einschränkungen: Rückenprobleme, psychische Schwächen und Ähnliches
- Unbeweglichkeit: geographisch, mangelnde Lernfähigkeit etc.
- Einschränkungen durch Familienpflichten
- Vorurteile der Arbeitgeber gegen Angehörige bestimmter Nationen
- Geschlecht: Mann mit Frauenberuf oder umgekehrt

Als schwer vermittelbar muss wohl jemand bezeichnet werden, auf den drei oder mehr Punkte zutreffen. Vor allem ältere Menschen, Wiedereinsteigerinnen, Ausländer und Behinderte haben es auf dem Arbeitsmarkt schwer. Einige Sonderbestimmungen mildern die faktische Diskriminierung.

Über 50 und arbeitslos

Auf den ersten Blick erstaunlich: Die Gruppe der über 50-jährigen ist bei den Arbeitslosen nach offizieller Statistik unterdurchschnittlich vertreten. Weit über dem Durchschnitt finden wir diese Alterskategorie aber bei den Langzeitarbeitslosen (ca. 40 Prozent).

Ältere Arbeitnehmer sind teuer (Lohn, Sozialversicherungen, insbesondere Pensionskasse). Das durch die Jahre geschärfte Urteilsvermögen und die soliden Berufskenntnisse gelten wenig; Vorurteile wie mangelnde Flexibilität und Dynamik oder schlechte Belastbarkeit haben mehr Gewicht. Erschwert wird die Vermittlung älterer Menschen durch die Tatsache, dass sie in Zeiten gross geworden sind, als es noch hiess: «Ein Mann, ein Beruf, ein Arbeitgeber.» Viele Ältere wissen sich nicht zu verkaufen. Sie haben vielleicht ihre ganze Berufslaufbahn in einem Betrieb verbracht und noch nie eine Bewerbung schreiben müssen.

Für ältere Menschen ist es deshalb besonders wichtig, sich schon als (Noch-)Angestellte mit einer möglichen Arbeitslosigkeit auseinander zu setzen (→ Seite 35). Beobachten Sie den Arbeitsmarkt: Wo fänden Sie mit Ihren Fähigkeiten Platz? Wäre es nicht nötig, die Abneigung vor dem Computer zu überwinden und sich wenigstens Grundkenntnisse anzueignen?

Bei langer Betriebszugehörigkeit liegt die letzte Beurteilung Ihrer Leistungen häufig Jahre zurück. Deshalb ist – vor allem bei Krisenzeichen im Betrieb (→ Seite 42) – ein Zwischenzeugnis sehr wichtig. Sie haben darauf ein Recht und können es jederzeit von Ihrem Vorgesetzten oder vom Personalchef verlangen. Gute Gelegenheiten sind Chefwechsel, Beförderungen, Versetzung in eine andere Abteilung. Achten Sie auf positive, klare Formulierungen und darauf, dass alle Ihre Funktionen beschrieben und auch Beförderungen erwähnt werden. Wenn Sie den Eindruck haben, Ihr Wunsch nach einem Zwischenzeugnis könnte Ihnen schaden – manche Vorgesetzte interpretieren das als Misstrauenszeichen –, verfassen Sie selbst einen Aufgabenkatalog Ihrer Tätigkeit und stellen Sie eine Liste mit Funktionswechseln und Beförderungen zusammen. Diese Unterlagen helfen Ihnen, wenn Sie später eine Stelle suchen müssen.

Bewerbungen schreiben und sich vorstellen kann man auch üben. Die Arbeitsämter oder RAV bieten solche Kurse an (→ Seite 161) – erkundigen Sie sich bei Ihrer Beraterin. Für ältere Arbeitslose gibt es in verschiedenen Kantonen spezielle Beschäftigungsprogramme. Andere Kantone ziehen eine Altersdurchmischung vor, um eine Ghettoisierung zu vermeiden.

Für Arbeitslose, die kurz vor der AHV-Altersgrenze stehen, und für vorzeitig Pensionierte enthält das Gesetz einige spezielle Regeln (Kapitel 15 → Seite 187).

Sonderfall Ausländer

Angehörige anderer Nationen sind weit stärker von Arbeitslosigkeit betroffen als Schweizer: 4 Prozent Arbeitslosen mit Schweizer Pass stehen 11,7 Prozent mit ausländischen Papieren gegenüber. Oder anders gesagt: 45 Prozent aller Arbeitslosen sind Ausländer. Sie sind oft schwer vermittelbar, denn ihnen fehlen vielfach schulische, berufliche und soziale Grundqualifikationen.

Arbeitslose Ausländerinnen und Ausländer müssen nicht nur arbeitsfähig, sie müssen auch zur Arbeit berechtigt sein. Sie müssen damit rechnen können, dass Ihre Arbeitsbewilligung im Fall einer neuen Anstellung verlängert wird. Besondere Probleme stellten sich anfangs der Neunzigerjahre bei den Asylbewerbern: Die Fremdenpolizei in einzelnen Innerschweizer Kantonen erklärte, arbeitslose Asylbewerber könnten nicht mehr mit einer Arbeitsbewilligung rechnen, wenn sie eine neue Stelle finden würden. Dies weil man Rücksicht auf die arbeitsuchenden Schweizer und niedergelassenen Ausländer nehmen wolle, denen auf dem Arbeitsmarkt der Vorrang zukomme. So erhielten Asylbewerber, die unter Umständen während Jahren Beiträge an die Arbeitslosenversicherung bezahlt hatten, keine Leistungen mehr, weil sie wegen dieser Regelung der Fremdenpolizei nicht vermittelt werden konnten (SVR ALV Nr. 42).

Die Situation scheint sich in jüngster Zeit insofern entschärft zu haben, als Asylgesuche rascher behandelt werden können. In den ersten drei bis sechs Monaten ihres Aufenthalts erhalten Asylbewerber ohnehin keine Arbeitsbewilligung; die Verfahren sind häufig abgeschlossen, bevor es zur Arbeitsaufnahme kommt. Wird ein Asylgesuch abgelehnt und ist die Ausreisefrist rechtskräftig angesetzt, gilt: Abgewiesene Asylbewerber sind nach Ablauf der Ausreisefrist nicht mehr vermittlungsfähig, weil sie ihr Anwesenheitsrecht verloren haben.

Noch etwas zu den in der Schweiz arbeitenden Grenzgängern: Ihnen wird die Prämie für die Arbeitslosenversicherung regelmässig am Lohn abgezogen. Die Schweiz schickt einen Teil der Prämien an die Nachbarstaaten. So werden jährlich 30 Millionen Franken nach Rom geschickt. Grenzgänger, die arbeitslos werden, kriegen aber in Italien kaum Leistungen. Ein Italiener, der im Tessin entlassen wird, erhält in seinem Heimatland pro Tag 18 Franken, und das nur während eines halben Jahres. Das ist siebenmal weniger als ein lediger, ungelernter Bauarbeiter in der Schweiz bekäme. Wir Schweizer leisten also unwissentlich auch einen kleinen Beitrag an die zerrütteten Staatsfinanzen unseres südlichen Nachbarlands. Für Grenzgänger überwies die Schweiz 1995 an Deutschland 40 Millionen, an Frankreich 70, an Italien 51 und an Österreich 7 Millionen Franken.

Behindert – soll ich überhaupt stempeln gehen?

Für Behinderte wird die Vermittlungsfähigkeit grundsätzlich anders beurteilt (V15). Sie gelten als vermittlungsfähig, wenn ihnen *bei ausgeglichener Arbeitsmarktlage* unter Berücksichtigung ihrer Behinderung auf dem Arbeitsmarkt eine zumutbare Arbeit vermittelt werden könnte. Diese Regel gilt insbesondere für Personen, die bei der Invalidenversicherung angemeldet sind, für Menschen also, die eventuell dauernd vermindert leistungsfähig sind.

Die Frage der Vermittlungsfähigkeit von Behinderten wird bis zum Rentenentscheid also relativ grosszügig gehandhabt. Sie gelten nur dann als vermittlungsunfähig, wenn sie ganz offensichtlich nicht mehr arbeitsfähig sind oder nur noch in geschützten Werkstätten beschäftigt werden könnten. Auch Bezüger einer IV-Rente haben unter gewissen

Umständen (sofern sie noch zu mindestens 20 Prozent erwerbsfähig sind) Anspruch auf Taggelder der Arbeitslosenversicherung.

Behinderten dürfen also nur Einsätze angeboten werden, bei denen auf ihre gesundheitlichen Probleme Rücksicht genommen werden kann. Zudem wird ihre Vermittlungsfähigkeit nicht aufgrund der tatsächlichen, sondern anhand einer hypothetischen «ausgeglichenen» Arbeitsmarktlage beurteilt. Das bedeutet, dass behinderte Arbeitslose nicht nur bei Hochkonjunktur und ausgesprochenem Arbeitskräftemangel als vermittlungsfähig beurteilt werden dürfen. Im Rahmen der so verstandenen Vermittlungsfähigkeit müssen auch Behinderte bereit, in der Lage und berechtigt sein, eine zumutbare Arbeit anzunehmen. Gesenkt wird die Schwelle des Könnens; das *Wollen,* die Vermittlungsbereitschaft, muss genauso wie bei einem Gesunden gegeben sein.

Diese Abweichung vom sonstigen System ist gewollt: Behinderte mit unklarem Status sollen nicht überall vor verschlossenen Türen stehen. Bis zum Rentenentscheid der IV zahlt deshalb vorläufig die Arbeitslosenkasse. Es ist deshalb ausserordentlich wichtig, dass potentielle Behinderte beim RAV abklären, welche Ansprüche sie gegenüber der Arbeitslosenversicherung stellen können.

Die Sonderregelungen gelten auch für Behinderte, die neben dem Bezug einer IV-Rente einer Erwerbstätigkeit nachgehen und diese verlieren. Auch sie gelten als vermittlungsfähig, so lange sie sich im Rahmen ihrer Möglichkeiten um Stellen bemühen (mehr zum Zusammenspiel IV/ALV → Seite 208 und 213).

Arbeitslose Frauen

Theoretisch sind die Frauen heute den Männern gleichgestellt. Doch in der Realität – die Statistik zeigt's – werden Frauen gegenüber Männern bevorzugt arbeitslos. 60 Prozent der Erwerbslosen sind Frauen, während ihr Anteil bei allen Erwerbstätigen nur rund 45 Prozent beträgt – die vielen verheirateten Frauen, die den Wiedereinstieg nach den Jahren der Kinderbetreuung gar nicht erst versuchen, nicht mitgerechnet. Und in der Praxis geht vermehrt das böse Wort von den Doppelverdienerinnen um. Soll eine Frau, deren Mann über ein geregeltes Einkommen verfügt, überhaupt noch stempeln dürfen? Sind, wenn die Arbeitslosenkasse leerer und leerer wird, vielleicht Doppelverdienerinnen die nächsten Sparopfer?

Das Gleichstellungsgesetz vom 1. Juli 1996 will erreichen, dass die Benachteiligung wegen des Geschlechts in der Arbeitswelt beseitigt wird. Diskriminierung aufgrund des Geschlechts ist bei Anstellung, Zuteilung der Aufgaben, Arbeitsbedingungen, Lohn, Aus- und Weiterbildung, Beförderung und Entlassung verboten. Gleichstellung bedeutet, dass die geeignetere Person eine Stelle erhalten soll – ihr Geschlecht ist weder eine besondere Qualifikation, noch ein Grund für die Diskriminierung. Als Diskriminierung gilt beispielsweise auch: Verheiratete Frauen werden anders behandelt als ledige, Schwangere und Mütter werden benachteiligt, Vollzeit- und Teilzeitbeschäftigte werden unterschiedlich behandelt.

Bisher gibt es keine Entscheide zum Gleichstellungsgesetz. Und da eine Diskriminierung erst einmal nachgewiesen werden müsste, ist sehr fraglich, ob das Gesetz die bestehende Schlechterstellung der Frauen auf dem Arbeitsmarkt wird ändern können. Die Frauen sehen sich heute bei der Arbeitsuche mit den alten Vorurteilen konfrontiert: «Junge Frau, frisch verheiratet? Die kriegt sowieso bald das erste Kind.»

Wenn das Kind dann unterwegs ist, fangen die Probleme mit der Vermittlungsfähigkeit an. Arbeitslose Schwangere müssen Stellen suchen wie alle anderen Versicherten auch – «gewöhnliche» Schwangerschaftsbeschwerden bilden keinen Entschuldigungsgrund. Zwei Monate vor dem Geburtstermin aber müssen werdende Mütter keine Stellenbewerbungen mehr nachweisen.

Damit keine Zweifel an Ihrer Vermittlungsfähigkeit aufkommen, lassen Sie sich am besten – vorausgesetzt, das stimmt – vom Arzt Ihre 100-prozentige Arbeitsfähigkeit bestätigen. Schwerwiegendere gesundheitliche Beschwerden während der Schwangerschaft werden von der Arbeitslosenversicherung wie Krankheit behandelt. Das heisst, 30 Tage lang erhalten Sie Taggelder, auch wenn Sie nicht vermittlungsfähig sind (→ Seite 205).

In den ersten acht Wochen nach der Niederkunft besteht ein gesetzliches Arbeitsverbot. In dieser Zeit erhalten junge Mütter bloss während 30 Tagen Arbeitslosenentschädigung – und auch das nur, wenn sie nicht vorher schon krank waren und Taggelder bezogen haben.

Auch später haben Mütter immer wieder Schwierigkeiten mit der Vermittlungsfähigkeit. Die Arbeitslosenversicherung will wissen, ob sie denn bei ihren Familienpflichten wirklich jede zumutbare Arbeit annehmen können. Allenfalls wird ein Nachweis verlangt, dass sie eine Betreuung durch Dritte organisiert haben. Und Mütter, die bisher als Heimarbeiterinnen ihr Brot verdient haben, müssen meist bereit sein auch eine ausserhäusliche Arbeit anzunehmen (→ Beispiel Seite 85).

Dass die Vermittlungsfähigkeit eines arbeitslosen Vaters angezweifelt wird, kommt kaum vor...

In einem Punkt kommt das Arbeitslosengesetz den Frauen entgegen: Wenn sie nach der Kinderphase gezwungen sind, wieder ins Berufsleben einzusteigen, können sie sich die Erziehungsperiode sozusagen als Beitragszeit anrechnen lassen. Sie können also Arbeitslosenentschädigung beziehen, auch wenn sie in den zwei Jahren vorher keine Beiträge an die Arbeitslosenversicherung gezahlt haben. Das gilt übrigens auch für Väter, welche die Kinderbetreuung übernommen haben (mehr zu diesen Erziehungsgutschriften → Seite 79).

Ich werde vermittlungsunfähig erklärt

In der Regel bemerken die Beraterinnen und Berater des RAV oder Arbeitsamts am ehesten, ob bei einem Arbeitslosen die Vermittlungsfähigkeit fraglich ist. Solche Zweifelsfälle werden 1997 in den meisten Kantonen zur Beurteilung noch ans KIGA überwiesen (V24). Ab 1998 dürfte die Kompetenz für Entscheide über die Vermittelbarkeit in allen Kantonen bei den RAV liegen.

Gegen die Überweisung ans KIGA können Sie sich nicht wehren. Am besten ist es deshalb, Sie verhindern eine solche, indem Sie von sich aus möglichst intensiv eine neue Stelle suchen. Bis zum Entscheid des KIGA werden nämlich keine Taggelder mehr ausgezahlt. Während der meist viel zu langen Wartezeit (mehrere Monate) müssen Sie aber trotzdem stempeln gehen. Selten ordnet das KIGA auch eine vertrauensärztliche Untersuchung an.

Im Kanton Zürich beispielsweise braucht das KIGA regelmässig über acht Monate, um die Vermittlungsfähigkeit zu prüfen. Das ist eine Zumutung: Wenn Sie mehr als drei Monate auf den Entscheid warten müssen, können Sie beim BIGA, der Aufsichtsbehörde über das KIGA, eine Beschwerde wegen Rechtsverweigerung erheben (Musterbrief → Seite 228).

Auch gegen den Entscheid des KIGA können Sie sich wehren, mit einer Beschwerde beim kantonalen Sozialversicherungsgericht. Die Verfügung des KIGA muss eine Rechtsmittelbelehrung enthalten, in der die Beschwerdefristen und die zuständige Instanz genannt sind (mehr zum richtigen Beschweren → Seite 223).

Wichtig: Werden Sie in einer Verfügung als nicht vermittlungsfähig bezeichnet und sind Sie anderer Ansicht, müssen Sie unbedingt weiterstempeln. Wenn Sie die Kontrolle nicht mehr besuchen, erhalten Sie später für die stempellose Zeit kein Geld, auch wenn Sie den Prozess um die Vermittlungsfähigkeit gewinnen (EVG, Urteil vom 10. 12. 1996, C31/96). Anders wäre es nur, wenn Sie beweisen könnten, dass Sie beim Arbeitsamt oder RAV förmlich zurückgewiesen worden sind.

Das Wichtigste in Kürze

- Wer Taggelder beziehen will, muss vermittlungsfähig sein. Er oder sie muss arbeiten wollen, können und (als Ausländer) dürfen. Wichtig ist, dass Sie Ihre Vermittlungs*bereitschaft* zeigen, das heisst in erster Linie, dass Sie sich um Arbeit bemühen (→ nächstes Kapitel).

- Für Behinderte gelten Erleichterungen. Wenn sie bereit sind, eine Stelle anzunehmen, die sie mit ihrer Beeinträchtigung ausfüllen könnten, gelten sie als vermittlungsfähig, selbst wenn zurzeit keine solchen Stellen angeboten werden.

- Ist Ihre Vermittlungsfähigkeit zweifelhaft, überweist das Arbeitsamt oder RAV die Unterlagen ans KIGA zur Abklärung. Oft ist mehrmonatiges Warten angesagt. Taggeld wird in dieser Zeit nicht bezahlt; Sie sollten aber unbedingt weiterstempeln.

8.
Stellensuche – vom Bemühen um zumutbare Arbeit

Hauptarbeit der Arbeitslosen ist die Stellensuche. Sie haben alles Zumutbare zu unternehmen, um Arbeitslosigkeit zu vermeiden oder zu verkürzen. Wie ist diese Schadenminderungspflicht zu handhaben: Arbeitslose haben sich so zu verhalten, wie ein vernünftiger Mensch handeln würde, wenn es keine Versicherung gäbe. Insbesondere ist jede und jeder verpflichtet, Arbeit selbst zu suchen – nötigenfalls auch ausserhalb des eigenen Berufs. Die Bemühungen müssen jeden Monat schriftlich nachgewiesen werden. Wer sich zu wenig bemüht, riskiert Taggeldkürzungen (→ Seite 143).

Wird einem Arbeitslosen vom Arbeitsamt oder RAV eine zumutbare Arbeit vermittelt, muss er sie annehmen. Grundsätzlich gilt fast jede Stelle als zumutbar. Wer eine solche zugewiesene Arbeit ablehnt, muss mit massiven Stempelbussen (→ Seite 151) rechnen. Eine Ablehnung führt in der Regel zu einem Manko von mehr als einem Monatslohn.

Schöne Worte, harte Realität: Fast alles ist zumutbar

Heute besteht die Ansicht, dass jede Arbeit zumutbar sei und angenommen werden müsse, ausser es sprechen schwerwiegende Gründe dagegen. Diese schwerwiegenden Gründe sind im Gesetz aufgezählt (G16). Zumutbar ist eine Arbeit, die folgende Kriterien erfüllt:
● Die Arbeit muss den *berufs- und ortsüblichen Bedingungen* entsprechen. Das gilt vor allem für den Lohn. Es soll damit vermieden werden, dass Arbeitslose zu Tiefstlöhnen ausgenutzt werden. Weiter müssen auch die berufs- und ortsüblichen Arbeitsbedingungen punkto Arbeitszeit, Ferien etc. eingehalten werden. Bei vermindert leistungsfähigen Versicherten muss der Lohn, der angeboten wird, der verbleibenden Leistungsfähigkeit entsprechen. Bei der Festlegung, was denn berufs-

und ortsüblich sei, spielen die Gesamtarbeitsverträge einer Branche eine wichtige Rolle.
- Die Arbeit muss angemessen *auf die Fähigkeiten oder bisherigen Tätigkeiten Rücksicht nehmen.* Ist es einer mehrsprachigen Sekretärin zuzumuten, ganztags Adressen in den Computer einzugeben? Muss ein arbeitsloser Magaziner eine Stelle als WC-Reiniger annehmen? Klare Antworten sind schwierig zu geben. Es gibt praktisch keine Gerichtsentscheide, und die Rechtsanschauung wandelt sich. Berufliche Abstiege werden in Zeiten höherer Arbeitslosigkeit immer mehr toleriert. Wer beispielsweise im Kanton Zürich nach zwei Monaten auf seinem angestammten Beruf nichts findet, muss auch berufsfremde Arbeit annehmen. Die «angemessene Rücksichtnahme» wird den Arbeitslosen auferlegt – Rücksichtnahme auf die katastrophale Finanzlage der Arbeitslosenversicherung.
- Die *Wiederbeschäftigung im eigenen Beruf* darf nicht wesentlich erschwert werden, falls darauf in absehbarer Zeit überhaupt Aussicht besteht. Es geht hier vor allem um Berufe, bei denen regelmässiges Üben oder ständige Weiterbildung ein absolutes Muss ist. Zu denken ist an Pianisten, Leistungssportlerinnen oder Informatikspezialisten.
- Die Arbeit muss *dem Alter, den persönlichen Verhältnissen und dem Gesundheitszustand angemessen* sein. Dieser Regel kommt eine gewisse Bedeutung zu: Wer nicht schwindelfrei ist, braucht nicht auf Leitern zu klettern. Eine Mutter, die wegen der Kinderbetreuung nur am Nachmittag arbeiten kann, darf gewisse Arbeitsstellen (etwa über Mittag, wenn die Jungmannschaft zum Essen nach Hause kommt) ablehnen. Bei gesundheitlichen Beeinträchtigungen sollten Sie sich vom Hausarzt ein ärztliches Zeugnis geben lassen, in dem aufgeführt ist, welche Arbeiten aus ärztlicher Sicht nicht zumutbar sind. Wer allerdings allzu viele Entschuldigungen in gesundheitlicher und persönlicher Hinsicht vorbringt, muss bald damit rechnen, dass seine Vermittlungsfähigkeit überprüft wird.
- Was den *Arbeitsweg* angeht, ist fast alles zumutbar: Eine Arbeit ausserhalb des Wohnorts muss angenommen werden, wenn (man höre und staune) der Arbeitsweg nicht länger als je zwei Stunden für den Hin- und den Rückweg beträgt, am Arbeitsort eine angemessene Unterkunft vorhanden ist und die Betreuungspflichten den Angehörigen gegenüber ohne grössere Schwierigkeiten erfüllt werden können. Es ist eine Zumutung, jemandem neben einer Arbeitszeit von acht bis neun Stunden einen Arbeitsweg von bis zu vier Stunden aufzubürden. Zudem macht es angesichts der hohen Arbeitslosigkeit im ganzen Land wirk-

lich keinen Sinn, Arbeitslose stundenlang in der Schweiz herum fahren zu lassen. Für den in Zürich wohnenden Bauarbeiter beispielsweise wäre eine Stelle in Fribourg zumutbar, wenn Wohnort und Arbeitsplatz in der Nähe des Bahnhofs liegen. Doch warum soll ein Zürcher einem Fribourger den Arbeitsplatz wegschnappen?

Mit der Neuregelung per 1. Januar 1997 sind drei weitere Kriterien für die Unzumutbarkeit hinzugekommen:

● Es ist nicht zumutbar, dass ein Arbeitgeber mit einem neuen Angestellten eine Teilzeitarbeit vereinbart, jedoch gleichzeitig verlangt, dass dieser jederzeit abrufbereit sei. Diese Bereitschaftsverpflichtung verunmöglicht es einem Arbeitslosen, seine restliche Arbeitsfähigkeit sinnvoll zu nutzen.

● Auch mit der zweiten Einschränkung sollen die übelsten Praktiken einzelner Arbeitgeber verhindert werden: Es ist unzumutbar, eine Stelle in einem Betrieb anzunehmen, der soeben Entlassungen vorgenommen hat und nun neues Personal zu wesentlich schlechteren Bedingungen einstellt. Diese «Lex Gasser» soll verhindern, dass Arbeitgeber auf Kosten der Arbeitslosen Lohnabbau betreiben.

● Früher war es niemandem zumutbar, eine Stelle anzunehmen, wenn der versprochene Lohn tiefer als das Taggeld war. Heute gilt: Wenn einem Arbeitslosen eine solche Stelle angeboten wird, muss er sie als *Zwischenverdienststelle* antreten. Als Zwischenverdienst gilt jede Arbeit, bei der der Bruttoverdienst tiefer liegt als das Bruttotaggeld. Wenn Sie eine solche Stelle annehmen, erhalten Sie zusätzlich zum Verdienst ein reduziertes Taggeld auf der Differenz zwischen dem versicherten Verdienst (Lohn vor der Arbeitslosigkeit) und dem Zwischenverdienst (→ Seite 137).

Einige Beispiele aus der Gerichtspraxis

Dass fast alles zumutbar ist, beweisen einige Gerichtsentscheide (die auch heute kaum günstiger ausfallen würden):

Für einen Koch in den besten Jahren stellt eine ausreichend entlöhnte, vorübergehende Beschäftigung als Bauhandlanger eine zumutbare Arbeit dar, wenn er für die Zwischensaison im Hotelgewerbe keine Berufsarbeit findet. Vorausgesetzt, dass sie seine körperlichen Möglichkeiten nicht übersteigt, kann man von einem Versicherten in dieser Situation verlangen, eine solche ausserberufliche Beschäftigung anzunehmen (ARV 1977 Nr. 14).

Ein arbeitsloser Programmierer weigerte sich, im Rahmen eines Beschäftigungsprogramms seiner Gemeinde vorübergehend an Waldreinigungsarbeiten und an der Errichtung von Wanderwegen teilzunehmen. Er argumentierte, die angebotene Beschäftigung sei gegen seine persönliche Würde und die Menschenrechte gerichtet und verletzte die persönliche Freiheit. Das Gericht akzeptierte diese Argumentation nicht und ging von einem mittelschweren Verschulden aus (ARV 1987 Nr. 1). Nach heutigen verschärften Tarifen würde das eine Busse von rund 25 Einstelltagen ergeben.

Ein Assistenzarzt, der Stellenbewerbungen ausstehend hat, ist trotzdem verpflichtet, eine zumutbare ausserberufliche Stelle, zum Beispiel im Pflegedienst eines Spitals, anzunehmen. Eine Ablehnung wäre nur dann begründet, wenn er praktisch auf den gleichen Zeitpunkt eine Zusicherung für eine Anstellung als Assistenzarzt hätte (ARV 1980 Nr. 43).

Einer Versicherten mohammedanischen Glaubens wird eine Arbeitsstelle als Fabrikarbeiterin vermittelt. Beim Vorstellungsgespräch erscheint sie mit dem traditionellen Kopftuch. Sie macht klar, dass sie es auch am Arbeitsplatz nicht ablegen werde, und erhält deshalb die Stelle nicht. Hat sie zumutbare Arbeit abgelehnt? Nein, entschied das BIGA: Der Erlass von Verhaltens- und Kleidervorschriften seien nach Arbeitsvertragsrecht nur zulässig, wenn der Arbeitgeber ein berechtigtes Interesse nachweisen könne. Die Mohammedanerin hätte keinen Kundenkontakt gehabt, und es habe auch keine erhöhte Unfallgefahr wegen des Kopftuchs bestanden. Die Kleidervorschriften des Arbeitgebers seien deshalb nicht gerechtfertigt gewesen (ALV-Praxis 89/1, S. 7).

Ähnlich fiel das Urteil im Fall einer Brahmanin aus, die eine Stelle am Abräumband eines Restaurants ablehnte. Ihre Begründung: Ihr Glaube (Hinduismus) verbiete ihr das Berühren von Fisch und Fleisch. Die Schadenminderungspflicht habe vor der Religionsfreiheit zurückzutreten, entschied das EVG (Urteil vom 27. 9. 1996, C145/94).

Wie packe ich die Stellensuche richtig an?

Die Stellensuche muss schon während der Kündigungszeit beginnen beziehungsweise – wenn der Arbeitsvertrag auf bestimmte Zeit abgeschlossen worden ist – rechtzeitig vor Beendigung des Arbeitsverhältnisses. Gemäss Obligationenrecht muss der Arbeitgeber seinen Angestellten während der Kündigungszeit die für das Suchen einer anderen Arbeitsstelle nötige Zeit einräumen. Bei normalen Zeitaufwand (ca. ein halber Tag pro Woche) darf er die Abwesenheiten nicht vom Lohn abziehen (OR 329 Abs. 3).

Einfach ist diese Suche, wenn Sie in einem Beruf ausgebildet sind, der Ihnen gefällt und der auch noch gefragt ist. Weiter sollten Sie nicht zu alt, nicht zu jung, gesund und anpassungsfähig sein. Selbst in schwierigen Zeiten ist es dann durchaus möglich, unter verschiedenen Stellen auszusuchen.

Doch wer zu alt oder zu jung ist und zu wenig oder zu viel Erfahrung mitbringt, wer zu wenig oder die falsche Ausbildung hat, wer überqualifiziert ist, wer körperlich oder psychisch beeinträchtigt ist, wer unbequem ist, wer eigenwillig ist, wer vielleicht familiäre Verpflichtungen hat, die seine Arbeitsmöglichkeiten einschränken, der hat heute seine liebe Mühe. Relativ rasch spricht man dann von schwer vermittelbaren Arbeitslosen. Es ist schwierig, in dieser Situation den Kopf hoch zu halten. Mit zunehmender Dauer der Arbeitslosigkeit sinken gerade deswegen die Chancen. Das macht traurig, vielleicht auch wütend, gerade in einer Zeit, wo man seine Kräfte besonders gut beieinander haben sollte.

In solchen Fällen ist eine sorgfältige Standortbestimmung ein Muss. Hilfe und Unterstützung finden Sie vor allem bei den Beraterinnen und Beratern der regionalen Arbeitsvermittlungszentren. Gerade schwieriger vermittelbare Arbeitslose waren vorher oft Jahrzehnte am gleichen Arbeitsplatz. Viele kennen nur wenige Berufsbilder; niemand hat ihnen erklärt, dass es in der Schweiz heute über 5000 Berufe gibt. Für sie kann die Arbeitslosigkeit – auch wenn das nicht immer leicht zu erkennen ist – eine Chance darstellen. Insbesondere besteht allenfalls die Möglichkeit, eine von der Arbeitslosenversicherung bezahlte Weiterbildung oder Umschulung an die Hand zu nehmen, wenn die Chancen im angestammten Arbeitsbereich schlecht sind. Oder haben Sie an eine Teilzeitstelle gedacht? Warum nicht selbständig werden? Welche Einsatzprogramme eignen sich für Sie? Wer solche Fragen intensiv mit Beratern und Angehörigen bespricht, hat eher eine Chance, der Arbeitslosigkeit zu entkommen, als derjenige, der die bürokratischen Anforderungen genügsam erfüllt, sich aber auf eingefahrenen Stellenbewerbungsgleisen bewegt.

Kein Warten auf den Traumjob

Wer Geld von der Arbeitslosenversicherung will, muss sich nicht nur um Stellen bewerben, er oder sie muss auch jederzeit über diese Bemühungen Aufschluss geben können. Es werden nur Bewerbungen anerkannt, die nachprüfbar sind. Vom RAV oder Arbeitsamt erhalten Sie das Formular «Arbeitsbemühungen», das Sie jeden Monat genau ausgefüllt abgeben müssen. Am besten sind schriftliche Bewerbungen, von denen Sie immer eine Kopie behalten und eine dem Formular beilegen. Wenn Sie direkt in einem Betrieb vorsprechen, sollten Sie sich das mit dem Firmenstempel bestätigen lassen. Bei telefonischen Bewerbungen erwähnen Sie auf dem Formular den Namen der Person, mit der Sie gesprochen haben.

Es ist an sich nahe liegend, eine Arbeit zu suchen, die den eigenen Fähigkeiten und Neigungen entspricht. Die Arbeitslosenversicherung hat eine andere Optik: Sie will nicht warten, bis Sie Ihren Traumjob gefunden haben. Wer in einem breiten Arbeitsmarkt tätig war, kann sich vorerst darauf beschränken, im bisherigen Berufsfeld zu suchen. So ist es für einen kaufmännischen Angestellten sicher sinnvoll, wenn er nicht dazu verknurrt wird, andere Bereiche ins Auge zu fassen. Bringt jedoch jemand zu wenig Stellenbewerbungen mit der Begründung, in seinem Beruf gebe es nicht genügend Arbeit, wird ihm regelmässig entgegen gehalten, dass er auch berufsfremde Arbeit suchen müsse.

Die Zahl der Bewerbungen hängt von den arbeitsmarktlichen Möglichkeiten ab, die den Versicherten offen stehen. In kleinen spezialisierten Berufsgruppen (beispielsweise Lebensmittelchemiker) sind die Möglichkeiten geringer als etwa im Gastgewerbe. Berücksichtigt werden auch die persönlichen Umstände der Versicherten, insbesondere Alter, geographische Mobilität, sprachliche Probleme, ferienbedingte Abwesenheiten, gesundheitliche Beeinträchtigungen etc.

Reine Alibibewerbungen werden nicht anerkannt. Ein Hilfsarbeiter, der sich auf Stellen als Polier meldet, riskiert, dass solche Bemühungen gestrichen werden und ihm am Ende der Vorwurf gemacht wird, er habe zu wenig intensiv nach einer neuen Stelle gesucht.

Die Pflicht zur Stellensuche entfällt, wenn die Anstrengungen nichts mehr zur Schadenminderung beitragen können. Finden Sie beispielsweise Ende August eine Stelle auf Ende September, müssen Sie sich für die verbleibenden 20 Arbeitstage nicht um eine neue Stelle bemühen. Auch während der Stempelferien (→ Seite 70) entfällt jegliche Pflicht zur Stellensuche

Wo finde ich Stellenangebote?

Wer rasch eine Stelle braucht, kann sich nicht damit begnügen, nur das Naheliegendste zu tun. Suchen Sie auf allen Kanälen, fragen Sie auch im Bekanntenkreis herum. Hier die wichtigsten Möglichkeiten (mehr zum Thema Stellensuche und Bewerbung finden Sie im Beobachter-Ratgeber «Stellenwechsel»):

- **Stelleninserate:** Durchsuchen Sie Tageszeitungen, Wochenzeitungen und Lokalblätter nach geeigneten Stelleninseraten. Ziehen Sie den geographischen Kreis nicht zu eng; von Arbeitslosen wird verlangt, auch längere Arbeitswege in Kauf zu nehmen. Fachzeitschriften und Publikationen Ihres Berufsverbands sind gute Quellen, vor allem wenn Sie einer selteneren Berufsgruppe angehören.

Lassen Sie sich von hochgestochenen Anforderungsprofilen nicht allzu sehr einschüchtern. Stelleninserate beschreiben oft das absolute Ideal, das sich eine Firma wünscht. Die bis 25 Jahre alte Vertriebssachbearbeiterin mit jahrelanger Berufserfahrung, perfekten Französisch- und Englischkenntnissen und umfassender Vertrautheit mit der neuesten Version von Word, Excel und Access gibt es nicht – oder sie sucht gerade keine Stelle! Wenn Sie also der Meinung sind, dass Sie eine Stelle wie die angebotene eigentlich bewältigen können, melden Sie sich.

Halten Sie genügend Bewerbungsunterlagen bereit, damit Sie rasch reagieren können. Wenn Sie erst zwei Tage lang die geforderten Dokumente zusammensuchen und kopieren müssen, ist Ihnen wahrscheinlich jemand gleich Qualifizierter zuvorgekommen. Offene Fragen klären Sie am besten zuerst am Telefon. So bekunden Sie bereits einmal Ihr Interesse – und allenfalls sparen Sie sich auch unnötige Arbeit.

Vorsicht mit Chiffreinseraten! Immer wieder kommt es vor, dass Firmen auf diesem Weg mit Arbeitslosen dubiose Geschäfte zu machen versuchen. Eine Firma, die keinen Namen und keine Adresse angibt, gehört meist nicht zu den seriösesten. Will eine Firma aus «anständigen» Gründen anonym bleiben, lässt sie Stelleninserate in der Regel über ein Personalvermittlungsbüro laufen.

- **Eigenes Inserat:** Das Beantworten der Inserate von Stellensuchenden ist für Firmen eigentlich die billigste Art mit Kandidaten in Kontakt zu kommen. In der jetzigen Zeit dürfte es aber schwierig sein, auf diesem Weg eine Stelle zu finden. Damit Ihr Inserat Chancen hat, muss es kurz und prägnant formuliert sein. Sagen Sie möglichst klar, was Sie bieten und was Sie suchen. Allgemeine Versprechen – «Ihr Mann für jegliche Arbeiten» – lassen keinen Personalchef zum Telefon greifen.

Vergessen Sie nicht die Telefonnummer, unter der Sie (möglichst immer) erreichbar sind, anzugeben. Oder lassen Sie Ihr Inserat unter Chiffre laufen.

Wichtig ist die richtige Auswahl der Zeitung. Schauen Sie die Publikationen Ihrer Region durch, um herauszufinden, wo und an welchen Tagen die meisten Stellengesuche platziert sind. Hier ist auch Ihr Inserat am ehesten erfolgreich.

- **Stellenvermittlungs- und Temporärbüros** suchen meist jüngere, gut ausgebildete Arbeitnehmerinnen und Arbeitnehmer. Arbeitslose mit gesundheitlichen Beeinträchtigungen, seltenen Berufen, höherem Alter finden hier kaum eine Stelle.
- **Direktes Nachfragen bei Firmen** ist vor allem für Hilfsberufe lohnend. Das gilt insbesondere auch für wenig Sprachgewandte, die Mühe mit dem Verfassen von schriftlichen Bewerbungen haben. Allerdings sind viele Firmen eher ungeduldig, weil sie in der heutigen Zeit mit solchen Anfragen förmlich überschwemmt werden. Nehmen Sie Ihren Lebenslauf und Kopien Ihrer Zeugnisse mit und versuchen Sie direkt mit dem Personalchef oder Abteilungsleiter zu sprechen.
- **Firmen anschreiben,** die gerade keine Stelleninserate laufen haben, kann sich vor allem bei seltenen Berufen lohnen. Wer den Arbeitsmarkt regelmässig beobachtet hat, wer Fachzeitschriften liest, weiss, welche Firmen für ihn in Betracht kommen. Senden Sie eine vollständige Bewerbung (siehe unten), die Sie bei grossen Firmen an die Personalabteilung, bei kleineren an die Geschäftsleitung adressieren. Auf unaufgeforderte Bewerbungen werden Sie lange nicht immer eine Antwort bekommen. Finden Sie später ein Stelleninserat derselben Firma in der Zeitung, können Sie sich ungeniert wieder melden. Denken Sie nicht, man habe ja sowieso kein Interesse an Ihnen. Jetzt braucht die Firma jemanden und wird deshalb Ihre neue Bewerbung prüfen.
- **Stellencomputer im RAV:** Die Arbeitsvermittlungszentren geben sich Mühe einen guten Kontakt zu den Arbeitgebern der Region aufzubauen. Die RAV verfügen auch über einen Stellencomputer, in dem Sie die freien Stellen direkt abfragen können. Zudem gibt der Computer Auskunft über das Weiterbildungsangebot in der Region.

Liegt's an der Bewerbung?

Gute Bewerbungsunterlagen sind das A und O einer jeden Stellensuche. Soll Ihre Bewerbung die erste grobe Auswahl passieren, müssen Ihre Unterlagen sauber, übersichtlich und vollständig sein. Tippfehler, Streichungen, «Fresszettel» machen schon auf den ersten Blick einen schlechten Eindruck. In Stelleninseraten steht häufig, welche Unterlagen die Firma erwartet. Im allgemeinen gehören zu einer vollständigen Bewerbung folgende Dokumente:

● **Bewerbungsschreiben:** Das ist der Werbebrief für Ihre Person! Sagen Sie, weshalb Sie Ihrer Meinung nach die richtige Person für die ausgeschriebene Stelle sind. Gehen Sie auf die Anforderungen im Inserat ein. Ist im Inserat ein Name genannt, richten Sie Ihren Brief an diese Person und nicht an die «sehr geehrten Damen und Herren». Ein maschinengeschriebenes Bewerbungsschreiben sollte nicht länger als eine Seite A4 sein, ein handgeschriebenes kann zwei Seiten umfassen.

● **Lebenslauf** in tabellarischer Form: Er soll Ihre Personalien, die wichtigsten schulischen Stationen und vor allem den beruflichen Werdegang enthalten und keine Lücken aufweisen. Listen Sie alle Stellen mit genauen Ein- und Austrittdaten auf und vergessen Sie Weiterbildungskurse nicht.

● Kopien von **Arbeitszeugnissen,** Berufs- oder Universitätsabschluss, Diplome, Unterlagen über Weiterbildung etc.: Legen Sie nie Originale bei, sie könnten verloren gehen.

● Liste mit **Referenzen:** Nennen Sie rund drei Personen, die (möglichst positive) Auskunft geben können über Ihre Arbeitsweise. Am besten sind ehemalige Vorgesetzte; weitere mögliche Referenzpersonen sind Vorgesetzte im Militär oder bei jüngeren Arbeitnehmern ein Praktikumsbegleiter, eine Lehrerin etc.

● **Handschriftenprobe:** Vor allem für Kader- oder Vertrauensstellen wird häufig ein handschriftliches Bewerbungsschreiben oder eine Handschriftenprobe verlangt. Gehen Sie darauf ein, gilt das als stillschweigende Zustimmung zu einem graphologischen Gutachten. Viele Personalfachleute sehen die graphologische Beurteilung der Handschrift als wichtigen Baustein in der Gesamtbeurteilung eines Menschen, der mithelfen soll, die Eignung eines Bewerbers für eine bestimmte Stelle abzuklären. Das ist nicht jedermanns Sache. Aus juristischer Sicht kann an sich niemand gezwungen werden, sich von einem Graphologen durchleuchten zu lassen. Wer sich aber weigert eine Handschriftprobe zu liefern, riskiert, dass er bei der Bewerbung gar nicht berücksichtigt wird. Es stellt sich die Frage: Was ist Ihnen wichtiger, der Persönlichkeitsschutz oder die grössere Chance, eine Stelle zu erhalten? Ein Kompromissvorschlag: Schicken Sie jeweils maschinengeschriebene Bewerbungen mit dem Hinweis, dass Sie eine Handschriftenprobe einreichen werden, wenn ernsthaftes Interesse an Ihrer Bewerbung besteht.

Neben diesen Unterlagen werden etwa auch noch verlangt: Foto (Passbild, kein privater Schnappschuss), Kopien der Schul- und Ausbildungszeugnisse, Kopien von Endjahresqualifikationen, Beförderungsschreiben etc., Leumundszeugnis (erhalten Sie auf der Gemeindeverwaltung Ihres Wohnorts).

Wenn einzelne Bewerbungen scheitern, empfiehlt es sich, telefonisch nachzufragen, warum Sie die Stelle nicht erhalten haben. Daraus können Sie unter Umständen lernen Ihre Bewerbungsunterlagen zu verbessern, Ihre Strategie etwas zu verändern. Auch das Arbeitsamt bietet Kurse an, in denen Sie Bewerbungstechniken lernen können (→ Seite 161). Wenn Sie erfahren, dass Ihnen ein bestimmtes Wissen fehlt, lässt sich diese Lücke vielleicht während des Stempelns mit Weiterbildung füllen.

Vielleicht stellt sich auch heraus, dass Ihnen ein Arbeitszeugnis schadet – allenfalls sogar eines, das vordergründig durchaus positiv klingt. Hier kann ein Gespräch mit dem früheren Arbeitgeber weiterhelfen; nicht alle Vorgesetzten kennen die «Zeugnissprache» und verwenden ungünstige Formulierungen möglicherweise aus Versehen. Es kann natürlich auch sein, dass ein früherer Arbeitgeber mündlich eine schlechte Auskunft gibt. Wenn er nicht mit sich reden lässt, ist es besser, Sie führen ihn nicht mehr als Referenz an.

Nachfassen erlaubt

Besonders belastend bei der Stellensuche ist die ständige Warterei. Voll Hoffnung haben Sie Ihre Bewerbung abgeschickt – und dann passiert zwei Wochen lang nichts. Vielleicht erhalten Sie eine freundliche Empfangsbestätigung, dann warten Sie weiter. Viele Personalverantwortlichen behalten alle Bewerbungen zurück, bis die Stelle besetzt ist. Und das kann Monate dauern.

Fassen Sie deshalb, wenn Sie zwei Wochen lang nichts gehört haben, nach. Rufen Sie die Firma an und erkundigen Sie sich höflich, ob man Ihre Bewerbung erhalten hat und daran überhaupt interessiert ist. Das nimmt Ihnen in den seltensten Fällen jemand übel. Durch höfliches Nachfassen machen Sie positiv auf sich aufmerksam und zeigen, dass es Ihnen mit Ihrer Bewerbung ernst ist. Gleichzeitig haben Sie die Möglichkeit, erste Informationen über die Firma zu sammeln. Und sollte aus dem Gespräch deutlich werden, dass man an Ihnen nicht interessiert ist, dann ersparen Sie sich unnötiges Hoffen und Bangen.

Das Vorstellungsgespräch

Auch beim Vorstellungsgespräch zählt der erste Eindruck. Pünktlichkeit sollte selbstverständlich sein, ebenso ein gepflegtes Auftreten. Wählen Sie Kleider, in denen Sie sich wohl fühlen und die der angebotenen Stelle angemessen sind.

In einem Vorstellungsgespräch werden Sie vieles gefragt: nach Ihrer Ausbildung, Ihrem beruflichen Werdegang, nach besonderen Fähigkeiten, beruflichen Wünschen, nach Ihren Stärken und Schwächen, Ihren Hobbys, Ihrer Familie... Der Interviewer wird Sie genau beobachten. Nicht nur *was* Sie sagen, sondern auch *wie* Sie es sagen, ist für ihn aufschlussreich. Antworten Sie ruhig und freundlich, schildern Sie Ihre bisherige Tätigkeiten lebhaft und farbig. Wenn Sie auf Ihre Arbeitslosigkeit angesprochen werden, bleiben Sie sachlich; verlieren Sie sich nicht in Schuldzuweisungen und Jammern. Bleiben Sie während des Gesprächs Sie selbst, versuchen Sie nicht eine Rolle zu spielen; Ihr Gegenüber wird das in der Regel spüren.

Wie steht es mit Fragen nach dem Privatleben, zum Beispiel nach politischer Gesinnung, früheren Krankheiten, Schwangerschaft, Vorstrafen, Hobbys etc.? Grundsätzlich gilt, dass Sie solche Fragen beantworten müssen, so weit sie einen *direkten Zusammenhang* zur Stelle haben. Ein Buchhalter darf also nach Unterschlagungen gefragt werden, eine Turnlehrerin nach einer Schwangerschaft. Wenn Sie sich bei einem so genannten Tendenzbetrieb bewerben – zum Beispiel für eine kirchliche Stelle oder als Parteisekretär –, sind entsprechende Fragen zulässig. Sonst aber haben Sie das Recht, indiskrete Fragen im persönlichen Bereich nicht zu beantworten.

Diese Unterscheidung hat eine wichtige Konsequenz: Sollten Sie eine Stelle nicht erhalten, weil Sie sich geweigert haben auf unzulässige Fragen zu antworten, dürfen Sie dafür nicht mit Einstelltagen bestraft werden.

Übrigens: Nicht nur der Interviewer fragt, auch Sie selbst können Fragen stellen. Damit zeigen Sie, dass Sie an einer Stelle interessiert

sind und sich mit dem neuen Arbeitsort auseinander gesetzt haben. Mögliche Fragen:
- Was genau umfasst die Stelle?
- Was erwartet man von Ihnen?
- Wie sieht Ihr Arbeitsplatz aus?
- Wer sind Ihre Vorgesetzten?
- Wie hoch ist das Salär, wie sind die Sozialleistungen?
- Wie sind die Arbeitszeiten?
- Wie steht es mit Weiterbildung?

Überlegen Sie sich schon vor dem Gespräch, was Sie in Erfahrung bringen wollen. Damit Sie in der Hitze des Gefechts nichts vergessen, stellen Sie am besten eine Liste zusammen. Während des Gesprächs dürfen Sie sich durchaus Notizen machen und das Wichtigste festhalten (Papier und Bleistift nicht vergessen).

Auch nach einem Vorstellungsgespräch kann höfliches Nachfassen nützlich sein. Denn nicht immer ist es mangelndes Interesse, wenn Sie zum versprochenen Zeitpunkt keinen Bescheid erhalten. Möglicherweise hat Ihr Gesprächspartner Sie nur aus Zeitnot noch nicht angerufen ... Rufen Sie selber an; vielleicht heben Sie sich gerade mit diesem Telefongespräch positiv von Ihren Mitkonkurrenten ab und erhalten die Stelle.

Das Wichtigste in Kürze

- Beginnen Sie früh, das heisst schon während der Kündigungszeit, mit der Stellensuche. Der Arbeitgeber muss Ihnen ungefähr einen halben Tag pro Woche dafür freigeben, ohne Ihnen diese Zeit vom Lohn abzuziehen.

- Suchen Sie auf allen Kanälen: über Stelleninserate, direkt bei interessanten Firmen, im Bekanntenkreis. Eine gute Dienstleistung ist der Stellencomputer im RAV.

- Achten Sie auf saubere, aussagekräftige, vollständige Bewerbungsunterlagen.

- Grundsätzlich gilt heute fast jede Stelle als zumutbar, wenn nicht schwerwiegende Gründe dagegen sprechen. Wenn Sie eine Stelle, die

Ihnen das Arbeitsamt oder RAV zuweist, ablehnen, sollten Sie dafür sehr überzeugende Argumente haben. Sonst handeln Sie sich massive Stempelbussen ein.

● Wenn's seit Ihrer letzten Stellensuche schon länger her ist, sollten Sie sich mit den heutigen Bewerbungstechniken vertraut machen. Die RAV bieten Kurse dazu an (→ Seite 161).

● Versuchen Sie nicht beim Vorstellungsgespräch Ihre Arbeitslosigkeit zu vertuschen. Der Personalchef merkt's sowieso – und für Ihre Offenheit kriegen Sie eher einen Bonus.

● Bewahren Sie sich ein gesundes Selbstbewusstsein und treten Sie entsprechend auf. Sie haben schliesslich auch einiges zu bieten.

9. Wie viel Geld erhalte ich wie lange?

Nachdem Sie sich ausführlich damit auseinander gesetzt haben, unter welchen Voraussetzungen ein Anspruch gegenüber der Arbeitslosenversicherung entsteht, kommen Sie dem Geld nun immer näher. Im Folgenden geht es um die Taggeldberechnung: Von welchen Grundlagen geht die Arbeitslosenkasse aus? Wer erhält wie viele Prozente?

Welche Kasse liefert den besten Service?

Es ist wirklich nicht einsehbar, warum für Anmeldung und Auszahlung verschiedene Institutionen zuständig sind. Die Arbeitslosen haben sich bei den Arbeitsämtern oder RAV zu melden; die Arbeitslosenentschädigung wird von den Kassen ausgezahlt.

Als Versicherter haben Sie das Recht, eine Kasse in Ihrem Kanton frei zu wählen. Jeder Kanton hat eine öffentliche Arbeitslosenkasse; daneben bestehen jeweils Kassen, die von Gewerkschaften oder Arbeitgebern geführt werden. Nicht, dass es bei der einen oder anderen Kasse mehr Geld gäbe; die Berechnungsgrundlagen sind für alle Institutionen gleich. Unterschiede gibt es aber im Service, im Stil und Umgangston. Fragen Sie beim ersten Kontakt mit dem Arbeitsamt oder RAV, bei Bekannten und Beratungsstellen nach der Qualität der Arbeit der im Kanton tätigen Arbeitslosenkassen. Sicher ist das Tempo der Auszahlung das Wichtigste – je nach Kasse kann es nämlich Wochen oder Monate dauern, bis das sauer erstempelte Geld auf Ihrem Konto eintrifft. Auch der Service bei Vorschüssen – welche die Kassen auf mündliches Gesuch hin leisten müssten (→ Seite 132) – ist sehr unterschiedlich. Haben Sie sich einmal für eine Kasse entschieden, ist ein Wechsel (ausser bei einem Wegzug aus dem Kanton) praktisch nicht mehr möglich.

Ihren Anspruch auf Taggeld machen Sie gegenüber Ihrer Kasse geltend. Am Ende jedes Stempelmonats müssen Sie Ihre Karte und die Aufstellung über Ihre Arbeitsbemühungen beim RAV oder Arbeitsamt abgeben. Von dort werden sie an die Kasse geschickt. Sie haben auch die Möglichkeit, die Unterlagen jeweils selber der Kasse zuzustellen. Wichtig ist: Die Unterlagen müssen spätestens drei Monate nach Ende des Stempelmonats bei der Kasse sein, sonst verfällt jeglicher Anspruch auf Arbeitslosengelder.

Wie wird das Taggeld berechnet?

Massgebend ist der versicherte Verdienst. Das ist in der Regel der Lohn, der im letzten Beitragsmonat vor dem ersten Stempeltag bezahlt worden ist. Grundsätzlich gehören zu diesem versicherten Verdienst (G23) alle Lohnbestandteile, auf denen AHV abgezogen worden ist, also:
- Bruttolohn inklusive 13. Monatslohn
- Provisionen
- Gratifikationen; zu denen das EVG am 19. August 1996 Folgendes entschieden hat: Auch freiwillige Gratifikationen, die je nach Rechtslage nicht eingeklagt werden können, sind in den versicherten Verdienst einzubeziehen. Voraussetzung bleibt freilich, dass die betreffende Gratifikation im Bemessungszeitraum tatsächlich ausgerichtet worden ist (BGE 122 V 362).
- Kost und Logis (so genannter Naturallohn)
- Ferien- und Feiertagsentschädigungen
- Trinkgelder, die Lohnbestandteil sind und gegenüber der AHV und der ALV abgerechnet werden (kommt selten vor)
- Sitzungsgelder
- Zulagen, die auch bei Abwesenheit, insbesondere während der Ferien, bezahlt werden. Zu denken ist an vertraglich vereinbarte Spesen (etwa Essenspauschalen) oder an Schicht- und Nachtzulagen. Gerade diese Zulagen werden allerdings häufig nur ausgerichtet, wenn sie tatsächlich notwendig sind, nicht aber während der Ferien, und dürfen deshalb nicht berücksichtigt werden.

Nicht zum versicherten Verdienst zählen:
- Spesen, die nach Aufwand abgerechnet werden
- Dienstaltersgeschenke
- Leistungen anlässlich besonderer Ereignisse (Hochzeit, bestandene Prüfung etc.)
- Tantiemen aus Verwaltungsratsmandat

- Lohn für Überstunden, auch wenn darauf AHV- und ALV-Beiträge abgerechnet worden sind. Ein Beispiel dafür, dass zwar Beiträge bezahlt, aber von der Arbeitslosenversicherung keine Leistungen erbracht werden.
- Nebenverdienst, der über ein Vollzeitpensum hinausgeht. So erhielt ein Lehrling, der neben seiner Lehrstelle mit 41,5 Stunden pro Woche noch einen Nebenjob ausfüllte, kein Stempelgeld, als er diesen verlor.

Die Tatsache, dass Nebenverdienste und Überstunden unberücksichtigt bleiben, ist für viele Arbeitslose schmerzhaft. Auch ein Kellner in einem sehr gut gehenden Restaurant, der pro Monat Trinkgelder in vierstelliger Höhe zugesteckt erhält, wird als Arbeitsloser wahrscheinlich enttäuscht. Der erfreuliche Zustupf, der jeweils an den Steuerbehörden vorbeigeschummelt wurde, findet bei der Arbeitslosenentschädigung keine Berücksichtigung. Ähnlich ergeht es Krankenschwestern, Taxifahrern etc., die in arbeitsvollen Tagen froh sind, wenn sie über steuerfreie Trinkgeldeinnahmen verfügen können.

Keinen Anspruch auf Leistungen haben schliesslich Arbeitnehmer und Arbeitnehmerinnen, deren Monatslohn (verschiedene Verdienste werden zusammen gerechnet) die Grenze von 500 Franken nicht übersteigt.

Die Arbeitslosenentschädigung wird als *Taggeld* ausgerichtet, unabhängig davon, ob vorher ein Monats-, Wochen- oder Stundenlohn bezahlt worden ist. Pro Woche gibt es fünf Taggelder (Montag bis Freitag). Das hat die unangenehme Folge, dass die Höhe der Entschädigung jeden Monat wechseln kann, je nach Zahl der Arbeitstage.

Die Regeln für *Feiertage* sind – wie sich's im schweizerischen Föderalismus gehört – kantonal unterschiedlich. In allen Kantonen bezahlt werden: 1. Januar, Auffahrt und 25. Dezember, wenn sie auf einen Werktag fallen. Dazu kommen fünf weitere bezahlte Feiertage, die jeder Kanton selbst bestimmt. Fallen mehr als acht Feiertage pro Jahr auf einen Arbeitstag, werden diese nicht mehr bezahlt, auch wenn an diesen Tagen nicht gearbeitet werden kann. Beispiel: Im Kanton Zürich ist der 2. Januar zwar Feiertag, er wird aber von der Arbeitslosenversicherung nicht entschädigt. Einmal mehr wird ein an sich schon kompliziertes Gesetz durch kantonale Sonderzügli noch unübersichtlicher. Erkundigen Sie sich beim RAV oder Arbeitsamt, welche Feiertage in Ihrer Region bezahlt werden.

Wer erhält wie viel?

Ausgegangen wird bei der Berechnung vom letzten AHV-pflichtigen Bruttolohn (inkl. 13. Monatslohn sowie allfällige Zulagen). Maximal versichert ist ein Lohn von jährlich 97 200 oder monatlich 8100 Franken (Stand 1997). Allfällige Kinderzulagen werden separat abgerechnet.

Zuerst wird der versicherte Verdienst pro Monat errechnet. Dieser wird durch 21,7 geteilt; das ist aufs Jahr gerechnet die durchschnittliche Anzahl Arbeitstage pro Monat. Dies ergibt eine wichtige Schlüsselgrösse: den versicherten Verdienst pro Tag. Je nach Status erhalten Sie einen unterschiedlichen Prozentsatz davon als Taggeld: Ausgangspunkt sind 70 beziehungsweise 80 Prozent des versicherten Verdienstes. Im Zug der Sparmassnahmen wurden diese Entschädigungssätze durch einen dringlichen Bundesbeschluss gekürzt, und zwar je nach Familienstand etc. der Versicherten um einen oder drei Prozent. Ihr Taggeld beträgt also 67,9, 77,6 oder 79,2 Prozent (im Text wird der Einfachheit halber auch von «knapp 70 beziehungsweise 80 Prozent» gesprochen). Das Volk wird am 28. September 1997 über diesen Kürzungsbeschluss abstimmen können, da dagegen das Referendum ergriffen worden ist.

● Alle Versicherten, die Kinder unterstützen müssen (auch Invalide), erhalten 79,2 Prozent des versicherten Verdienstes. Ob die Eltern verheiratet, getrennt oder geschieden sind, spielt keine Rolle.

● Versicherte ohne Unterhaltspflicht erhalten je nach versichertem Verdienst unterschiedliche Ansätze:

Versicherter Verdienst	*Ansatz*
Fr. 500.– bis 3526.–	79,2 %
Fr. 3526.– bis 4113.–	67,9 bis 79,2 %
	(immer Fr. 128.70 pro Tag)
Fr. 4113.– bis 8100.–	67,9 %

● Für Invalide ohne Unterstützungspflicht, ebenso für Antragsteller auf eine IV-Rente und für Personen, die auf Kosten der IV umgeschult worden sind, liegen die Ansätze anders:

Versicherter Verdienst	*Ansatz*
Fr. 500.– bis 3526.–	79,2 %
Fr. 3526.– bis 3598.–	77,6 bis 79,2 %
	(immer Fr. 128.70 pro Tag)
Fr. 3598.– bis 8100.–	77,6 %

Wie sieht nun ein typischer Fall aus? Felix I. verdiente monatlich 4000 Franken brutto. Er ist verheiratet und hat keine Kinder.

Jahreslohn: 13 x 4000.–	Fr. 52 000.–
Versicherter Verdienst: 52 000.– : 12	Fr. 4 333.35
Taggeld: 4333.35 : 21,7	Fr. 199.70
Von diesem Taggeld pro Arbeitstag 67,9 %	Fr. 135.60

Je nachdem, wie viele Arbeitstage der Monat hat, erhält Felix I. von der Arbeitslosenkasse brutto:

20 Arbeitstage	Fr. 2712.–
21 Arbeitstage	Fr. 2847.60
22 Arbeitstage	Fr. 2932.20

Vom Bruttobetrag abgezogen werden Beiträge für die Alters- und Hinterbliebenenversicherung, die Invalidenversicherung, die Erwerbsersatzordnung (Lohnausfall bei Militärdienst), die Unfallversicherung (UVG → Seite 206) und die berufliche Vorsorge (BVG, Risiken Tod und Invalidität → Seite 205). Der gesamte Abzug beläuft sich auf ca. zehn Prozent des Taggelds! Bei 21 Arbeitstagen sieht die Rechnung also folgendermassen aus:

Bruttotaggeld pro Monat	*Fr. 2847.60*
AHV: Hälfte von 8,4 % = 4,2 %	*Fr. 119.60*
IV: Hälfte von 1,2 % = 0,6 %	*Fr. 17.10*
EO: Hälfte von 0,5 % = 0,25 %	*Fr. 7.10*
BVG: variiert*	*Fr. 23.70*
UVG: 3,1 %	*Fr. 88.30*
Effektiv ausgezahlt	*Fr. 2592.80*

* *Die BVG-Abzüge werden erst ab einem Taggeld von Fr. 91.70 erhoben und betragen 0,3 bis 1,7 Prozent.*

Dazu kommt allenfalls ein auf den Tag umgerechneter Zuschlag, welcher den Kinder- und Ausbildungszulagen entspricht. Die Höhe dieser Zulagen richtet sich nach den jeweils gültigen kantonalen Gesetzen. Sie werden nur ausgerichtet, wenn die Kinderzulagen von keiner andern Stelle bezahlt werden (unpraktisch, unübersichtlich, bürokratisch, nicht wahr!).

Und wenn der frühere Lohn schwankte?

Lange nicht jeder Arbeitslose hat bis zur Entlassung ein immer gleich bleibendes Einkommen erhalten. Wie wird der versicherte Verdienst berechnet, wenn erhebliche Lohnschwankungen zu verzeichnen sind? Der Grundsatz: Weicht der Lohn im letzten Beitragsmonat um mindestens zehn Prozent vom Durchschnittslohn der letzten sechs Monate ab, so wird der versicherte Verdienst aufgrund dieses Durchschnittslohns berechnet (V37).

Letzter Monatslohn (Juli)	*Fr. 3000.–*
Durchschnitt Februar bis Juli	*Fr. 3617.–*
Abweichung	*20,5 %*

Da die Abweichung mehr als zehn Prozent des letzten Monatslohns ausmacht, ist der versicherte Verdienst auf 3617 Franken zu veranschlagen. Wäre im Jahr vor Beginn der Arbeitslosigkeit eine Gratifikation ausgezahlt worden, müsste diese anteilsmässig berücksichtigt werden.

Wenn diese Regelung unbillig wäre, kann auf einen längeren Zeitraum, höchstens aber auf die letzten zwölf Monate, abgestellt werden – ein Beispiel:

Hans S. hatte immer 100 Prozent gearbeitet. Dann wurde seine Stelle, weil die Geschäfte schlecht liefen, auf 50 Prozent reduziert. Nach weiteren vier Monaten wurde er trotzdem entlassen. Die Arbeitslosenkasse berechnet seinen versicherten Verdienst aufgrund seines Einkommens der letzten zwölf Monate.

Es gibt Berufszweige, in denen die Lohnschwankungen auf einen *branchenüblichen Arbeitszeitkalender* zurückzuführen sind. Hier wird auf die vertraglich vereinbarte durchschnittliche Arbeitszeit abgestellt. Beispiele für solche branchenüblichen saisonalen Schwankungen finden sich im Baugewerbe, im Forstwesen und im Gartenbau.

Liegen die Lohnschwankungen in der *Art des Arbeitsverhältnisses* wird nicht auf den letzten Lohn, sondern immer auf die letzten zwölf Monate abgestellt. Solche individuellen saisonalen Schwankungen haben beispielsweise Heimarbeiterinnen zu gewärtigen. Ähnliches gilt für Personen mit häufig wechselnden oder befristeten Anstellungen (Musiker etc.). Auch Arbeitslose, die auf Abruf angestellt waren, haben im Jahr vor der Arbeitslosigkeit oft sehr starke Schwankungen zu verzeichnen gehabt: Wenn alle in den Ferien waren, gab's besonders viel zu tun; im November und Januar wurden sie gar nicht eingesetzt.

Bei Versicherten, die unmittelbar vor oder während der Arbeitslosigkeit erkranken oder verunfallen und deshalb in ihrer Erwerbsfähigkeit eingeschränkt sind, ist der Verdienst massgebend, welcher der verbleibenden Erwerbsfähigkeit entspricht (V40b).

Wichtig ist: Bei der Berechnung des versicherten Verdienstes stellt die Arbeitslosenkasse meist unbesehen auf die Angaben des Arbeitgebers ab. Dieser vergisst aber vielleicht eine Gratifikation, die Nacht- oder die Schichtzulage. Es lohnt sich in jedem Fall, auf der ersten Abrechnung der Arbeitslosenkasse den ermittelten versicherten Verdienst genau zu kontrollieren (Beispiele für solche Abrechnungen finden Sie im Anhang → Seite 266). Nehmen Sie die Lohnausweise der letzten zwölf Monate hervor, addieren Sie die Bruttoverdienste mit allem, was dazugehört (→ Seite 114), und dividieren Sie diese Summe durch zwölf. Wiederholen Sie dieselbe Rechnung mit den letzten sechs Monaten. Wenn Ihre Zahlen günstiger sind als diejenigen der Arbeitslosenkasse, legen Sie Ihre Berechnung der Kasse am besten schriftlich dar. Wenn die Kasse nicht einlenkt, können Sie eine Verfügung verlangen und beim kantonalen Sozialversicherungsgericht Beschwerde einreichen (→ Seite 232).

Pauschalansätze: wenn Beitragszeiten fehlen

Bei Arbeitslosen, die nicht genügend Beitragszeiten mitbringen, aber dennoch Anspruch auf Arbeitslosenentschädigung haben (→ Seite 76), kann nicht auf den früheren Verdienst abgestellt werden. Als versicherter Verdienst von Personen, die im Anschluss an eine Berufslehre, nach einer Scheidung, einer Erziehungsperiode etc. arbeitslos werden, gelten deshalb Pauschalansätze (V41). Von diesen Ansätzen werden jeweils 79,2 Prozent ausgezahlt.

Auch wenn Versicherte vor der Arbeitslosigkeit zwar mehr als sechs Monate gearbeitet haben, aber einen Lohn bezogen, der unter dem Pauschalansatz liegt (zum Beispiel Werkstudenten, Praktikanten), kann ihr Taggeld aufgrund des Pauschalansatzes berechnet werden. War dagegen der erzielte Lohn höher als der Pauschalansatz, ist auf den versicherten Verdienst abzustellen.

Die Höhe der Pauschalansätze richtet sich nach dem Ausbildungsstand. Wer ein Studium abgeschlossen hat, erhält mehr als derjenige, der eine Berufslehre absolviert hat. Am wenigsten erhalten die «Ungelernten».

Ein Hochschulabschluss, eine abgeschlossene Berufsausbildung muss mit Zeugnis, Diplom etc. bewiesen werden. Legen Sie diese Dokumente Ihrem Antrag auf Arbeitslosenentschädigung bei, sonst kann Ihr Taggeld nicht berechnet werden.

Noch komplizierter wird die Rechnung durch verschiedene Kürzungsregeln:
● Arbeitslose, die jünger als 25 sind, erhalten ein Taggeld auf der Basis von 50 Prozent des Pauschalansatzes.
● Die Pauschalansätze werden ebenfalls halbiert für Versicherte, die wegen «Schulausbildung, Umschulung oder Weiterbildung» oder im Anschluss an eine Berufslehre von der Beitragszeit befreit sind.
● Wer für Kinder zu sorgen hat, erhält immer 79,2 Prozent des vollen Pauschalansatzes.

Pauschalansätze, abgestuft nach Ausbildung

Fr. 153.–/Tag	für Personen mit Hochschulabschluss, mit Abschluss einer höheren technischen Lehranstalt (HTL), eines Lehrerseminars, einer höheren Wirtschafts- und Verwaltungsschule (HWV) oder mit gleichwertiger Ausbildung
Fr. 127.–/Tag	für Personen mit einer abgeschlossenen Berufslehre oder mit gleichwertiger Ausbildung an einer Fachschule oder einer ähnlichen Lehranstalt
Fr. 102.–/Tag	für alle übrigen Personen, die 20 Jahre alt oder älter sind
Fr. 40.–/Tag	für alle, die noch nicht 20 Jahre alt sind

Von diesen Pauschalansätzen werden immer nur 79,2 Prozent ausgezahlt!

● Leisten Versicherte im Anschluss an ihre berufliche Ausbildung Militär-, Zivil- oder Zivilschutzdienste von mindestens einem Monat, gelten die ungekürzten Pauschalansätze.
● Ungekürzte Pauschalansätze erhalten auch Personen, die im Anschluss an eine schulische Ausbildung während mindestens einem Monat eine vollzeitige unselbständige Erwerbstätigkeit zu einem berufs- und ortsüblichen Lohn ausgeübt haben. Es lohnt sich also, wenn Sie nach abgeschlossener Ausbildung zum Beispiel einen befristeten Job von ein, zwei Monaten annehmen, selbst in einem berufsfremden Bereich. Allerdings dürfen Sie diesen Job nicht einfach nach einem Monat hinschmeissen, sonst gibt's Einstelltage wegen selbstverschuldeter Arbeitslosigkeit. Hat eine solche unselbständige Erwerbstätigkeit mindestens sechs Monate gedauert, kommen die Pauschalansätze gar nicht mehr zur Anwendung, es sei denn, sie wären höher als der versicherte Verdienst.
● Für Arbeitslose nach dem Abschluss der Berufslehre ist der Lehrlings- oder Praktikumslohn massgebend, wenn er höher war als der Pauschalansatz.

Durchschnittliche Bruttoauszahlungen pro Monat

Ausbildung	unter 20 Jahren ohne Kind/mit Kind	20 – 24 Jahre ohne Kind/mit Kind	ab 25 Jahren
ohne Berufsabschluss – Matura – Abbruch der Ausbildung	Fr. 343.50/Fr. 687.–	Fr. 876.–/Fr. 1752.–	Fr. 1752.–
mit Berufsabschluss und Beitragszeit – Berufslehre – Berufsmatura	Fr. 1091.–/Fr. 2198.50	Fr. 1091.–/Fr. 2198.50	Fr. 2198.50.–
mit Berufsabschluss, ohne Beitragszeit zum Beispiel Handelsschule	Fr. 1091.–/Fr. 2198.50	Fr. 1091.–/Fr. 2198.50	Fr. 2198.50
Höhere Ausbildung abgeschlossen zum Beispiel HWV, HTL, Lehrerseminar, Uni		Fr. 1325.–/Fr. 2629.50	Fr. 2629.50

Ändern sich die Voraussetzungen für die Pauschalansätze – zum Beispiel weil jemand die Altersgrenze von 25 Jahren überschreitet –, so gilt der neue Pauschalansatz ab Beginn des folgenden Monats. Einige konkrete Beispiele sollen die komplizierte Regelung verständlich machen.

● **Gruppe 1, höhere Ausbildung:** Ansatz: Fr. 153.–/Tag, ausgezahlt werden 79,2 %

Fr. 121.20/Tag	– Heinz M., 26-jährig. Er hat sein Biologiestudium an der Uni abgeschlossen.
	– Peter K., 23-jährig. Der diplomierte Sozialarbeiter (höhere Fachschule) ist zwar noch nicht 25 Jahre alt, aber er hat nach dem Schulabschluss einen guten Monat lang 100 Prozent gearbeitet.
	– Rita L., 24-jährig. Sie hat die HWV abgeschlossen und ist Mutter eines Kindes.
Fr. 60.60	– Heidi B., 24-jährig. Sie ist kinderlos und hat soeben das Lehrerseminar abgeschlossen.

● **Gruppe 2, abgeschlossene Berufslehre:** Ansatz: Fr. 127.–/Tag, ausgezahlt werden 79,2 %

Fr. 100.60	– Monika K., 27-jährig. Sie hat eine Berufslehre als Schneiderin abgeschlossen.
	– Peter O., 20-jährig. Er hat im Anschluss an die Lehre die RS gemacht und geht jetzt stempeln.
Fr. 50.30	– Emil P., 21-jährig. Er muss nicht für Kinder sorgen und hat soeben die Berufslehre abgeschlossen.

● **Gruppe 3, Ungelernte:** Ansatz: Fr. 102.– beziehungsweise Fr. 40.–/Tag, ausgezahlt werden 79,2 %

Das volle Taggeld von Fr. 80.80 erhalten diese Arbeitslosen, wenn sie mindestens 25-jährig sind oder im Alter zwischen 20 und 25 ein Kind unterstützen müssen. Haben Ungelernte zwischen 20 und 25 keine Kinder, wird noch die Hälfte (Fr. 40.40 pro Tag) bezahlt. Wer jünger ist als 20 Jahre und auch nicht für Kinder zu sorgen hat, kriegt nur die Hälfte von 79,2 Prozent von Fr. 40.–. Das macht ganze Fr. 15.85 pro Arbeitstag. Zieht man davon die Sozialversicherungsbeiträge ab, kommt man auf etwas über 14 Franken oder gut 300 Franken pro Monat.

Nur selten wird der versicherte Verdienst neu berechnet

Der versicherte Verdienst bleibt während der Rahmenfrist für den Leistungsbezug (zwei Jahre) im Prinzip unverändert. Wer innerhalb der Rahmenfrist eine Stelle findet und wieder arbeitslos wird, erhält das gleiche Taggeld wie nach der ersten Arbeitslosigkeit. Geändert wird die Berechnung in folgenden Fällen:
- Wenn ein Arbeitsloser während mindestens sechs Monaten eine Beschäftigung zu einem höheren Lohn ausgeübt hat und dann innert der ersten Rahmenfrist erneut arbeitslos wird, gilt der neue Lohn (V37 Abs. 4).
- Für Personen, deren Taggeld aufgrund von Pauschalansätzen berechnet wurde, muss der versicherte Verdienst dann neu festgelegt werden, wenn sie vor oder nach Beginn der Arbeitslosigkeit sechs Beitragsmonate nachweisen können. Dabei braucht es sich nicht unbedingt um eine ununterbrochene Tätigkeit zu handeln; mehrere temporäre Einsätze können zusammengezählt werden. Das Taggeld wird aber nur neu berechnet, wenn der versicherte Verdienst höher ausfällt als der Pauschalansatz.
- Neu berechnet wird der versicherte Verdienst auch, wenn sich der Grad der Vermittlungsfähigkeit ändert. Eine arbeitslose Sekretärin – sie arbeitete früher ganztags – ist beispielsweise wegen einer Krankheit nur zu 50 Prozent arbeitsfähig und sucht deshalb eine Halbtagsstelle. Als sie vom Arzt gesundgeschrieben wird, will sie wieder eine volle Stelle suchen. Ihr versicherter Verdienst wird verdoppelt.

Wie lange erhalte ich Taggeld?

Am 1. Januar 1997 ist eine neue Regelung in Kraft getreten (G27). Während Arbeitslose unter 50 Jahren bis Ende 1996 wesentlich länger passiv Taggelder beziehen konnten, gilt ab 1997 ein neues Aktivierungskonzept: Ein passiver Bezug von Taggeldern ist insbesondere für jüngere Arbeitslose nur noch während einer beschränkten Zeit möglich.

Zuerst zum Fall, dass ein Arbeitsloser erstmals nach dem 1. Januar 1997 arbeitslos wird. Er kann je nach Alter folgende maximale Anzahl von so genannten *normalen Taggeldern* beziehen:

150 Taggelder = 30 Wochen	bis zum 50. Geburtstag
250 Taggelder = 50 Wochen	ab dem vollendeten 50. Altersjahr
400 Taggelder = 80 Wochen	ab dem 60. Geburtstag
520 Taggelder = 104 Wochen	Bezüger einer Rente der IV oder der obligatorischen Unfallversicherung oder Antragsteller für eine solche (wenn der Antrag nicht aussichtslos erscheint)

Wenn Sie während des Taggeldbezugs (oder bei einer IV-Anmeldung, die nicht aussichtslos ist) eine neue Altersstufe erreichen, erhöht sich Ihr altersabhängiger Anspruch auf Beginn des folgenden Monats.

Insgesamt können Arbeitslose während zwei Jahren Taggeld beziehen. Sind die normalen Taggelder aufgebraucht, erhalten sie so genannte *besondere Taggelder* – aber nur, wenn sie an einer arbeitsmarktlichen Massnahme (→ Seite 159) teilnehmen. Diese besonderen Taggelder werden gleich berechnet wie die normalen.

Die neue Regelung geht vom Gedanken aus, dass es immer schwieriger wird Arbeit zu finden, je länger jemand stempelt. Die Kantone haben vom Bund den Auftrag, Beschäftigungsprogramme zu schaffen, mit denen die Arbeitslosen im Erwerbsprozess gehalten werden können. Dieser Gedanke ist sicher richtig; das Problem besteht aber darin, dass die Kantone diese Arbeitsplätze noch gar nicht alle schaffen konnten. Mit ein Grund: Es gibt zu wenig Personal, um solche Projekte auf die Beine zu stellen! Und ist das Plansoll einmal erreicht, werden es immer noch zu wenig Programmplätze sein, weil zurzeit die Arbeitslosenrate gut 50 Prozent über den Prognosen liegt. Auch in Zukunft wird nur ein kleiner Teil der Arbeitslosen an solchen Programmen teilnehmen können.

Die Arbeitslosen haben aber – vorausgesetzt, sie sind bereit an arbeitsmarktlichen Massnahmen teilzunehmen – einen Anspruch auf die besonderen Taggelder. Wenn die kantonalen Stellen ihnen nach Bezug der normalen Taggelder keine Plätze in Beschäftigungs- oder Ausbildungsprogrammen vermitteln können, müssen die besonderen Taggelder trotzdem bezahlt werden. Der Kanton muss sich an diesen Taggeldern beteiligen (→ Seite 174).

Wenn Sie schon vor Ablauf der normalen Taggelder an einer arbeitsmarktlichen Massnahme teilnehmen und zum Beispiel eine Ausbildung beginnen, erhalten Sie während dieser Zeit Geld aus dem Topf «besondere Taggelder». Sind Sie nach der Ausbildung noch immer arbeitslos, können Sie die restlichen normalen Taggelder beziehen.

Die zweijährige Frist, während der Leistungen der Arbeitslosenversicherung bezogen werden können, beginnt mit dem ersten Tag, für den sämtliche Anspruchsvoraussetzungen erfüllt sind. Diese Rahmenfrist wird von der Arbeitslosenkasse festgelegt und darf nach der ersten Auszahlung von Taggeldern nicht mehr verschoben werden. Nach Ablauf der zwei Jahre erhält man keine Taggelder mehr, doch es gibt (wen wundert's) Ausnahmen. Die Rahmenfrist wird verlängert:
● von 24 auf 48 Monate wenn Versicherte nach dem Bezug besonderer Taggelder eine selbständige Tätigkeit aufnehmen (→ Seite 179).
● von 24 auf maximal 48 Monate für Versicherte, welche nach dem Bezug Ausbildungszuschüsse erhalten (→ Seite 169).
● von 24 auf 30 Monate für Versicherte, welche innerhalb der letzten 2¹/₂ Jahre vor Erreichen des AHV-Alters arbeitslos geworden sind. Sie erhalten zuerst 400 normale, dann 120 besondere, total also 520 Taggelder (zwei Jahre). Anschliessend wird ihnen eine sechsmonatige Verlängerung der Rahmenfrist geschenkt, in der sie passive, normale Taggelder beziehen können (→ Seite 187).

In der Regel fällt der Beginn der Rahmenfrist mit der erstmaligen Meldung beim Arbeitsamt oder RAV und dem ersten Stempeltag zusammen. Fällt dagegen der erste Ausfalltag auf einen entschädigungsberechtigten Feiertag, so beginnt die Rahmenfrist bereits ab diesem Tag zu laufen, sofern sich der Versicherte am nächstmöglichen Arbeitstag zur Arbeitsvermittlung meldet.

Übergangsregeln

Bei Einführung des neuen Taggeldregimes am 1. Januar 1997 mussten gegen 200 000 Arbeitslose «übernommen» werden, die bereits Taggelder bezogen hatten. Wie wirkt sich die neue Regelung auf ihre Ansprüche aus? Grundsatz: Ab dem 1. Januar 1997 gilt das neue Recht für alle, unabhängig davon, ob der erste Stempeltag weiter zurückliegt. Unterschieden werden drei Personengruppen:
● Wer bis zum 31. Dezember 1996 seine Taggelder nach neuem Recht noch nicht ausgeschöpft hat, erhält zuerst die restlichen normalen, dann

besondere Taggelder. Die zweijährige Rahmenfrist läuft ab dem ersten Stempeltag.
- Wer bis Ende 1996 bereits mehr Taggelder bezogen hat, als ihm aufgrund seines Alters nach neuem Recht zustehen, kann nur noch besondere Taggelder beziehen, und zwar wiederum bis zum Ablauf der Rahmenfrist für den Leistungsbezug.
- Wer die Höchstzahl der Taggelder nach altem Recht bis am 31. Dezember 1996 bereits ausgeschöpft hat, kann sich weiterhin beim Arbeitsamt melden, wenn seine Rahmenfrist für den Leistungsbezug noch nicht ausgeschöpft ist. Er kann an einer arbeitsmarktlichen Massnahme teilnehmen und bis zwei Jahre nach dem ersten Stempeltag besondere Taggelder beziehen.

Hans K. ist 45-jährig. Nach altem Recht hätte er Anspruch auf 400 Taggelder gehabt, nach neuem sind es bloss noch 150 Taggelder. 200 hat er bis zum 1. Januar 1997 schon bezogen. Hans K. wird sich an arbeitsmarktlichen Massnahmen beteiligen müssen, um weiter Geld zu erhalten. Nur wenn ihm das Arbeitsamt keine solchen Stellen offerieren kann, erhält er bis zum Ablauf der zweijährigen Bezugsdauer die besonderen Stempelgelder ohne aktives Bemühen.

Das Wichtigste in Kürze

- Wenn's um das Taggeld geht, lohnt es sich besonders, dass Sie alle wichtigen Unterlagen (Lohnabrechnungen, Belege für Gratifikation, Pauschalspesen etc.) aufbewahrt und die Formulare sorgfältig ausgefüllt haben. So haben Sie die nötigen Belege, um die Abrechnung der Arbeitslosenkasse zu prüfen.

- Schauen Sie die Taggeldabrechnung genau an; auch die Kasse kann sich irren! Die Kassen müssen übrigens erklären können, wie sie das Taggeld festsetzen. Notfalls helfen Ihnen die Beratungsstellen (Adressen → Seite 289) beim Verstehen einer komplizierten Taggeldabrechnung.

- Verlangen Sie, wenn Sie besser wegkommen, eine Berechnung aufgrund der letzten sechs oder zwölf Monate.

- Die Arbeitslosenkasse können Sie innerhalb des Kantons selber wählen. Fragen Sie, welche Kasse speditiv auszahlt und ohne grosse Probleme Vorschuss gewährt.

- Haben Sie nach Abschluss der Ausbildung keine Stelle in Aussicht? Es lohnt sich, einen Job für mindestens einen Monat anzunehmen – auch auf einem berufsfremden Gebiet. So erhalten Sie anschliessend den ungekürzten Pauschalansatz.

10.
Warten auf das Geld

In Zeiten der leeren Kassen lässt man die Arbeitslosen warten. Nicht nur Zinsen werden so gespart; gespart wird auch, indem ein oder mehrere Tage der Arbeitslosigkeit gar nicht vergütet werden. Während diesen Wartezeiten müssen Sie alle Voraussetzungen für einen Leistungsbezug erfüllen: Sie müssen also vermittlungsfähig sein, einen anrechenbaren Arbeitsausfall haben, Arbeitsbemühungen nachweisen, die Kontrollvorschriften einhalten...

Die allgemeine Wartefrist: fünf Tage

Wer glaubt, der letzte Lohn des Arbeitgebers gehe nahtlos in die Stempelgelder über, täuscht sich. Um das unglaublich hohe Defizit der Arbeitslosenversicherung zu dezimieren, kam der Gesetzgeber schon vor Jahren auf die Idee, allen Arbeitslosen eine allgemeine Wartezeit von fünf Arbeitstagen aufzubrummen (G18 und V6a). Während einer Woche stempeln Sie, ohne dafür eine Entschädigung zu erhalten. Die Arbeitslosigkeit beginnt also erst einmal mit einem Loch im Portemonnaie. Immerhin müssen Sie diese Wartefrist innerhalb der Rahmenfrist für den Leistungsbezug nur einmal «absitzen». Wenn Sie zwischendurch für einige Monate Arbeit finden und dann wieder stempeln, erhalten Sie das Taggeld sofort ab der neuen Anmeldung.

Es gibt jedoch auch Ausnahmen von der allgemeinen Wartefrist: Wer vorher eine Vollzeitstelle hatte, bei der er weniger als 3000 Franken verdiente, muss die fünf Tage nicht abwarten. Arbeitete jemand zu 50 Prozent, liegt die Grenze bei 1500 Franken. Der Grenzbetrag von 3000 Franken für eine Vollbeschäftigung erhöht sich für das erste Kind um 1000 Franken, für jedes weitere um 500 Franken.

Und die Ausnahme von der Ausnahme: Wer von der Beitragspflicht befreit ist (→ Seite 76), wer also seine Entschädigung gestützt auf Pauschalansätze je nach Ausbildung erhält, muss die allgemeine Wartefrist immer bestehen. Wenn man sich vorstellt, wie kompliziert solche Lösungen sind, wenn man sich überlegt, wie viele tausend Stunden Beamte Wartezeiten ausrechnen, dann drängt sich die Frage auf, ob es nicht brauchbare Sparmöglichkeiten gäbe, die einfacher zu handhaben wären.

Das besondere Warten

Neben der allgemeinen Wartefrist gibt es die besonderen Wartefristen, die einen, fünf oder 120 Tage dauern (V6). Es handelt sich dabei jeweils um Arbeits-, nicht um Kalendertage; 120 Tage bedeutet also fast sechs Monate. Diese Tage müssen zusätzlich zur allgemeinen Wartefrist abgewartet werden und auch hier gilt: Während der gesamten Wartezeit müssen Sie stempeln mit allem Drum und Dran. Ob Sie eine solche besondere Wartefrist zu bestehen haben, hängt von mehreren Kriterien ab: vom Alter, von der Unterstützungspflicht gegenüber Kindern, vom Ausbildungsstand und vom Grund für die Befreiung von der Beitragspflicht

● **120 Wartetage:** Wer von der Beitragspflicht befreit ist, weil er soeben seine Schulausbildung, eine Umschulung oder Weiterbildung abgeschlossen hat, muss 120 Tage warten, wenn er weniger als 25 Jahre alt ist, keine Unterstützungspflichten gegenüber Kindern hat und über keinen Berufsabschluss verfügt.

Dasselbe gilt auch, wenn Versicherte sich auf verschiedene Befreiungsgründe berufen und einer davon «Schulausbildung, Umschulung oder Weiterbildung» ist. Beispiel: Ein Arbeitsloser besuchte sechs Monate lang eine Schule und war nachher sieben Monate krank oder neun Monate im Gefängnis.

Auch diese neue Regelung wurde eingeführt, um die Arbeitslosenkasse zu schonen. Sie trifft insbesondere Jugendliche, die nach Erfüllen der obligatorischen Schulpflicht von der Schule abgehen, sowie Maturandinnen und Maturanden, aber auch Studentinnen und Studenten ohne Abschluss oder Absolventen einer beruflichen Grundausbildung an einer Schule ohne Diplom.

Maturanden und Studenten ohne Berufs- beziehungsweise Hochschulabschluss können nicht von den 120 Wartetagen befreit werden; auch eine arbeitsmarktliche Massnahme ist also erst nach insgesamt 125 Wartetagen möglich. Schulabgänger nach der obligatorischen Schulpflicht dagegen können an einem Beschäftigungsprogramm teilnehmen, und während dieser Zeit werden ihnen die Wartetage erlassen. Die schlecht ausgebildeten jungen Leute sollen damit motiviert werden eine Berufsausbildung zu machen und sich über ihren zukünftigen Berufsweg klar zu werden. Während das Beschäftigungsprogramm (Motivationssemester → Seite 175) läuft, erhalten sie ein Taschengeld von monatlich 450 Franken (G14 Abs. 5bis und V97b)

● **5 Tage Wartezeit:** Alle übrigen Versicherten, die ihren Anspruch mit einem Befreiungsgrund geltend machen (→ Seite 76), müssen fünf besondere, insgesamt also zehn Wartetage absitzen. Lehrabgänger und Versicherte mit Berufsmatura können von diesen fünf besonderen Wartetagen allerdings befreit werden, wenn sie an aktiven arbeitsmarktlichen Massnahmen (Kurs, Beschäftigungsprogramm etc.) teilnehmen.

● **1 Tag Wartezeit:** Dieser eine zusätzliche Wartetag wird all den Arbeitslosen aufgebrummt, die in kurzen, häufig wechselnden Arbeitseinsätzen tätig sind. Und zwar muss dieser Tag nach jedem Einsatz abgewartet werden; allerdings pro Monat (Kontrollperiode) nur einmal. Betroffen sind:

– Saisonniers, also Versicherte die ausdrücklich ein auf die Saison begrenztes Arbeitsverhältnis eingegangen sind oder deren Arbeitsverhältnis nach Art und Dauer einer Saisonanstellung gleich kommt
– Angehörige von Berufen mit häufig wechselnden oder befristeten Anstellungen, also Musiker, Schauspieler, Journalisten, künstlerische Mitarbeiter bei Radio, TV oder Film, Akkordanten

Die besonderen Wartefristen

	120 besondere Wartetage	5 besondere Wartetage	1 besonderer Wartetag
Wer?	Schulabgänger, Maturanden, Studenten ohne Abschluss, die von Beitragspflicht befreit und jünger als 25 Jahre sind, keine Kinder und keine Berufsausbildung haben	Versicherte, die aus anderen Gründen von der Beitragspflicht befreit sind	Versicherte mit Saisontätigkeit und Angehörige von Berufen mit häufig wechselnden Anstellungen
Ausnahmen	Aufschub der Wartetage für Schulabgänger, die an einem Beschäftigungsprogramm teilnehmen	Befreiung bei Teilnahme an arbeitsmarktlichen Massnahmen	Befreiung für Versicherte, die aus wirtschaftlichen Gründen vorzeitig entlassen werden oder deren Arbeitsverhältnis mehr als ein Jahr dauerte

– Unter gewissen Voraussetzungen entfällt der eine Wartetag: So vor allem, wenn das Arbeitsverhältnis mindestens ein Jahr gedauert hat oder wenn es aus wirtschaftlichen Gründen vorzeitig aufgelöst wurde.

Ändern sich die Umstände, wird die Wartefrist nur dann neu berechnet, wenn das für die Versicherten günstiger ist, ein Beispiel:
Ein 21-jähriger Student wird nach 40 Tagen Wartefrist Vater und fällt damit aus der Kategorie «120 Tage». Er erhält sofort nach der Geburt des Kindes Arbeitslosengeld.

Warten auf die Auszahlung

Es klappt selten mit dem reibungslosen Übergang vom Arbeitslohn zum Stempelgeld. Ist die Anspruchsberechtigung vollständig abgeklärt, besteht aber immerhin ein Anspruch auf einen Vorschuss, den Sie bei der Arbeitslosenkasse – nicht beim Arbeitsamt oder RAV – verlangen können.

Oft ergeben sich aber Verzögerungen in der Auszahlung dadurch, dass die Kasse nicht alle Unterlagen erhält. Kümmern Sie sich selber darum, dass rasch alle nötigen Dokumente beisammen sind. Recht häufig kommt es beispielsweise vor, dass Arbeitgeber das Formular über Ihren früheren Lohn (Arbeitgeberbescheinigung) nicht ausgefüllt zurückschicken. Manchmal hilft hier schon ein höfliches telefonisches Nachfragen. Ist es aber gegen Ende des Arbeitsverhältnisses zu grösseren Differenzen mit dem Arbeitgeber gekommen oder sind Sie einem Formular-Faulpelz ausgeliefert, sodass gutes Zureden nichts hilft, dann nehmen Sie am besten mit dem Arbeitsamt Kontakt auf. Dieses hilft Ihnen notfalls auch eine Strafanzeige einzureichen. Denn Ihr Arbeitgeber ist verpflichtet das Formular auszufüllen und kann, wenn er seine Auskunftspflicht verletzt, mit einer Busse bis zu 5000 Franken bestraft werden.

Kann Ihr Anspruch aus solchen Gründen nicht abgeklärt werden, sollten Sie nach einem Vorschuss rufen. Vorschüsse werden schon auf mündliches Gesuch hin ausgerichtet; sie müssen gewährt werden, wenn
– Sie Ihren Antrag auf Arbeitslosenentschädigung gestellt haben,
– feststeht oder wahrscheinlich ist, dass Sie die Beitragszeit erfüllt haben,
– Sie glaubhaft machen, dass Sie auf den Vorschuss angewiesen sind, und

– keine der allgemeinen Anspruchsvoraussetzungen (Wohnsitz in der Schweiz, Alter etc.) für den Taggeldbezug offensichtlich fehlt.

Der Vorschuss richtet sich nach dem Bedarf, beträgt aber höchstens 80 Prozent des geschätzten Taggelds für die bereits gestempelten Tage.

Das Wichtigste in Kürze

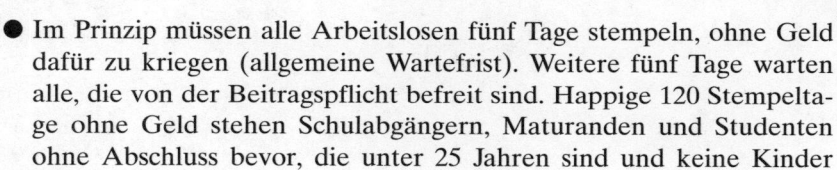

- Im Prinzip müssen alle Arbeitslosen fünf Tage stempeln, ohne Geld dafür zu kriegen (allgemeine Wartefrist). Weitere fünf Tage warten alle, die von der Beitragspflicht befreit sind. Happige 120 Stempeltage ohne Geld stehen Schulabgängern, Maturanden und Studenten ohne Abschluss bevor, die unter 25 Jahren sind und keine Kinder haben.

- Wenn Sie besondere Wartezeiten zu bestehen haben, lohnt es sich, genau zu prüfen, ob diese richtig berechnet wurde.

- Geld erhalten Sie erst, wenn Ihr Anspruch klar festgestellt ist. Achten Sie deshalb darauf, dass alle nötigen Unterlagen rechtzeitig beim Arbeitsamt oder RAV sind. Die Arbeitgeberbescheinigung lassen Sie wenn möglich am besten noch während der Kündigungsfrist ausfüllen. Wenn Ihr Arbeitgeber die Bescheinigung nicht ausfüllt, hilft Ihnen die zuständige Stelle.

- Wenn Sie auf Ihr Taggeld warten müssen, obwohl Ihre Anspruchsberechtigung feststeht, haben Sie Anspruch auf einen Vorschuss.

11.
Als Arbeitslose arbeiten – der Zwischenverdienst

Der Zwischenverdienst ist eine Tätigkeit, die Sie während der Arbeitslosigkeit ausüben und die Ihnen einen Lohn einbringt, der tiefer liegt als die Ihnen zustehende Arbeitslosenentschädigung. Diese Tätigkeit müssen Sie innert vernünftiger Frist zugunsten einer zumutbaren Arbeit aufgeben können. Als Zwischenverdienst denkbar sind stunden- oder tageweise Arbeitseinsätze, aber auch unbefristete Teilzeit- oder Vollzeitbeschäftigungen mit provisorischem Charakter. Ein Beispiel:
Hanna B. verdiente früher als Sekretärin 4500 Franken im Monat. Als Arbeitslose kann sie einer Freundin halbtags im Café aushelfen und verdient dabei 1600 Franken.

Auch eine selbständige Erwerbstätigkeit kann als Zwischenverdienst abgerechnet werden, wenn sie nur aufgenommen wird als Überbrückung, bis eine neue Stelle gefunden ist.

Wenn Sie einen Zwischenverdienst erzielen, erhalten Sie von der Arbeitslosenkasse so genannte Kompensationszahlungen; das sind je nach Situation (→ Seite 116) knapp 70 beziehungsweise 80 Prozent der Differenz zwischen dem Zwischenverdienst und Ihrem versicherten Verdienst. Sie erhalten also mehr Geld, als wenn Sie bloss Taggelder beziehen würden.

Arbeitslose, die einem Zwischenverdienst nachgehen, müssen weiter alle Voraussetzungen für den Anspruch auf Taggeld erfüllen (→ Seite 69) und alle Kontrollvorschriften einhalten. Wer eine Vollzeitarbeit hat, muss beispielsweise einmal pro Monat auf dem Arbeitsamt oder RAV vorbeigehen.

Was gilt als Zwischenverdienst?

Von einem Zwischenverdienst (G24 und V41a) spricht man wie erwähnt nur dann, wenn der Lohn für eine Arbeit *tiefer* ist als die Arbeitslosenentschädigung. Wer ein Einkommen erzielt, das höher ist als das Taggeld, hat eine zumutbare Stelle angetreten und gilt folglich nicht mehr als arbeitslos. Auch wenn dieses Einkommen tiefer ist als der frühere Lohn, spielt das keine Rolle. Die Differenz zum früheren Lohn wird von keiner Versicherung ausgeglichen. Entscheidend für die Frage, ob Sie einem Zwischenverdienst nachgehen oder eine zumutbare Stelle angenommen haben, ist nur der Vergleich zwischen dem Bruttotagesverdienst aus Zwischenerwerb und dem Bruttotaggeld der Arbeitslosenversicherung: Sobald der Tagesverdienst gleich hoch ist wie das Taggeld, haben Sie eine zumutbare Stelle angetreten und erhalten nichts mehr von der Arbeitslosenkasse. Oder anders gesagt: Zumutbar ist eine Tätigkeit, bei der Sie knapp 70 beziehungsweise 80 Prozent Ihres früheren Lohnes verdienen. Nicht als zumutbar gelten allerdings mehrere Teilzeitstellen, auch wenn sie zusammen einen höheren Lohn ergeben, als das aus einer Ganztagesarbeit errechnete Taggeld (SVR ALV Nr. 20). Die Zumutbarkeit wird immer für jedes einzelne Arbeitsverhältnis beurteilt.

Kein Anspruch auf Kompensationszahlungen besteht, wenn ein Arbeitsloser sein bisheriges Arbeitsverhältnis beim selben Arbeitgeber – allenfalls nach einem Unterbruch – zu einem tieferen Lohn fortsetzt. Die Arbeitslosenversicherung toleriert solche Lohnmanipulationen zu Recht nicht: Erst die Mitarbeiter entlassen und sie dann als billige Arbeitskraft wieder einstellen? Der Arbeitgeber soll sich nicht auf Kosten der Arbeitslosenversicherung sanieren können. Ausnahme: Für Zwischenverdienststellen beim früheren Arbeitgeber besteht dann ein Anspruch auf Kompensationszahlung, wenn das Arbeitsverhältnis während mindestens einem Jahr unterbrochen war oder wenn sich der Verdienstausfall ausschliesslich aus der reduzierten Arbeitszeit ergibt.

Ein Nebenjob, den ein Versicherter schon vor seiner Arbeitslosigkeit hatte und den er jetzt im gleichen Rahmen weiterführt, gilt nicht als Zwischenverdienst. Dehnt er aber diesen Nebenjob während der Arbeitslosigkeit aus, ist der Mehrverdienst als Zwischenverdienst anzurechnen. Ein Beispiel:

Rita K. hat schon immer einen Abend pro Woche in einem Fitnessstudio ausgeholfen. Als sie arbeitslos wird, kann sie zusätzlich zwei freie Tage der Kollegin übernehmen. Dieser Zusatzerwerb gilt als Zwischenverdienst.

Eine *selbständige Tätigkeit* kann dann als Zwischenverdienst angerechnet werden, wenn die folgenden Bedingungen alle erfüllt sind:
● Die selbständige Erwerbstätigkeit ist nicht «zumutbar» (Einkommen niedriger als Taggeld).

● Die selbständige Erwerbstätigkeit wurde aufgenommen, um Arbeitslosigkeit zu verhindern. Das heisst, der Versicherte muss das Selbständigsein als vorübergehende Episode, bis er eine zumutbare Arbeit findet, ansehen. Ist die Selbständigkeit auf Dauer angelegt, gelten besondere Regeln (→ Seite 179).
● Die selbständige Tätigkeit ist ein Notbehelf, weil keine zumutbare Arbeit da ist.
● Der Arbeitslose muss vermittlungsfähig sein und weiter zumutbare unselbständige Arbeit suchen.

Schliesslich gibt es noch einen Sonderfall: Leistet ein Arbeitsloser *Militär- oder Zivilschutzdienst* und ist seine Erwerbsausfallsentschädigung geringer als das Arbeitslosentaggeld, so zahlt ihm die Arbeitslosenversicherung die Differenz (→ Seite 217). Diese Regelung gilt jedoch nicht für die Rekrutenschule und für Beförderungsdienste. Immer diese vielen Ausnahmen...

Wie wird die Kompensationszahlung berechnet?

Ausgangsbasis ist der versicherte Verdienst (100 Prozent). Davon wird das Einkommen aus dem Zwischenverdienst abgezogen; von der Differenz zahlt die Arbeitslosenversicherung als so genannte *Kompensationszahlung* knapp 70 beziehungsweise 80 Prozent. Dies unter der Voraussetzung, dass der Zwischenverdienst einem orts- und branchenüblichen Lohn entspricht (→ Seite 141). Ein Beispiel zur Berechnung der Kompensationszahlung:

Patrick M., 25-jährig und kinderlos, hat einen versicherten Verdienst von 2866 Franken. Ohne Zwischenverdienst erhält er 79,2 Prozent davon als Taggeld (sein Taggeld liegt unter Fr. 128.70, → Seite 116), das sind rund 2270 Franken pro Monat.

Erzielt Patrick M. einen Zwischenverdienst, sieht die Rechnung folgendermassen aus:

Versicherter Verdienst	*Fr. 2866.–*
Zwischenverdienst	*Fr. 600.–*
Restlicher Verdienstausfall	*Fr. 2266.–*
Kompensationszahlung 79,2 %	*Fr. 1794.65*

Patrick M. erzielt also ein Monatseinkommen von knapp 2395 Franken (Zwischenverdienst plus Kompensationszahlung).
Dies die Berechnung nach Gesetz; die Arbeitslosenkassen rechnen allerdings leicht anders: Sie bestimmen, wie vielen versicherten Tagesverdiensten (zu 100 Prozent) der Zwischenverdienst entspricht, und zahlen für die restlichen entschädigungsberechtigten Tage des Monats knapp 70 beziehungsweise 80 Prozent des Tagesverdienstes aus (Beispiel → Seite 269). Die Versicherten kommen dadurch nicht schlechter weg.

Die Zwischenverdienstregelung ist zeitlich begrenzt. Als Grundsatz gilt: Arbeitslose können während maximal zwölf Monaten Kompensationszahlungen zu einem Zwischenverdienst erhalten. Anschliessend sind nur noch so genannte *Differenzzahlungen* möglich; das ist ein Ausgleich zwischen dem Zwischenverdienst und der üblichen monatlichen Arbeitslosenentschädigung. Im obigen Beispiel bedeutet das:
Patrick M. hat bereits zwölf Monate einen Zwischenverdienst erzielt und Kompensationszahlungen bezogen. Nun erhält er bloss noch eine Differenzzahlung, also die Differenz zwischen dem Zwischenverdienst und dem üblichen monatlichen Taggeld:

Versicherter Verdienst	*Fr. 2866.–*
Übliches Taggeld 79,2 % davon	*Fr. 2269.90*
Zwischenverdienst	*Fr. 600.–*
Differenzzahlung	*Fr. 1669.90*

Patrick M. erhält also rund 125 Franken weniger.
Wer allerdings Unterhaltspflichten gegenüber Kindern hat, über 45 Jahre alt ist oder bei einem Programm zur vorübergehenden Beschäftigung mitmacht, erhält während maximal zwei Jahren Kompensationszahlungen.

Was nützt mir ein Zwischenverdienst?

Mit einem Zwischenverdienst tragen Sie zur Schonung der schwer geprüften Kasse der Arbeitslosenversicherung bei. Wichtiger aber ist: Am Monatsende haben Sie mehr Geld im Portemonnaie. Um eine an sich unzumutbare Arbeit interessant zu machen, lockt die Arbeitslosenversicherung mit finanziellen Vorteilen: Sie können einerseits den Zwischenverdienst einstecken und erhalten zusätzlich knapp 70 beziehungsweise 80 Prozent der Differenz zum versicherten Verdienst als Stempelgeld (Berechnungsbeispiel siehe oben).

Ein weiterer Vorteil: Mit einem Zwischenverdienst können Sie neue Beitragszeiten für zukünftige Arbeitslosigkeit sammeln (allerdings nicht bei einer selbständigen Erwerbstätigkeit, da Sie dann keine Beiträge an die Arbeitslosenversicherung abliefern). Allein schon deswegen lohnt es sich, einen Zwischenverdienst anzunehmen. Wer während sechs Monaten einen Zwischenverdienst erzielt, kann sich sechs Beitragsmonate gutschreiben lassen (ab 1998 braucht es allerdings zwölf Beitragsmonate, damit eine neue Rahmenfrist eröffnet wird). Dabei kommt es nicht drauf an, wie viele Tage pro Monat jemand gearbeitet hat, ob der Einsatz regelmässig oder unregelmässig war, ob stunden- oder tageweise, teil- oder vollzeitlich gearbeitet wurde. Ganz wichtig ist deshalb, dass der Arbeitgeber die Dauer des Arbeitsverhältnisses genau bescheinigt. Jeder Kalendermonat *innerhalb* eines Arbeitsverhältnisses, in dem gearbeitet wurde, gilt als Beitragsmonat; Kalendermonate ohne Einsatz fallen ausser Betracht. Ein Beispiel:

Walter P. war gemäss der Bescheinigung seines Arbeitgebers vom 1. Juli 1996 bis zum 1. Januar 1997 für die Firma S. tätig, und zwar in folgenden unregelmässigen Einsätzen:

Juli 1996	*4 Tage*
August 1996	*20 Stunden*
September 1996	*kein Einsatz*
Oktober 1996	*10 Tage*
November 1996	*20 Tage*
Dezember 1996	*5 Stunden*
Januar 1997	*1 Tag*

Walter P. hat mit diesen Einsätzen sechs Beitragsmonate erarbeitet.

Als versicherter Verdienst für die neue Rahmenfrist gelten der Zwischenverdienst *und* die Kompensationszahlung der Arbeitslosenversicherung. Der neue versicherte Verdienst von Patrick M. (→ Seite 137) würde also 2395 Franken betragen, und nicht bloss die 600 Franken, die er tatsächlich selber verdient hat. Dies ist eigentlich systemwidrig, weil von der Kompensationszahlung keine ALV-Beiträge abgezogen werden. Gemäss einer seit Januar 1997 gültigen Verordnungsbestimmung muss Ihr Zwischenverdienst allerdings mindestens 500 Franken im Monatsdurchschnitt betragen, damit er an die Beitragspflicht angerechnet wird.

Schliesslich hilft der Zwischenverdienst Ihnen auch, gerade eine längere Arbeitslosigkeit besser zu bewältigen. Sie sind immer noch im

Arbeitsprozess eingebunden, und das stärkt das Selbstbewusstsein und trägt zum psychischen Gleichgewicht bei. Auch bleibt Ihre berufliche Qualifikation eher erhalten, und beim Suchen einer neuen Arbeitsstelle können Sie eventuell ein «ungekündigtes» Arbeitsverhältnis vorweisen – allemal die bessere Ausgangslage. Vielleicht auch besteht bei beidseitiger Zufriedenheit die Möglichkeit, einen Zwischenverdienst in eine Dauerstelle zu einem angemessenen Lohn umzuwandeln.

Worauf muss ich beim Zwischenverdienst achten?

Immer häufiger werden den Arbeitslosen heute Zwischenverdienste zugewiesen. Solche Zuweisungen von an sich unzumutbarer Arbeit sind dann zumutbar, wenn

- für die Tätigkeit orts- oder branchenüblicher Lohn bezahlt wird.
- der Zwischenverdienst angemessen auf die Fähigkeiten oder die bisherige Tätigkeit des Versicherten Rücksicht nimmt und seine Wiederbeschäftigung im bisherigen Beruf nicht wesentlich erschwert.
- der tägliche Arbeitsweg nicht mehr als vier Stunden insgesamt beträgt (Kritik an dieser Bedingung → Seite 100).
- die Arbeitslosenversicherung die Differenz zwischen Zwischenverdienst und versichertem Verdienst mit knapp 70 beziehungsweise 80 Prozent ausgleicht.

Das heisst, fast jeder Zwischenverdienst ist vorerst zumutbar; zumindest für die zwölf Monate, während denen die Arbeitslosenkasse die Kompensationszahlungen leistet. Damit alles richtig abläuft, sollten Sie folgende Punkte beachten:

- Einen Zwischenverdienst müssen Sie immer der zuständigen Amtsstelle *melden*. Dies gilt für jedes noch so kleine Einkommen. Ein Einkommen, das Sie nicht melden, gilt als Schwarzarbeit – und die wird streng bestraft. Auf der Rückseite Ihrer Stempelkarte müssen Sie genau angeben, für wen und während welcher Zeiten Sie arbeiten.
- Der Arbeitgeber muss das *Formular «Zwischenverdienst» ausfüllen* und jedes Monatsende an die Arbeitslosenkasse schicken. Erst wenn dieser «Fackel» ausgefüllt zurückkommt, kann Ihr Taggeld berechnet werden. Leider sind sich viele Arbeitgeber dessen nicht bewusst, sodass Zwischenverdienste immer wieder zu verspäteter Auszahlung des Taggelds führen. Machen Sie Ihren Arbeitgeber auf dieses Problem aufmerksam.

● Auch während Sie einen Zwischenverdienst erzielen, müssen Sie Ihre Kontrollpflichten erfüllen und *vermittlungsfähig bleiben.* Das bedeutet auch, dass Sie weiterhin Arbeitsbemühungen vorweisen müssen. Doch es gibt Erleichterungen: An Tagen, an denen Sie mindestens vier Stunden arbeiten, brauchen Sie nicht stempeln zu gehen. Dauert die Beschäftigung einen vollen Monat, fällt in Kantonen, die noch die wöchentliche Stempelpflicht kennen (es werden immer weniger), das wöchentliche Stempeln weg und es gibt eine Besprechung nach Absprache pro Monat. Erkundigen Sie sich beim für Sie zuständigen Arbeitsamt oder RAV.

● Achten Sie darauf, dass Ihnen tatsächlich ein *orts- oder branchenüblicher* Lohn gezahlt wird. Werden Dumping-Löhne ausgehandelt, leistet die Arbeitslosenkasse nur einen Ausgleich zwischen dem orts- und branchenüblichen Ansatz und Ihrem versicherten Verdienst – und Sie kommen je nachdem schlechter weg, als wenn Sie nur Taggeld beziehen würden.

Susanne K. – ihr versicherter Verdienst beträgt 3000 Franken – hat als Zwischenverdienst einen Aushilfsjob in einer Auslieferung übernommen und erhält 1000 Franken ausgezahlt; üblich wären für vergleichbare Arbeiten aber mindestens 1800 Franken. Susanne K.s Einnahmen:

	Ortsüblicher Lohn	*Nicht ortsüblicher Lohn*
Versicherter Verdienst	Fr. 3000.–	Fr. 3000.–
Zwischenverdienst	Fr. 1800.–	Fr. 1000.–
Kompensationszahlung (79,2 % auf Verdienstausfall von Fr. 1200.–)	Fr. 950.40	Fr. 950.40
Total Einnahmen	Fr. 2750.40	Fr. 1950.40

Als Taggeld hätte Susanne K. ohne Zwischenverdienst durchschnittlich 2376 Franken pro Monat erhalten. Während sie mit einem ortsüblichen Zwischenverdienst und Kompensationszahlung Fr. 374.40 pro Monat mehr im Portemonnaie hätte, büsst sie – weil ihr Arbeitgeber Lohndumping betreibt – Fr. 425.60 pro Monat ein!

● Zwischenverdienst für *Selbständigerwerbende:* Es gehört zur selbständigen Tätigkeit, dass die Arbeit zuerst geleistet, aber in einem späteren Zeitpunkt bezahlt wird. Wann müssen sich Selbständigerwerbende diesen Zwischenverdienst anrechnen lassen? Am 6. November 1996

(Entscheid noch nicht veröffentlicht) beschied das EVG: Das Einkommen muss in dem Monat deklariert werden, in dem die selbständige Tätigkeit ausgeübt worden ist. Das Gericht wollte offensichtlich vermeiden, dass Selbständigerwerbende den Fälligkeitstermin ihrer Guthaben aus Zwischenverdienst so lange hinausschieben können, bis keine Verrechnung mit den Leistungen der Arbeitslosenversicherung mehr möglich ist.

Das Wichtigste in Kürze

- Ein Zwischenverdienst hat viele Vorteile: Sie erzielen ein höheres Einkommen, bleiben im Arbeitsprozess integriert und erarbeiten neue Beitragsmonate für eine allfällige zukünftige Arbeitslosigkeit.

- Jede Arbeit, die Sie annehmen, müssen Sie dem Arbeitsamt oder RAV als Zwischenverdienst anmelden.

- Während Sie einem Zwischenverdienst nachgehen, müssen Sie alle Voraussetzungen für den Taggeldanspruch erfüllen und vor allem die Kontrollvorschriften einhalten.

- Tolerieren Sie kein Lohndumping auf Ihre Kosten! Nehmen Sie nur Zwischenverdienste an, die einem orts- oder branchenüblichen Lohn entsprechen.

12.
Stempelbussen: Fehler sind teuer

Aus der Sicht des Systems sind Taggeldbussen oder -kürzungen eine gute Sache. Es gilt Missbräuche zu verhindern, Schmarotzer zu bestrafen. Weil das Geld immer knapper wird, werden auch die Bussenentscheide immer schärfer.

Im Arbeitslosenrecht gibt es zwei verschiedene Arten von Sanktionen, die auch kombiniert werden können:

● Einstellung in der Anspruchsberechtigung: Der oder die fehlbare Arbeitslose wird am Schaden, den die Versicherung erleidet, beteiligt. Während einer bestimmten Anzahl von Einstelltagen erhält er oder sie kein Taggeld (G30 und V44 bis 45).

● Strafverfahren: Besonders schwerwiegende Verstösse gegen das Arbeitslosenrecht werden strafrechtlich mit Busse oder Gefängnis geahndet. Grundlage sind die Artikel 105 und 106 des Arbeitslosenversicherungsgesetzes und in besonders gravierenden Fällen das Strafgesetzbuch.

Oft trifft's die Falschen

Es gibt sie auch unter den Arbeitslosen, die anvisierten Schmarotzer. Auf diese wenigen ist das Strafsystem ausgerichtet. Doch gerade die wirklich cleveren Arbeitslosen schaffen es, durch die engen institutionellen Maschen zu schlüpfen. Im Netz hängen bleiben die ehrlichen, die zu wenig informiert sind oder aus einer Problemsituation heraus Fehler machen. Für sie wird das Bussensystem zur zusätzlichen Schikane, die auch zu einem massiven Eingriff ins Existenzminimum führen kann, denn die Taggeldkürzungen sind happig. Anders als die Wartetage (→ Seite 129) reduzieren die Stempelbussen – offiziell «Einstellung in der Anspruchsberechtigung» genannt – den Anspruch auf die normalen Taggelder.

Der Standardfall läuft ungefähr so ab: Die Kündigung kommt als Schock und löst Ängste aus. Sind dem blauen Brief Schwierigkeiten am

Arbeitsplatz vorangegangen, sind die Betroffenen erst recht mit sich selbst beschäftigt, grübeln, leiden allenfalls unter gesundheitlichen Störungen. Es fehlt das Selbstbewusstsein, das es jetzt bräuchte, um sich einem neuen Arbeitgeber gut zu präsentieren. Das alles wird vom Gesetz nicht berücksichtigt. Wer sich während der Kündigungsfrist zu wenig um eine neue Stelle bemüht, wird mit Einstelltagen gebüsst.

Mit dem nötigen Wissen könnten die meisten Einstellungen vermieden werden. Das Gesetz sagt nichts darüber, wie künftige Arbeitslose informiert werden sollen. Nehmen Sie das Heft in die eigene Hand und erkundigen Sie sich beim RAV oder bei den Beratungsstellen in Ihrer Region (Adressen → Seite 270 und 289).

Die Einstellgründe: Wann gibt es Stempelbussen?

Wie alle übrigen Zweige der Sozialversicherung kennt auch die Arbeitslosenversicherung die Schadenminderungspflicht. Von den Versicherten wird erwartet, dass sie von sich aus – das heisst ohne besondere Aufforderung einer Amtsstelle und ohne Abgabe eines Merkblatts – ihr Möglichstes dazu beitragen, dass sie die Versicherungsleistungen nicht zu lange beanspruchen müssen. Tun sie dies nicht, werden ihnen die Leistungen gekürzt. Das Gesetz nennt zahlreiche Gründe:

Wofür gibt es Stempelbussen?

Wann?	Was?
Allgemein	– Unwahre oder unvollständige Angaben – Verletzen der Auskunfts- und Meldepflicht – Unrechtmässiges Beziehen von Arbeitslosenentschädigung
Vor der Anmeldung	– Selbstverschuldete Arbeitslosigkeit – Verzicht auf Lohn- oder Entschädigungsansprüche gegenüber dem bisherigen Arbeitgeber – Ungenügende Bemühungen um Arbeit während der Kündigungsfrist
Während des Stempelns	– Ungenügende Bemühungen um Arbeit – Ablehnung zumutbarer Arbeit – Nichtbefolgen der Kontrollvorschriften – Nichtbefolgen der Weisungen der zuständigen Amtsstelle (beispielsweise zu einem Kursbesuch) – Missbrauch der besonderen Taggelder während der Planung selbständiger Erwerbstätigkeit (→ Seite 183)

Wann aber hat ein Arbeitsloser sich nach Ansicht der Amtsstellen und des Gesetzes schuldhaft verhalten? Im Folgenden wird die Handhabung der wichtigsten Einstellgründe in der Praxis aufgezeigt.

Durch eigenes Verschulden arbeitslos

Etwas zum voraus: Weit verbreitet ist noch immer die Meinung, dass, wer selber kündigt, überhaupt keine Ansprüche gegenüber der Arbeitslosenkasse erheben kann. Das stimmt so nicht. Selbst wenn die eigene Kündigung als Verschulden angesehen und eine Busse verhängt wird, kann man nach den Einstelltagen Taggelder beziehen.

Eine selbstverschuldete Arbeitslosigkeit liegt dann vor, wenn jemand ohne zwingenden Grund selber gekündigt hat, wenn jemand durch sein Verhalten am Arbeitsplatz die Kündigung provoziert hat oder mit gutem Grund fristlos entlassen worden ist. Was heisst das konkret?

Wer seine Stelle kündigt, *ohne die klare Zusicherung für einen neuen Arbeitsplatz* zu haben, hat seine Arbeitslosigkeit selbst verschuldet. Recht häufig kommt es vor, dass Arbeitgeber erklären: «Wenn Sie nicht selber kündigen, werden wir die Kündigung aussprechen.» Macht sich ein Arbeitnehmer, der auf dieses Ultimatum mit einem Kündigungsschreiben reagiert, schuldig? Klar nein. Es empfiehlt sich aber zur Beweissicherung, im Kündigungsschreiben auf die Zwangslage hinzuweisen: «Nachdem Sie mir erklärt haben, Sie würden mir kündigen, wenn ich die Kündigung nicht selber schreibe, habe ich mich entschlossen, das Arbeitsverhältnis per Ende März aufzulösen.» Allerdings: Niemand kann Sie zwingen selbst zu kündigen. In der Regel ist es vorteilhafter, den Arbeitgeber kündigen zu lassen (→ Seite 43 und 248).

Schuldhaft handelt auch, wer durch sein Verhalten eine *Kündigung des Arbeitgebers provoziert.* Klar ist die Sache, wenn die Hausangestellte silberne Löffel stiehlt und deswegen entlassen wird. Meist ist der Grund für eine Kündigung aber nicht so eindeutig, vor allem bei Meinungsverschiedenheiten zwischen Arbeitnehmer und Arbeitgeber. Verlangen Sie deshalb sofort eine schriftliche Begründung der Kündigung und – vor allem wenn Anzeichen für einen ernsthaften Konflikt bestehen – ein Zwischenzeugnis. Nicht selten verschlechtert sich das Klima in der Kündigungszeit. Waren ursprünglich wirtschaftliche Schwierigkeiten der Grund für eine Kündigung, werden später plötzlich ungenügende Leistungen angegeben. Und das führt rasch einmal zu kritischen Stempelbussen-Diskussionen mit der Arbeitslosenkasse (mehr zum Verhalten nach einer Kündigung → Seite 45)

Liegen *objektive Gründe* für eine Kündigung vor, kann von einer selbstverschuldeten Arbeitslosigkeit nicht die Rede sein. Wird jemandem beispielsweise gekündigt, weil die ganze Abteilung aus wirtschaftlichen Gründen geschlossen wird, spielt es keine Rolle, ob die betreffende Person allenfalls auch noch Fehler begangen hat.

Generell muss gesagt werden, dass die Arbeitslosenkassen bei so genannt selbstverschuldeter Arbeitslosigkeit relativ rasch zum Mittel der Taggeldkürzung greifen. Von den Arbeitnehmern wird verlangt, dass sie trotz Überstunden, Differenzen über die Lohnhöhe oder Auseinandersetzungen mit Vorgesetzten ein Arbeitsverhältnis erst dann auflösen, wenn ein neues in Aussicht steht. Wer aus gesundheitlichen Gründen kündigt, muss als Beweis unbedingt ein ärztliches Zeugnis beibringen.

Ein echter Missstand ist folgender: Häufig vertuschen Arbeitgeber, die in einem finanziellen Engpass stecken, ihre wirtschaftlichen Schwierigkeiten und behaupten, die Kündigung sei wegen des Verhaltens des Mitarbeiters notwendig geworden. Haarsträubend ist, wie die Kassen immer wieder auf solch einseitige Darstellungen hereinfallen und Stempelbussen verhängen. Dabei ist die rechtliche Lage ganz anders: Nur klare Tatsachen dürfen berücksichtigt werden. Der Arbeitnehmer muss Gelegenheit erhalten, zu solchen Vorwürfen Stellung zu nehmen (rechtliches Gehör → Seite 224). Steht Aussage gegen Aussage, müssen notfalls weitere Zeugen einvernommen werden. Wenn nach der Durchführung eines Beweisverfahrens die Sache unklar bleibt – zum Beispiel weil nur die Aussagen der beiden Vertragspartner vorliegen –, darf nicht einfach auf den Arbeitgeber abgestellt werden. Es gibt kein Glaubwürdigkeitsvorrecht des finanziell Stärkeren.

Wie die kantonalen und eidgenössischen Gerichte diese Grundsätze bisher konkret umsetzten – und wohl auch in Zukunft umsetzen werden –, zeigen folgende Beispiele:

Arnold S. arbeitete in Genf. Im Dezember heiratete er eine Frau aus Luzern und kündigte darauf sein Arbeitsverhältnis auf Ende Juni des folgenden Jahres. Im Juli zog er zu seiner Frau nach Luzern. Die Arbeitslosenkasse des Kantons Luzern warf ihm ein mittelschweres Verschulden vor. Arnold S. reichte Beschwerde ein, und das Gericht widersprach dieser Rechtsauffassung. Das Schadenminderungsprinzip habe seine Grenzen am Zumutbarkeitsgedanken. Es sei zwar allenfalls zumutbar, nach der Heirat bis zum Antritt einer neuen Stelle für eine gewisse Zeit getrennt vom Ehepartner zu leben und am vertrauten Arbeitsplatz zu bleiben. Das Ehemodell des Familienrechts habe aber Leitbildfunk-tion und gehe dem Sozialversicherungsrecht vor. Arnold S. könne deshalb kein Vorwurf gemacht werden, wenn er seine Stelle in Genf auf sechs Monate nach seiner Heirat kündige (Luzernische Gerichts- und Verwaltungsentscheide, LGVE 1995 II Nr. 35). Ein strengerer Massstab wird aber bei einem Konkubinatspaar angelegt (ARV 1979 Nr. 24).

Vroni M. arbeitete bis zu ihrer Heirat als Arztgehilfin zu 100, danach nur noch zu 80 Prozent. Nach einigen Monaten verlangte ihr Chef, sie müsse ihr Pensum wieder steigern. Als Vroni M. dies wegen ihrer neuen Haushaltspflichten nicht akzeptieren wollte, wurde ihr gekündigt. Die Arbeitslosenkasse bewertete diese Kündigung als selbstverschuldet; das EVG sah das ganz anders: Auch wenn Vroni M. keine Kinder betreue und keine Weiterbildung betreibe, sei die Führung des Haushalts mit einem erheblichen Zeitaufwand verbunden. Es sei durchaus einfühlbar, dass eine verheiratete Frau neben dem Haushalt nicht wieder eine Vollzeitstelle antreten wolle (ARV 1995 Nr. 18).

Dem Arbeitslosen Orenico D. wies das Arbeitsamt eine Stelle bei einem Reinigungsinstitut zu. Bereits nach fünf Tagen sollte er auf einer etwa fünf Meter langen Feuerwehrleiter Lampen reinigen. Da Orenico D. nicht schwindelfrei war, weigerte er sich diese Arbeit auszuführen. Die Parteien vereinbarten darauf das Arbeitsverhältnis sofort aufzulösen, weil im Reinigungsinstitut ständig in luftigen Höhen gearbeitet werden musste. Für einen nicht schwindelfreien Mitarbeiter war kein Platz. Das Arbeitsamt bestrafte Orenico D. mit einer Stempelbusse. Zu Unrecht, befand das Versicherungsgericht. Es liege kein schuldhaftes Verhalten vor. Dem Arbeitslosen dürfe auch nicht der Vorwurf gemacht werden, er habe eine für ihn ungeeignete Stelle angetreten. Es sei vielmehr seine Pflicht gewesen, die vom Arbeitsamt zugewiesene Stelle wenigstens auszuprobieren (ARV 1980 Nr. 28).

Attilio M. kündigte seine Stelle, weil er vorhatte das Technikum zu absolvieren. Während drei Monaten besuchte er einen ganztägigen Vorbereitungskurs, bestand dann aber die Aufnahmeprüfung nicht. Als er sich danach als arbeitslos meldete, bestrafte ihn die Arbeitslosenkasse des Kantons Graubünden allen Ernstes mit acht Einstelltagen. Er habe die Stelle gekündigt, ohne dass ihm eine neue zugesichert gewesen sein. So nicht, meinte das EVG: Mit Taggeldbussen solle eine missbräuchliche Inanspruchnahme der Versicherung verhindert werden. Dass jemand eine Weiterbildung in Angriff nehme, die auf ein konkretes berufliches Ziel ausgerichtet sei, könne aber nicht schon als Missbrauch angesehen werden (BGE 122 V 43).

Der Arbeitgeber müsste noch zahlen

Schuldhaft handelt, wer zulasten der Versicherung auf Lohn- oder Entschädigungsansprüche gegenüber dem bisherigen Arbeitgeber verzichtet hat. Das kommt immer wieder vor, ein Beispiel:
Der Arbeitgeber kündigt, Hanna M. gerät in Verzweiflung. Psychische Probleme sind die Folge und der Hausarzt schreibt Hanna M. zu 100 Prozent arbeitsunfähig. Damit wird eine Sperrfrist ausgelöst; die zweimonatige Kündigungsfrist wird unterbrochen und würde eigentlich erst weiterlaufen, als Hanna M. wieder gesundgeschrieben ist (→ Seite 48). Hanna M. kennt jedoch diese Bestimmung nicht und geht deshalb nach Ablauf der zwei Monate stempeln. Nach einigen Tagen erklärt man ihr auf dem Arbeitsamt, sie habe ihre Arbeitslosigkeit selbst verschuldet; sie hätte noch gut einen Monat am alten Arbeitsplatz weiterarbeiten können.

Die Rechtslücke, die sich hier aus Unkenntnis auftut, hat das Eidgenössische Versicherungsgericht geschlossen und entschieden: Es darf einem Arbeitnehmer, der um die Verlängerung der Kündigungsfrist bei Krankheit nicht weiss, nicht als schuldhaftes Verhalten angelastet werden, wenn er es versäumt, dem Arbeitgeber seine Dienste gehörig anzubieten (ARV 1989 Nr. 6; zum Verhalten nach einer Kündigung → Seite 45).

Ganz anders ist die Situation für Herbert N. Er hatte mit seiner Firma eine zweimonatige Kündigungsfrist vereinbart. Trotzdem wurde ihm am 27. Mai auf den 30. Juni gekündigt. Herbert N. widersprach der allzu frühen Kündigung auf den falschen Zeitpunkt nicht, akzeptierte sie stillschweigend und meldete sich am 1. Juli beim RAV. Hätte er sofort gegen die Kündigung protestiert und seine Arbeitskraft für den Monat Juli angeboten, wäre die Firma einen Monat länger lohnzahlungspflichtig gewesen. Da Herbert N. sich aber nicht wehrte, konnte er auch nicht mehr nachträglich zum Arbeitgeber gehen und seine Dienste wieder anbieten.

In einem solchen Fall wird die Kasse prüfen müssen, ob der Versicherte schuldhaft auf die Weiterführung des Arbeitsverhältnisses verzichtet hat (siehe BGE 112 V 323).

Es gilt also: Haben Versicherte noch Guthaben beim ehemaligen Arbeitgeber, müssen sie diese zuerst dort einfordern. Es ist nicht Sache der Arbeitslosenversicherung, anstelle des leistungspflichtigen Arbeitgebers zu zahlen. Es ist natürlich auch nicht erlaubt, mit einem Arbeitgeber, der in finanziellen Schwierigkeiten steckt, eine verkürzte Kündigungsfrist abzumachen. Hat man allerdings eine solche Vereinbarung getroffen, ist diese meist nicht mehr rückgängig zu machen. Das führt regelmässig zu namhaften Kürzungen des Stempelgelds.

Immer wieder zu reden geben fristlose Entlassungen. Glaubt ein Arbeitnehmer, er sei ohne Grund auf die Strasse gestellt worden, muss er beim Arbeitsgericht klagen. Vielen ist dies unangenehm, doch in aller Regel lohnt sich dieser Schritt. Meist schreiten Arbeitgeber zu früh zur fristlosen Entlassung und es gibt recht wenig Fälle, in denen eine solche Kündigung vom Arbeitsgericht bestätigt wird. Häufig wird der Arbeitgeber dazu verknurrt, den Lohn bis zum Ende der Kündigungsfrist zu bezahlen. Bei unrechtmässiger fristloser Entlassung kann sogar noch eine Entschädigung von bis zu sechs Monatslöhnen ausgerichtet werden (mehr zur fristlosen Entlassung → Seite 51). Verzichtet ein fristlos Entlassener darauf, ans Arbeitsgericht zu gelangen, gehen die Behörden davon aus, die fristlose Entlassung sei zu Recht erfolgt. Saftige Stempelbussen sind die Folge.

Nicht genügend um zumutbare Arbeit bemüht

Bereits während der Kündigungsfrist müssen Sie sich intensiv um neue Stellen kümmern. Da Sie aber immer noch arbeitstätig sind, werden weniger Bewerbungen verlangt, als nach Beendigung des Arbeitsverhältnisses. Ferien, die Sie schon vor der Kündigung gebucht haben und die in die Kündigungsfrist fallen, müssen Sie nicht verschieben. Auch Stellenbemühungen aus dem Liegestuhl im sonnigen Süden sind nicht verlangt.

Jede Bewerbung muss notiert werden mit Name der Firma, Art der Stelle, Datum und Grund der Absage. Am besten verlangen Sie vom RAV oder vom Arbeitsamt die standardisierten Formulare sofort nach der Kündigung. Auch sollten Sie alle Kopien Ihrer schriftlichen Bewerbungen zusammen mit den Zeitungsinseraten aufbewahren (mehr zur Bewerbungstaktik → Seite 102).

Ungenügende persönliche Arbeitsbemühungen werden zuerst einmal mit Einstelltagen bestraft. Bessert sich der oder die Arbeitslose nicht und bemüht sich weiterhin nicht intensiv genug um eine neue Stelle, wird er oder sie als vermittlungsunfähig erklärt und verliert den Anspruch gegenüber der Arbeitslosenkasse (→ Seite 97).

Immer wieder taucht die Frage auf, wie viele Bewerbungen man denn schreiben müsse. Als Massstab gilt: Was würde ich unternehmen, wenn es keine Arbeitslosenversicherung gäbe? Die Zahl der Bewerbungen richtet sich auch nach den offenen Stellen und dem Arbeitsmarkt. Wichtig ist nicht nur die Quantität, sondern auch die Qualität der Bemühungen. Wer wahllos Bewerbungen verschickt, wird nicht automatisch von Stempelbussen verschont. Wer umgekehrt gewissenhaft auf jedes Inserat schreibt, das auf ihn zugeschnitten ist, kann den an ihn gestellten Ansprüchen genügen. Wichtig: Ein Arbeitsloser muss sich nur auf Stelleninserate melden, in denen er mit seinen Fähigkeiten überhaupt angesprochen ist. Ein 50-jähriger muss sich nicht auf ein Inserat bewerben, in dem ein junger Buchhalter mit Fremdsprachenkenntnissen gesucht wird.

Es empfiehlt sich, mit der zuständigen Beraterin oder dem Berater über den Umfang der Bemühungen zu diskutieren. Erwarten sie allenfalls eine gewisse Mindestanzahl von Bewerbungen? Auch dazu einige Beispiele aus der Gerichtspraxis:

Ein Versicherter, der sich bei der Stellensuche vorwiegend darauf beschränkt, mit einer begrenzten Anzahl guter Stellenvermittlungsbüros Kontakt aufzunehmen, und im übrigen auf Hilfe aus seinem Geschäfts- und Freundeskreises zählt, genügt in keinem Fall der gesetzlichen Pflicht, sich persönlich um Arbeit zu bemühen. Dies musste sich Emanuel S. vom EVG sagen lassen. Ihm wurde vorgeworfen, er beschränke sich überdies bei der Stellensuche stets auf Kaderstellen. Da die Chancen, eine solche Stelle zu finden, offenbar gering seien, wäre es auch seine Pflicht gewesen, sich um Stellen zu bewerben, die weniger Qualifikationen verlangten. Es sei nicht Sache der Versicherung, für Verdienstausfälle aufzukommen, die auf überhöhte Anforderungen des Versicherten an eine neue Stelle zurückzuführen seien (ARV 1979 Nr. 28).

Arbeitslose, die nur für einfache und unqualifizierte Hilfsarbeiten in Frage kommen, können sich unter gewissen Voraussetzungen auf blosse mündliche Anfragen bei möglichen Arbeitgebern beschränken und müssen sich nicht um ausgeschriebene Stellen bemühen. Diese Auffassung vertrat das Bernische Verwaltungsgericht und widersprach damit der Arbeitslosenkasse, die den Spanier Mario F. mit fünf Einstelltagen gebüsst hatte, weil er aufs Geratewohl Stellen gesucht hatte. Im Arbeitsmarkt der Hilfsarbeiter, so das Gericht, machten die meisten Arbeitgeber keine genauen Abklärungen. Anstellungsgespräche seien höchstens kurz oder fänden überhaupt nicht statt. Im gewerblich-industriellen Bereich und im Gastgewerbe würden solche Stellen, die keine lange Einarbeitungszeit benötigten, häufig gar nicht ausgeschrieben. Die Arbeitgeber gingen davon aus, dass immer wieder geeignete Personen telefonisch oder persönlich um Arbeit nachfragten. Zumindest bei ungelernten Hilfskräften gelte deshalb der Grundsatz, wonach man sich in erster Linie auf offene und ausgeschriebene Stellen bewerben müsse, nur beschränkt (Bernische Verwaltungsrechtsprechung 1996 S. 379).

Schwangerschaft im sechsten bis siebten Monat bildet keine Rechtfertigung für ungenügende Arbeitsbemühungen. Die Schwangerschaft mag wohl das Finden einer neuen Stelle erschweren. Die Arbeitsbemühungen müssen aber unabhängig von den Erfolgsaussichten mit unverminderter Intensität fortgesetzt werden (ARV 1980 Nr. 45).

Heidi G. lehnte es ab, anlässlich eines Vorstellungsgesprächs für eine Stelle als Telefonistin einen Fragebogen auszufüllen, der nicht bloss Fragen zur Arbeit enthielt. Ihr Freizeitverhalten wurde erforscht, und eine Frage lautete, wie sie mit inneren Problemen umzugehen pflege. Die kantonale Arbeitslosenkasse Schwyz zog ihr 14 Taggelder ab, weil sie durch ihr Verhalten eine mögliche Anstellung vereitelt habe. Das EVG mochte diese Stempelbusse nicht hinnehmen. Das Gericht erklärte Heidi G. für berechtigt, in solchen Fällen ihre innere Seele schweigen zu lassen. Der Fragebogen habe ihre schützenswerte Privatsphäre verletzt (BGE 122 V 267 = SVR ALV Nr. 76).

Von Verletzung der Kontrollvorschriften, nicht befolgten Weisungen und falschen Angaben

Mit Einstelltagen gebüsst wird, wer Kontrollvorschriften missachtet, beispielsweise
- zu einer Besprechung, zu der er von der zuständigen Amtsstelle aufgeboten worden ist, nicht erscheint.
- einen Kurs, der ihm zugewiesen wurde, nicht besucht.
- sich nicht um eine Stelle kümmert, die ihm das regionale Arbeitsvermittlungszentrum zuweist.

Gebüsst wird auch, wer eine Stelle zwar nicht ausdrücklich ablehnt, es aber durch sein Verhalten in Kauf nimmt, dass sie anderweitig besetzt wird. Beispiele für solches Verhalten: in unpassender Kleidung oder ungepflegt zum Vorstellungsgespräch erscheinen; unsinnige Lohnforderungen stellen; unangemessene Ansprüche betreffend Arbeitsplatz, Ferien oder Arbeitszeiten äussern. Die Arbeitslosen müssen in den Verhandlungen mit künftigen Chefs klar und eindeutig zeigen, dass sie bereit sind die Stelle anzunehmen. Sonst wird rasch der Vorwurf laut, sie hätten die Beendigung der Arbeitslosigkeit vereitelt.

Paul M. erweckte beim Vorstellungsgespräch mit einem möglichen neuen Arbeitgebers einen sehr schlechten Eindruck. Er reklamierte, dass der Raum schlecht geheizt sei, und bat den Personalchef während des Gesprächs nicht zu rauchen. Der Personalchef beschwerte sich bei der Arbeitslosenkasse, worauf Paul M. 15 Einstelltage aufgebrummt bekam (unveröffentlichter Entscheid des EVG vom 15. 12. 1980). Nach heutigem verschärftem Tarif wären es wohl rund 25 Tage.

Die regionalen Arbeitsvermittlungsstellen tendieren manchmal dazu, vor allem denjenigen Arbeit zuzuweisen, von denen sie den Eindruck haben, sie kümmerten sich zu wenig um eine Stelle. Das beste Mittel dagegen: sich um jede vernünftige Arbeit bewerben und so genügend Stellenbemühungen nachweisen. Wer diesen Test nicht besteht und Arbeit ablehnt, stempelt sehr schnell einmal einen Monat, ohne dafür Geld zu erhalten. Im Wiederholungsfall droht das Verdikt: «Nicht vermittlungsfähig.» Diese Praxis führt zu einer Flut von (mehr oder weniger sinnvollen) Bewerbungen und verärgert vor allem die Personalchefs der Arbeitgeber.

Keine Strafe muss dagegen befürchten, wer zwar eine zugewiesene Stelle ablehnt, jedoch nachweisen kann, dass er praktisch auf den gleichen Zeitpunkt eine andere Stelle antreten konnte. Auch wenn die Beamten einen Arbeitslosen bei der Zuweisung einer Stelle nicht deutlich auf die möglichen Sanktionen hingewiesen haben, dürfen sie ihm keine Einstelltage aufbrummen.

Ebenfalls mit Einstelltagen gebüsst wird, wer unwahre oder unvollständige Angaben macht oder in anderer Weise die Auskunfts- und Meldepflicht verletzt. Die Versicherten müssen wahrheitsgetreu über alles Auskunft geben, was die Versicherung braucht. Das gilt zu Beginn der Arbeitslosigkeit beim Ausfüllen des Formulars «Antrag auf Arbeitslosenentschädigung». Das gilt aber auch später: Wenn während des Stempelns Änderungen eintreten, welche die Versicherung betreffen, müssen die Arbeitslosen diese von sich aus melden, zum Beispiel:
– eine Krankheit, einen Unfall, eine Schwangerschaft
– eine Anmeldung bei der IV oder bei der SUVA
– ein zusätzliches Einkommen (Zwischenverdienst)
– die Aufnahme einer neuen Stelle

Neu seit dem 1. Januar 1997 ist nicht bloss die vorübergehende Einstellung, sondern auch der *Entzug von Taggeldern* möglich. Dies wenn Versicherte, die wegen Verletzung der Kontrollvorschriften oder Nichtbeachten der Weisungen des Arbeitsamts mit Einstelltagen gebüsst wurden, sich danach immer noch weigern an einem Beratungsgespräch oder an einer arbeitsmarktlichen Massnahme teilzunehmen. Dieser

Entzug ist zeitlich nicht begrenzt, kann aber aufgehoben werden, wenn der oder die Widerspenstige den Widerstand gegen die Eingliederung in den Erwerbsprozess aufgibt.

In der Praxis kommt es leider auch immer wieder vor, dass jemand während der Arbeitslosigkeit «Schwarzarbeit» verrichtet; dass jemand gleichzeitig von der Arbeitslosenkasse und von einer Krankenversicherung Geld bezieht, indem er der Arbeitslosenversicherung gegenüber erklärt, er sei vermittlungsfähig, der Krankenkasse aber ein Arztzeugnis einreicht, wonach er zu 100 Prozent arbeitsunfähig ist. Fliegen solche Praktiken auf, muss der Schwindler nicht nur mit Einstelltagen, sondern allenfalls auch mit einem Strafverfahren rechnen.

Wie hoch sind die Bussen?

Die Anzahl der Einstelltage hängt vom Verschulden des Arbeitslosen und vom Einstellgrund ab. Es gelten folgende Rahmentarife:
- bei leichtem Verschulden   1 bis 15 Tage
- bei mittlerem Verschulden   16 bis 30 Tage
- bei schwerem Verschulden   31 bis 60 Tage

Kommt es zu wiederholten Verfehlungen, werden die Strafen entsprechend erhöht. Zur Erinnerung: Gerechnet wird mit Arbeitstagen; bei schwerstem Verschulden verliert ein Arbeitsloser also während drei Monaten jegliches Einkommen. Nicht selten können die so Bestraften ihren Lebensunterhalt nicht mehr bestreiten und sind auf Sozialhilfe angewiesen. Das Fürsorgeamt muss die Strenge der Arbeitslosenversicherung ausbaden.

Strafrechtliche Bestimmungen

Für besonders schwere Vergehen gibt's nicht nur Taggeldkürzungen, sondern auch Bussen oder Gefängnis. Hier geht es um Schwindler, die das System bewusst auszunützen versuchen; aus Unwissenheit wird kaum jemand in eine solche Situation geraten. Einige Beispiele:
● Wer seine Auskunftspflicht verletzt, indem er *wissentlich* eine unwahre oder unvollständige Auskunft erteilt, oder wer seine Meldepflicht verletzt, der erhält eine Busse bis 5000 Franken. Das kann ein Versicherter sein, aber auch ein Arbeitgeber, der sich weigert die Arbeitgeberbescheinigung auszufüllen

● Wer sich gar durch unwahre oder unvollständige Angaben Leistungen der Arbeitslosenversicherung erschleicht – im Gesetz heisst dies «unrechtmässiges Erwirken von Versicherungsleistungen» –, riskiert ein Strafverfahren. Gemeint ist beispielsweise der Arbeitslose, der einen falschen Grund für seine Entlassung angibt, eine Erwerbstätigkeit verschweigt oder nicht mitteilt, dass er von der Krankenkasse ein Taggeld auf der Basis einer 100-prozentigen Arbeitsunfähigkeit erhält. Auf solchen Vergehen steht eine Gefängnisstrafe bis zu sechs Monaten oder eine Busse bis 20 000 Franken.
● Wer einen Kontrollausweis fälscht, macht sich der Urkundenfälschung oder des Betrugs schuldig. Dies wird nach Strafgesetzbuch mit Gefängnis oder Busse bestraft.

Wie läuft ein solches Einstellverfahren?

Die Zuständigkeit für die Sanktionen liegt 1997 noch bei den Arbeitslosenkassen und beim KIGA. Es ist aber geplant, die Sanktionsgewalt in die Hände der regionalen Arbeitsvermittlungszentren zu legen. Diese Institutionen haben engeren Kontakt zu den Arbeitslosen und können ihr Verhalten besser einschätzen. Die momentane Zweispurigkeit ist mühsam und ruft nach einer raschen Veränderung. Von der *Arbeitslosenkasse* gebüsst wird, wer
– durch eigenes Verschulden arbeitslos wird.
– zulasten der Versicherung auf Lohn- und Entschädigungsansprüche gegenüber dem bisherigen Arbeitgeber verzichtet.
– unwahre oder unvollständige Angaben macht oder in anderer Weise die Auskunfts- und Meldepflicht gegenüber der Arbeitslosenkasse verletzt.
– die Arbeitslosenentschädigung zu Unrecht erwirkt oder zu erwirken versucht hat.

In folgenden Fällen ist das *KIGA* für die Sanktionen zuständig: Es büsst auf Antrag der Arbeitslosenkasse oder des Arbeitsamts beziehungsweise RAV Arbeitslose, die
– sich persönlich nicht genügend um zumutbare Arbeit bemühen.
– Kontrollvorschriften oder Weisungen von Arbeitsamt oder RAV nicht befolgen, namentlich eine zugewiesene zumutbare Arbeit nicht annehmen oder einen Kurs, zu dessen Besuch sie angewiesen worden sind, ohne entschuldbaren Grund nicht antreten oder abbrechen.

– während der Planungsphase einer selbständigen Erwerbstätigkeit besondere Taggelder beziehen und nach Abschluss dieser Phase aus eigenem Verschulden diese Tätigkeit nicht aufnehmen.
– unwahre oder unvollständige Angaben machen oder in anderer Weise die Auskunfts- und Meldepflicht gegenüber dem Arbeitsamt oder RAV verletzt haben.

Rechte der Versicherten im Einstellungsverfahren

Wenn eine Amtsstelle eine Unregelmässigkeit oder ein Verfehlen festzustellen meint, wird sie zunächst die Tatsachen abklären und überprüfen, ob ein Verschulden des Versicherten vorliegt. Kommt sie zu diesem Schluss, verhängt sie eine angemessene Zahl von Einstelltagen und teilt dem Versicherten ihren Beschluss in einer schriftlichen Verfügung mit. Dabei müssen sich die Amtsstellen an folgende Grundsätze halten:

● In einem Einstellverfahren dürfen nur klare *Tatsachen* berücksichtigt werden; für Vermutungen, persönliche Vorurteile oder Wertungen ist kein Platz. Diese Tatsachen müssen bewiesen sein durch Dokumente, Zeugenaussagen etc.

● Die Arbeitslosen haben einen Anspruch auf *rechtliches Gehör:* Sie müssen Gelegenheit erhalten, sich zu den Vorwürfen mündlich oder schriftlich zu äussern. Ihre Äusserungen müssen ernst genommen werden, sie haben gleich viel Gewicht wie beispielsweise die Behauptungen eines Arbeitgebers. Da viele Versicherte nicht wissen, worauf es ankommt, müssen ihnen klare Fragen gestellt werden. Auch der ehemalige Arbeitgeber ist zur Stellungnahme aufzufordern.

● Die Tatsache, dass ein Einstellungsgrund vorliegt, allein genügt noch nicht für eine Stempelbusse. Es muss auch ein *eindeutiges Verschulden* des Arbeitslosen nachgewiesen werden. Auch bei der Bemessung der Strafe spielt das Verschulden eine wichtige Rolle (→ Seite 153).

René L. wurde gekündigt, weil er ständig unpünktlich zur Arbeit kam und sich häufig auch nicht abmeldete. An sich hätte er damit seine Arbeitslosigkeit selbst verschuldet. Es stellt sich aber heraus, dass René L.s Verhalten auf schizophrene Schübe zurückzuführen ist. Deshalb kann bei ihm nicht von Verschulden gesprochen werden.

Valérie G. arbeitete in einem Heim. Wegen Spannungen mit der neuen Heimleitung kündigte sie. Obwohl sie beweisen konnte, dass seit einem Jahr tatsächlich grosse Spannungen bestanden, wurde sie von der Kasse mit 21 Einstelltagen bestraft. Das angerufene Versicherungsgericht war der Meinung, Valérie G. hätte die Stelle behalten sollen, bis sie eine neue

fand, reduzierte aber die Busse wegen bloss leichten Verschuldens auf 11 Einstelltage.
● Eine Einstellung muss dem Versicherten in einer *schriftlichen Verfügung* mitgeteilt werden. Darin muss die Einstellung begründet sein, es muss angegeben sein, auf welchen Gesetzesartikel sich der Entscheid stützt, und dem Versicherten muss erklärt werden, wie und wo er gegen die Verfügung Beschwerde einreichen kann.
● Auch im Arbeitslosenrecht gilt übrigens der *Grundsatz von Treu und Glauben.* Das bedeutet: Die Versicherten müssen sich auf Auskünfte der Behörden verlassen können. Aus einer falschen Auskunft dürfen ihnen keine Nachteile erwachsen.

Irma S. will während der Arbeitslosigkeit eine weitere Ausbildung machen, braucht dazu aber ein Praktikum. Weil der Praktikumslohn sehr tief ist, fragt sie beim Arbeitsamt an, ob sie während des Praktikums stempeln könne und Kompensationszahlungen erhalte. Ihr wird gesagt, sie könne ihr Praktikum als Zwischenverdienst abrechnen und müsse jeden Monat das entsprechende Formular abgeben. Irma S. hält sich an diese Weisung – Geld aber wird keines ausgezahlt. Auf ihre Nachfrage erfährt sie, dass die Auskunft des Arbeitsamts falsch war und dass sie für ihr Praktikum ein Kursgesuch hätte einreichen müssen. Weil Irma S. auf die Auskunft vertrauen konnte, muss ihr die Kompensationszahlung ausgerichtet werden.

Wenn Sie den Eindruck haben, Sie würden zu Unrecht um Ihr Stempelgeld gebracht, können Sie gegen die ungerechtfertigte Verfügung Beschwerde erheben. Es genügt, wenn Sie den in der Verfügung genannten Sachverhalt bestreiten, allenfalls Zeugen nennen und versuchen Ihre Schuldlosigkeit vor Gericht darzulegen.

Während Ihre Beschwerde gegen die Einstellungsverfügung läuft, muss ihnen die Kasse zwar das laufende Taggeld auszahlen. Die umstrittenen Gelder aber erhalten Sie erst, wenn Ihre Beschwerde gutgeheissen worden ist, und das kann Monate – oder zum Beispiel im Kanton Zürich Jahre – dauern.

Im Jahr 1995 sind 67 500 Bezügerinnen und Bezüger (das sind rund 20 Prozent) mit Einstelltagen gebüsst worden. Insgesamt wurden 831 000 Tagesbussen verhängt, das ergibt eine Ersparnis von über 100 Millionen Franken. Nur ein kleiner Teil der ausgesprochenen Verfügungen wurde angefochten. Die Chancen auf einen Prozesserfolg stehen etwa 1 : 4. Diese Erfolgsquote sähe sicher besser aus, wenn die Betroffenen mehr darüber wüssten, wie man sich wehrt, wenn man sich nichts hat zuschulden kommen lassen. Falls Sie erwägen, eine Einstellverfügung weiterzuziehen, sollten Sie vorher unbedingt Kapitel 19 (→ Seite 223) lesen.

Das Wichtigste in Kürze

● 20 Prozent aller Arbeitslosen werden gebüsst. Viele dieser Bussen sind nicht gerechtfertigt. Wehren Sie sich, wenn der Ihnen zur Last gelegte Sachverhalt nicht stimmt und wenn Ihnen das rechtliche Gehör nicht gewährt wird.

● Geben Sie dem Bussenregime keine Chance, indem Sie sich von Anfang an informieren, welche Spielregeln gelten, und vor allem genügend Bewerbungen starten – schon während der Kündigungszeit.

● Setzen Sie sich nicht dem Vorwurf der selbstverschuldeten Arbeitslosigkeit aus, indem Sie Ihre Stelle kündigen, bevor Sie einen neuen Arbeitsplatz auf sicher haben.

13. Die aktiven arbeitsmarktlichen Massnahmen

In den letzten Jahren hat sich vor allem wegen der hohen Zahl von Arbeitslosen die Idee durchgesetzt, dass es nicht darum gehen kann, bloss die finanziellen Löcher der Arbeitslosen zu stopfen. Auf Anfang 1997 sind die Weichen neu gestellt worden: Hauptschiene ist nun die aktive berufliche Eingliederung der Versicherten; das passive Taggelderzahlen tritt in den Hintergrund. Durch die aktiven arbeitsmarktlichen Massnahmen sollen die Betroffenen wieder für die Anforderungen in einer schwieriger gewordenen Arbeitswelt befähigt werden. Versicherte, die auch nach längeren Bemühungen keine Stelle finden, sollen mithilfe der Arbeitslosenversicherung ihre Chancen verbessern können; sie haben Anspruch auf arbeitsmarktliche Massnahmen, die für sie geeignet sind. Nur wer an solchen Massnahmen teilnimmt, erhält über die normalen Taggelder hinaus auch die so genannten besonderen Taggelder.

Wer also bereit ist, sich fehlendes Wissen zu erarbeiten, profitiert gleich mehrfach: Er steigert seine Chancen, doch noch eine Stelle zu ergattern, und findet in den Kursen und Programmen auch Kontakt zu anderen Menschen. Folgende arbeitsmarktlichen Massnahmen sind vorgesehen:
- Weiterbildung
- Ausbildungszuschüsse
- Einarbeitungszuschüsse
- Pendlerkostenbeiträge
- Wochenaufenthalterbeiträge
- Beschäftigungsprogramme, Betriebspraktika
- Förderung des Vorruhestands
- Förderung selbständiger Erwerbstätigkeit (Kapitel 14 → Seite 179)

Diese Massnahmen bestehen zum grossen Teil schon lange. Neu ab 1997 ist, dass eine andere Struktur – eben die regionalen Arbeitsvermittlungszentren – das Angebot vermehrt unter das Volk der Arbeitslosen bringen soll, und zwar weniger zufällig als bisher.

Die regionalen Arbeitsvermittlungszentren sollen die Arbeitsämter weitgehend oder ganz ersetzen und kundenfreundliche, effiziente Dienstleistungen für Stellensuchende und Arbeitgeber anbieten. Vermehrt sollen – anlässlich von regelmässigen Beratungs- und Vermittlungsgesprächen, aber auch in Kursen – Strategien für die einzelnen Arbeitslosen aufgebaut werden.

Am Anfang stehen Kurse und Konzepte

Dieser Ratgeber entsteht in einer Umbruchphase. Das «Alte» besteht zum Teil noch, wird aber im Lauf von 1997 verschwinden. Das «Neue» wird erst in einigen wenigen Pilot-Kantonen erprobt. Das Konzept klingt vielversprechend und schafft fast 1500 neue Arbeitsplätze. Die Branche «Arbeitslosenbetreuung» boomt...

Geplant ist die Einführung eines Basisprogramms mit vier Angeboten in der ganzen Schweiz. Die Elemente dieses Programms, das mit der Anmeldung beim Gemeindearbeitsamt oder je nach Kanton beim RAV beginnt, sind:
- Informationstag
- Abklärungskurs (ca. sechs Tage in vier Wochen)
- Neuorientierungskurs (zehn Tage in zwei Monaten)
- Bewerbungstechnik und -büro (vier Tage in vier Wochen)

Der *Informationstag* vermittelt (wenn möglich in der Muttersprache) die wesentlichen Informationen über das Leistungssystem und die Organisation der Versicherung. Die Teilnehmerinnen und Teilnehmer lernen die Vertreterinnen und Vertreter des Apparats kennen. Am Ende des Informationstags wird ein Termin für das erste Beratungsgespräch im RAV vereinbart. Dieser Informationstag wird anfangs 1997 erst in den wenigsten Kantonen abgehalten.

Das *erste Beratungsgespräch* im RAV: Der Formularkrieg ist bereits ausgestanden, wenn die Arbeitslosen zum ersten Gespräch kommen. Nun beginnt die Vorselektion. Etwa 25 Prozent der Arbeitslosen brauchen kaum Unterstützung und Beratung, weil sie zumindest eine neue Stelle in Aussicht haben. Andere sind leicht vermittelbar, weil sie eine gute, dem Arbeitsmarkt entsprechende Ausbildung besitzen und voraussichtlich mit wenig Unterstützung eine neue Stelle finden werden. Die Mehrheit der Arbeitslosen wird in den Abklärungskurs geschickt, in dem klar werden soll, welche Massnahmen dem Einzelnen am besten dienen. Nur wer diesen Kurs im zweiten Monat seiner Arbeitslosigkeit besucht hat, soll – so die Grundidee – anschliessend an aktiven arbeitsmarktlichen Massnahmen mitmachen können.

Wie sieht dieser *Abklärungskurs* aus, der erst in wenigen Kantonen erprobt wird? Der Kurs nimmt im Verlauf von vier Wochen rund sechs Tage in Anspruch. In der Gruppe und in Einzelgesprächen werden Lösungen für den Umgang mit der neuen Lebenssituation gesucht. Es wird eine berufliche Standortbestimmung gemacht und eine Zielsetzung erarbeitet. Der Kurs soll die Selbstverantwortung der Arbeitslosen aktivieren; sie werden motiviert aus der Entmündigung und Konsumhaltung des alten Taggeldregimes auszubrechen. Für jeden und jede wird ein Aktionsplan gestaltet: Wie suche ich gezielt nach Stellen? Welche Stellen eignen sich für mich? Brauche ich den Neuorientierungskurs (siehe unten)? Brauche ich berufsspezifische Weiterbildung, etwa einen Computerkurs oder ein Berufspraktikum? Muss ich mich umschulen lassen, mir neue Grundqualifikationen erwerben? Die Antworten auf diese Fragen sollen gemeinsam in einem Klima des gegenseitigen Vertrauens erarbeitet werden. Daraus entsteht ein individueller Aktionsplan, der nach zwei Monaten vorliegen sollte.

Wer damit noch nicht genügend gerüstet ist, besucht im dritten bis vierten Monat der Arbeitslosigkeit den *Neuorientierungskurs*. Einerseits geht es in diesem Kurs um eine Verfeinerung der Bewerbungstechnik. Anderseits steht er Arbeitslosen zur Verfügung, die im Arbeitsmarkt besondere Probleme haben, sei es, dass ihre Grundausbildung ungenügend ist, sei es, dass sie einen wenig gefragten Beruf erlernt haben und sich auf neue Arbeitsmöglichkeiten umschulen müssen. Geeignet ist der Kurs sicher auch für Arbeitslose, die Hierarchien und Abhängigkeiten satt haben und sich selbständig machen wollen.

Eine grosse Zahl von Arbeitslosen soll möglichst früh in *Bewerbungstechnik* geschult werden. Wie passen der Markt und meine Ausbildung zusammen? Wie muss ich eine Stelle suchen? Wie verfasse ich aussagekräftige Bewerbungsunterlagen? Wie verhalte ich mich in einem Vorstellungsgespräch? Die RAV versuchen die Arbeitslosen schon während der Kündigungsfrist für dieses Angebot zu motivieren; spätestens im dritten Monat der Arbeitslosigkeit sollte ein Bewerbungskurs besucht werden. Im Rahmen dieses Kurses lernen die Teilnehmenden auch die Dienstleistungen und die Infrastruktur des *Bewerbungsbüros* kennen. Dieses bietet Arbeitsräume mit PC, Telefon etc.; einschlägige Zeitungen mit Stelleninseraten liegen auf. Solche Bewerbungsbüros könnten, so der Plan, von gut qualifizierten Arbeitslosen aus dem

Dienstleistungsbereich betrieben werden. Die Bewerbungsbüros sind während der ganzen Arbeitslosigkeit frei zugänglich und benutzbar.

So läuft das Basisprogramm

Was?	Wann?
Anmeldung beim Arbeitsamt oder RAV ↓	1. Tag der Arbeitslosigkeit
Informationstag im RAV ↓	im 1. Monat
Erstes Beratungsgespräch im RAV (ca. 1 Stunde, nach Bedarf mehrere Gespräche) ↓	im 1. Monat
Abklärungskurs (6 Tage in 4 Wochen)	im 2. Monat
wenn nötig: Kurs Bewerbungstechnik (4 Tage in 4 Wochen) — Aktionsplan erstellt ↓ Individuelle arbeitsmarktliche Massnahmen — wenn nötig: Neuorientierungskurs (10 Tage in 2 Monaten)	ab 3. Monat

45 Prozent aller Arbeitslosen sind *Ausländerinnen und Ausländer*. Ein Viertel davon – das sind über 20 000 Menschen – gehört zu den Schwervermittelbaren. Ihnen fehlen schulische, berufliche und soziale Grundqualifikationen und sie wissen nicht, wie sie sich auf dem Arbeitsmarkt verhalten sollen. Für diese Personen sollen in Zukunft sechsmonatige Ausbildungsprogramme geschaffen werden. Darin wird Lesen, Schreiben, Rechnen sowie Deutsch unterrichtet; auch Basisinformationen über das schweizerische Sozialsystem gehören zum Programm. Vorge-

sehen ist eine Kombination von Bildung und Beschäftigung: Am Anfang steht ein sechswöchiger Sprachkurs für die bildungsungewohnten Arbeitslosen. Doch das allein genügt nicht, um die berufliche und soziale Integration zu fördern. Es geht darum, Sprachwissen mit Grund- und beruflichen Fachkenntnissen zu verbinden. Nach einer zweiwöchigen Vorbereitung folgt deshalb eine viermonatige Beschäftigungsphase, die mit Bildungselementen gespickt wird.

Die Durchführung des ganzen ambitiösen Konzepts – so der 1996 entworfene Plan – soll gegen 300 Millionen Franken pro Jahr kosten. Weitere 700 Millionen werden für andere arbeitsmarktliche Massnahmen (Weiterbildung, Beschäftigungsprogramme etc.) ausgegeben. Dieser höhere Aufwand soll sich durch eine generelle Verkürzung der Arbeitslosigkeit auszahlen. Man rechnet mit 18 800 neuen Arbeitslosen pro Monat, von denen 15 000 den Ab-klärungskurs besuchen, 7500 sich in die Technik der Bewerbung einführen lassen und 5600 sich neu orientieren wollen. 1480 Kursleiterinnen und Kursleiter sollen die 27 000 Kurse pro Jahr durchführen. Im Grund geht es um ein gigantisches Ausbildungsprogramm für Erwachsene.

Weiterbildung auf Kosten der Arbeitslosenkasse

Zeigt sich in den Abklärungsgesprächen, dass einem Arbeitslosen notwendiges Wissen fehlt, kann ein Kursbesuch das Richtige sein, um seine Vermittlungsfähigkeit zu verbessern. Damit ein solcher Kurs als arbeitsmarktliche Massnahme anerkannt wird (G60 und V81 ff.), muss er
– an einer anerkannten Schule stattfinden,
– geeignet sein, die Wissenslücken auszufüllen,
– eine berufliche Verbesserung bringen, welche die Chancen bei der Stellensuche erhöht, und
– zu den beruflichen Fähigkeiten des Versicherten passen.

Bis Ende 1995 zahlte die Arbeitslosenversicherung keine Kurse, die als *Grundausbildung* zu bezeichnen waren. Die Aufgabe der Arbeitslosenversicherung, so die Philosophie, bestehe lediglich darin, durch konkrete Eingliederungs- und Weiterbildungsmassnahmen eine bestehende Arbeitslosigkeit zu bekämpfen oder eine drohende zu verhindern. Es müsse sich jeweils um Vorkehren handeln, welche dem Versicherten erlaubten, sich dem industriellen und technischen Fortschritt anzupassen, oder ihn in die Lage versetzten, seine vorhandenen beruflichen

Fähigkeiten ausserhalb der angestammten, engen bisherigen Erwerbstätigkeit auf dem Arbeitsmarkt zu verwerten (ARV 1990 Nr. 9). Nach diesem Grundsatz wurden in der Regel Ausbildungen, die länger als ein Jahr dauerten, strikte abgelehnt. Doch der Wind hat gedreht: Die Arbeitslosenversicherung unterstützt heute mit den so genannten Ausbildungszuschüssen auch mehrjährige Ausbildungen (→ Seite 169).

Kursgesuche werden abgelehnt, wenn der Kurs ausschliesslich den beruflichen Aufstieg oder persönliches Wohlbefinden zum Ziel hat. Nicht individuelle Weiterbildung ist das Ziel, sondern eine Verbesserung der Chancen auf dem Arbeitsmarkt. Auch Arbeitslose, die ausschliesslich aus gesundheitlichen Gründen keine Stelle finden, werden nicht auf Kosten der Arbeitslosenkasse weiter geschult; für sie ist die IV zuständig. Diese foutiert sich aber zusehends um ihren Eingliederungsauftrag. Nur ausnahmsweise können Personen, die keinen Anspruch auf Arbeitslosenentschädigung haben, einen Kurs bezahlt bekommen (→ Seite 166).

Wenn Sie einen von der Arbeitslosenkasse bewilligten Kurs besuchen, erhalten Sie folgende Leistungen: Ersatz der Kursauslagen, Kosten für Lehrbücher und Lehrmaterial, Ersatz der Fahrkosten (öffentliches Verkehrsmittel), Anteil an der auswärtigen Verpflegung – und besondere Taggelder.

Wie muss ich vorgehen?

Fragen Sie zuerst beim RAV nach, welche Kurse in Ihrer Region nicht nur angeboten, sondern gegebenenfalls auch bewilligt werden. Es hat keinen Sinn, sich bei verschiedenen Schulen zu erkundigen, aus den Hochglanzprospekten den teuersten Kurs auszusuchen und zu glauben, die Arbeitslosenversicherung würde das Kursgeld nebst Taggeldern einfach bezahlen. Sie sollten also das Gespür dafür bekommen, was möglich ist. Kürzere Deutsch- und Computerkurse werden in den meisten Fällen bewilligt. Sobald aber eine längere Kursdauer vorgesehen ist, wird geprüft, ob die eingesetzten Mittel nicht in einem Missverhältnis zum möglichen nachhaltigen Profit auf dem Arbeitsmarkt stehen.

Zuerst zur bisherigen Regelung, die in einigen Kantonen auch 1997 noch bestehen bleibt: Vom Arbeitsamt erhalten Sie ein blaues Formular, das Sie zehn Tage vor Kursbeginn ausgefüllt abgeben müssen. Dieses wird ans KIGA weitergeleitet. Diese zehn Tage müssen Sie einhalten, verlangen Sie erst nach dem Kurs Ihr Geld, wird Ihnen nichts ausgezahlt.

Immer wieder kam es vor, dass nach einigen Tagen der Ungewissheit ein Kursgesuch abgelehnt wurde; die Frustration war entsprechend gross. Nach dem neuen Konzept werden die Weiterbildungsstrategien gemeinsam mit der Personalberaterin des RAV erarbeitet und dieses bewilligt auch die Kurse. Eine der vielen Doppelspurigkeiten sollte also im Lauf von 1997 verschwinden. Im Zeitpunkt der Drucklegung ist noch nicht klar, in welchen Kantonen nur das RAV für Kursgesuche zuständig ist.

Grundsätzlich können Sie jeden Kurs besuchen, der Ihre Vermittlungsfähigkeit verbessert, sei es an einer öffentlichen oder privaten Schule. Es lohnt sich, Weiterbildungskurse sorgfältig auszuwählen und in der Begründung detailliert anzugeben, wie viele Stellen Sie wegen Ihres mangelnden Wissens nicht erhalten haben und weshalb der ausgewählte Kurs Ihre Vermittlungsfähigkeit verbessert. Sonst riskieren Sie, dass das KIGA Ihr Gesuch ablehnt. Eine solche Ablehnung muss im Übrigen schriftlich begründet werden und Sie können gegen den Entscheid Beschwerde beim Sozialversicherungsgericht einreichen. Allerdings dauern solche Verfahren lange, im Kanton Zürich zurzeit zwei bis drei Jahre! Erst wenn Ihre Beschwerde gutgeheissen wird, erhalten Sie die Kursauslagen und Taggelder (mehr zur Beschwerde → Seite 223).

In der Regel bezahlt die Kasse die Vergütung zusammen mit dem Taggeld. Ihre Ansprüche müssen Sie innert drei Monaten bei der Kasse geltend machen, sonst verfallen sie.

Während Sie einen Kurs besuchen, kann Ihnen in der Regel keine Arbeit zugewiesen werden. Sie müssen während der Weiterbildungsmassnahme nicht vermittlungsfähig sein, weshalb meist auch keine persönlichen Arbeitsbemühungen verlangt werden. Ausnahmen: Sie müssen trotz Kursbesuch Stellen suchen, wenn der Kurs Sie nicht ganzwöchig auslastet, wenn Kursferien sind und im letzten Kursmonat. Stellen suchen muss auch, wer auf eigene Faust und Kosten einen Kurs absolviert (→ Seite 87).

Einige Beispiele aus der Gerichtspraxis

Die folgenden Beispiele aus der Praxis des Eidgenössischen Versicherungsgerichts sollen die richterlichen Überlegungen bei Kursgesuchen beleuchten:

Ein Chauffeur wollte sich wegen Rückenbeschwerden umschulen lassen. Sein Gesuch wurde mit folgender Begründung abgelehnt: Die Arbeitslosenversicherung darf keine finanziellen Leistungen erbringen, wenn eine erschwerte Vermittlung nicht auf Schwierigkeiten im Arbeitsmarkt, sondern auf einen bestehenden Gesundheitsschaden zurückzuführen ist. Die Beeinträchtigung der Arbeitsfähigkeit aus gesundheitlichen Gründen fällt in den Bereich der Invalidenversicherung (ARV 1985 Nr. 22).

Dies ist ein Entscheid aus alten Zeiten, an dem hoffentlich nicht festgehalten wird. Wie andernorts dargelegt (→ Seite 24), hat die IV ihren Eingliederungsgeist weitgehend aufgegeben. Immer seltener werden Behinderten Umschulungen und Weiterbildungen bezahlt. Die Invalidenversicherung wird sich in den nächsten Jahren kaum von ihrer haltlosen Praxis abbringen lassen (Defizit!). Behinderte haben aber nicht nur gesundheitliche Probleme, sie haben auch Probleme auf dem Arbeitsmarkt. Es wäre stossend, wenn man diese wirtschaftlichen Probleme nicht angehen würde, nur weil ein Arbeitsloser behindert ist.

Die allgemeine Förderung der beruflichen Weiterbildung ist nicht Sache der Arbeitslosenversicherung. Auch dazu drei Beispiele:

Studienreisen, mögen sie auch wissenschaftlichen Zwecken dienen, liegen im Rahmen dessen, was ein Geographielehrer auf Mittelschulstufe zur Aktualisierung seines Wissens gemeinhin unternehmen sollte. Hat ein solcher Fachlehrer schon viele Jahre immer wieder während der Schulferien zahlreiche derartige Exkursionen unternommen, stellen sie, auch wenn er arbeitslos geworden ist, keine Weiterbildung im Sinn der Gesetzgebung über die Arbeitslosenversicherung dar (ARV 1979 Nr. 21).

Ein Abendkurs, der den Versicherten nicht daran hindert, tagsüber zu arbeiten und seinen Lebensunterhalt zu verdienen, berechtigt nicht zu Taggeldzahlungen. Die Arbeitslosenversicherung bezahlt aber die Kurskosten (ARV 1986 Nr. 30).

Soll ein Kurs bewilligt werden, muss unter anderem auch seine Angemessenheit beachtet werden. Der zeitliche und finanzielle Aufwand muss mit dem angestrebten Kursziel in einem vertretbaren Verhältnis stehen. Eine dreijährige Weiterbildung zur individualpsychologischen Beraterin kann unter diesem Gesichtspunkt für eine Kindergärtnerin nicht als adäquate Massnahme zur Beendigung der Arbeitslosigkeit bezeichnet werden (ARV 1986 Nr. 17). Grosszügiger ist die Versicherung, wenn eine Lehre geplant ist (→ Seite 169).

Vor allem Sprachkurse gaben unter der alten Regelung immer wieder zu Diskussionen Anlass. Sie wurden häufig abgelehnt mit der Begründung, sie dienten mehr der persönlichen Weiterbildung des Arbeitslosen und verbesserten seine Chancen auf dem Stellenmarkt nicht wesentlich.

Abgelehnt wurde beispielsweise das Gesuch von Stefan M., der über eine vielseitige Ausbildung und über eine grosse Berufserfahrung verfügte. Er wollte einen fünfwöchigen Kurs für Französisch besuchen. Das Gericht meinte, vertiefte Kenntnisse der französischen Sprache vermöchten allenfalls die Vermittlung zusätzlich zu erleichtern. Das sei jedoch nicht ausschlaggebend: Entscheidend sei vielmehr, dass dem Beschwerdeführer in Anbetracht seiner vielseitigen Ausbildung und seiner Erfahrung in verschiedenen Berufen auf dem Arbeitsmarkt andere Arbeitsmöglichkeiten offen stünden, bei welchen umfassende Französischkenntnisse nicht notwendig seien. Weiterbildungen würden aber nur bezahlt, wenn die Vermittlung unmöglich oder stark erschwert sei (ARV 1985 Nr. 21).

Auch ein Möbelverkäufer wollte seine Französischkenntnisse verbessern und während zwei Monaten halbtags die Schule besuchen. Nein, meinte das EVG dazu: Auch wenn die Vertiefung der Fremdsprachenkenntnisse unter Umständen beruflich vorteilhaft sein könnte, so sei dies im konkreten Fall doch bloss ein theoretisch möglicher, aber unwahrscheinlicher Vorteil. Damit ein Kurs bewilligt werde, müsse aber die Wahrscheinlichkeit gegeben sein, dass dadurch die Vermittlungsfähigkeit tatsächlich und in erheblichem Mass gefördert werde (ARV 1985 Nr. 23).

Ein Gesuchsteller hatte eine Stelle in Amerika in Aussicht und besuchte während vier Monaten einen Englischkurs, den er von der Arbeitslosenkasse bezahlt haben wollte. Er musste sich sagen lassen, dass Massnahmen der schweizerischen Arbeitslosenversicherung nicht zum Zweck haben können, die Arbeitsuche eines in der Schweiz wohnhaften Versicherten im Ausland zu fördern (ARV 1993 Nr. 7).

Ein in der Körperpflege-Branche tätiger Productmanager war arbeitslos geworden und wollte während vier Monaten einen Sprachkurs in Malaga (Spanien) besuchen. Das wurde nicht bewilligt; die Begründung: Der Anspruch auf Leistungen beim Besuch eines Sprachkurses im Ausland muss verneint werden, wenn Zweifel an der Zweckmässigkeit des Kurses oder der Eignung des Schulbetriebs bestehen und weder Kurs noch Schulbetrieb überprüft werden können oder wenn zwischen Ziel und aufzuwendenden Mitteln kein vernünftiges Verhältnis besteht. Sprachkurse im Ausland werden nur dann zulasten der Arbeitslosenkasse bewilligt, wenn in der Schweiz keine Möglichkeit besteht, auf geeignete und zweckmässige Weise das angestrebte Ziel zu erreichen. Dies dürfte angesichts der neuen didaktischen und technischen Methoden auf diesem Gebiet eher die Ausnahme darstellen (ARV 1986 Nr. 36).

Die recht rigide Praxis der Gerichte bezüglich Sprachkurse beginnt zu wanken. Möglich, dass die soeben erwähnten Entscheide schon bei der nächsten Auflage des Ratgebers nicht mehr aktuell sein werden. 1997 beispielsweise konnten 240 jüngere Arbeitslose zwischen 18 und 40 dank einer Zusammenarbeit der Migros, der Eurocentres und des BIGA einen dreimonatigen Sprachkurs in England, Frankreich, Deutschland oder Italien besuchen. Ziel dieser Sprachkurse ist es, nicht nur die Berufschancen zu verbessern, sondern auch das Selbstvertrauen der Teilnehmerinnen und Teilnehmer und ihre positive Einstellung zur Weiterbildung zu fördern. Das Schulgeld und ein Teil der Unterkunfts- und Verpflegungskosten wurde von Migros, Eurocentres und der Arbeitslosenversicherung übernommen; die Kursbesucher mussten lediglich die Reise selbst bezahlen und sich mit rund 1200 Franken an den Kosten beteiligen.

Kurse für Selbständige und Wiedereinsteigerinnen

Bisher war immer von Personen die Rede, die während mindestens sechs Monaten Beiträge an die Arbeitslosenversicherung abgeführt haben, oder von Arbeitslosen, die von der Beitragspflicht befreit sind. Jetzt geht es um Menschen, die eigentlich kein Geld von der Arbeitslosenversicherung erwarten, um Selbständigerwerbende und um Wiedereinsteigerinnen ohne finanzielle Zwangslage.

Peter H. war zwanzig Jahre als selbständiger Architekt auf den Bau von Schlachthöfen spezialisiert. Jetzt findet er keine Aufträge mehr und gibt sein Geschäft auf. Ein anderes Beispiel: Anna R.s Kinder sind gross, sie möchte wieder in die Berufswelt einsteigen.

Beide haben Anspruch darauf, dass ihnen die Arbeitslosenkasse Kurse bezahlt (G60 Abs. 4). Bedingung ist, dass sie sich beim RAV oder Arbeitsamt melden, wie andere Arbeitslose stempeln und intensiv nach einer Stelle suchen. Finden sie nach längerer Zeit nichts, werden ihnen Weiterbildungskurse bewilligt. Taggeld allerdings gibt's nicht! Wie lange eine solche Weiterbildung finanziert wird, hängt stark vom Einzelfall ab. Voraussetzung ist, dass in dieser Zeit keine zumutbare Arbeit zugewiesen werden kann. Dieses Sonderangebot gilt leider nicht für Ausgesteuerte (→ Seite 191).

Berufslehre während der Arbeitslosigkeit?

Heute gibt es immer weniger Hilfsarbeiten, gesucht sind Menschen, die über eine gute berufliche Ausbildung verfügen. Bisherige Berufe verschwinden oder werden auf völlig neue Grundlagen gestellt. Ein Schriftsetzer etwa muss seinen Beruf am Computer von Grund auf erlernen.

Wie bereits erwähnt, zahlte die Arbeitslosenversicherung bisher keine Grundausbildungen. Gewichtige Ausnahme: die neu geschaffenen *Ausbildungszuschüsse*, die höchstens während einer dreijährigen Ausbildung bezahlt werden (G66a und V90a). Damit soll für schlecht in den heutigen Arbeitsmarkt passende Arbeitslose eine Grundausbildung oder eine Ergänzung zu einer veralteten Ausbildung möglich werden. Geld für eine Grundausbildung erhalten Sie, wenn Sie die folgenden Voraussetzungen erfüllen:

- Sie haben Anspruch auf Taggeld.
- Sie sind mindestens 30 Jahre alt.
- Sie besitzen keine abgeschlossene berufliche Ausbildung oder haben einen Beruf erlernt, in dem kaum noch Stellen zu finden sind.
- Sie können einen Lehrvertrag mit einem Konzept für Ihre Ausbildung vorlegen. Die Ausbildung muss mit einem Zeugnis abgeschlossen werden und sie muss Ihren Fähigkeiten entsprechen.
- Die Ausbildung muss Ihre Vermittelbarkeit verbessern.

Die Ausbildungszuschüsse werden während höchstens drei Jahren ausgezahlt; verschiedene Lehren dauern eigentlich länger. Das Berufsbildungsgesetz (BBG) ermöglicht aber älteren Semestern eine Berufslehre im abgekürzten Verfahren. Gemäss Artikel 41 können Erwachsene zur Lehrabschlussprüfung zugelassen werden, wenn sie mindestens anderthalbmal so lang im Beruf gearbeitet haben, wie die vorgeschriebene Lehre dauert.

Hans K., 32 Jahre alt, hat die letzten zehn Jahren in einer kleinen mechanischen Werkstatt gearbeitet. Eine Lehre hat er nie absolviert. Als der Chef stirbt, geht die Werkstatt ein. Hans K. würde sich für den Beruf des Feinmechanikers eignen, kennt aber die modernen Methoden nicht. Er findet eine Lehrstelle in einem Betrieb auf neuestem Stand. Die Dauer seiner Lehre kann auf drei Jahre verkürzt werden, da er schon zehn Jahre auf dem Beruf gearbeitet hat. Nach Abschluss der Lehre bestehen gute Chancen, dass Hans K. eine Stelle findet. Hans K. erhält Ausbildungszuschüsse.

Keine Ausbildungszuschüsse erhalten Personen, die ein Diplom einer Hochschule oder höheren Fachschule (HTL, HWV) besitzen oder die während mindestens drei Jahren eine solche Ausbildungsstätte besuchten.

An den Lehrmeister bei einem solchen Ausbildungsverhältnis werden folgende Anforderungen gestellt:
– Er muss befugt sein, Lehrlinge auszubilden.
– Er muss mit dem Arbeitslosen einen Lehrvertrag abschliessen.
– Er muss ihm den monatlichen Nettolohn (inklusive Ausbildungszuschuss, den er von der Arbeitslosenversicherung erhält) bezahlen und die Sozialversicherungsbeiträge auf Lehrlingslohn und Ausbildungszuschuss abführen. Das macht diese Lehrlinge für die Arbeitgeber sehr teuer; sodass diese arbeitsmarktliche Massnahme für sie wenig attraktiv ist.
– Er muss den Behörden jedes Jahr einen Kurzbericht erstatten und sie informieren, wenn er sieht, dass nicht mit einem erfolgreichen Abschluss gerechnet werden kann.

Welche Leistungen werden ausgerichtet?

Die Arbeitslosenkasse bezahlt die Differenz zwischen dem im Lehrvertrag festgelegten Bruttolohn und der Arbeitslosenentschädigung, maximal aber 3500 Franken pro Monat. Der Arbeitgeber muss ab Beginn der Ausbildung mindestens den für das letzte Lehrjahr vorgesehenen orts- und branchenüblichen Lohn entrichten.

Den Chefs von kaufmännischen Lehrlingen im Kanton Zürich wird empfohlen, im ersten Lehrjahr 590, im zweiten 760 und im dritten 1030 Franken zu bezahlen. Die vereinbarten Lehrlingslöhne werden von der Arbeitslosenversicherung auf den Betrag von 3500 Franken aufgestockt.

Die Zuschüsse werden während der Dauer der Ausbildung bezahlt, längstens während drei Jahren. In begründeten Ausnahmefällen ist eine Verlängerung möglich; die Rahmenfrist beträgt aber in keinem Fall mehr als vier Jahre. Die Verlängerung der normalen Rahmenfrist wird bei Beginn der Ausbildung wirksam, das heisst an dem Tag, an dem der oder die Versicherte erstmals in die Dienste des Arbeitgebers tritt. Wollen Sie also während der maximalen Dauer von drei Jahren Ausbildungszuschüsse beziehen, müssen Sie Ihr Gesuch während des ersten Jahres der Arbeitslosigkeit einreichen.

Das Gesuch samt Ausbildungsvertrag und -plan müssen Sie mindestens acht Wochen vor Beginn der Ausbildung beim KIGA einreichen.

Die hoffentlich positive Antwort sollte dann innert vier Wochen eintreffen. Gegen eine Ablehnung können Sie – oder Ihr zukünftiger Lehrmeister – beim Sozialversicherungsgericht Beschwerde einreichen (→ Seite 223).

Voraussehbare längere Abwesenheiten während der Ausbildungszeit sollten Sie vermeiden und beispielsweise den Beginn der Ausbildung so wählen, dass es nicht zu Überschneidungen mit langen Militär- und Zivilschutzdiensten kommt. Bei Krankheit oder Unfall muss der Lehrmeister den Lehrlingslohn im ersten Lehrjahr während mindestens drei Wochen, ab dem zweiten Lehrjahr für längere Zeit weiterzahlen (gemäss der Basler, Berner oder Zürcher Skala → Seite 297). Die Ausbildungszuschüsse erhalten Sie während der ganzen Arbeitsunfähigkeit. Wird die Ausbildung aus anderen Gründen unterbrochen oder wird der Ausbildungsvertrag gekündigt, werden auch die Ausbildungszuschüsse eingestellt.

Hinter den Ausbildungszuschüssen (wie auch den nachfolgend erklärten Einarbeitungszuschüssen) steckt eine gute Idee. Aus panischer Angst vor Missbräuchen werden diese Zuschüsse jedoch vielfach so unattraktiv gemacht, dass das Instrumentarium kaum genutzt wird; 1996 wurden nur sehr wenige Ausbildungszuschüsse bewilligt. Zudem entsteht eine angesichts der hohen Jugendarbeitslosigkeit unerwünschte Konkurrenzsituation. Soll der Arbeitgeber nicht lieber einem Jungen eine Chance bieten?

Einarbeitungszuschüsse für Erwerbsbehinderte

Diese schon länger praktizierte Massnahme will die dauerhafte Anstellung von schwer vermittelbaren Arbeitslosen fördern. Es werden bescheidene finanzielle Köder für Arbeitgeber ausgeworfen, die sonst wegen der Einarbeitungskosten auf eine Anstellung verzichten würden (G65 und V90). 1996 sind 4000 solche Gesuche bewilligt worden.

Fritz H., 58 Jahre alt, ist angelernter Hilfsarbeiter, seit über einem Jahr arbeitslos und leidet unter Depressionen. Die Firma R. würde ihn als Magaziner anstellen, jedoch nur zu einem sehr tiefen Lohn, da Fritz H. im Moment nicht sehr leistungsfähig ist. Alle Beteiligten sind überzeugt, dass er nach einer gewissen Anlaufzeit gute Leistungen erbringen wird. Fritz H. erhält Einarbeitungszuschüsse.

Einarbeitungszuschüsse werden ausgerichtet, wenn folgende Bedingungen erfüllt sind:

- Die beruflichen Voraussetzungen sind schlecht.
- Der Betroffene hat bereits 150 Taggelder bezogen.
- Die Vermittlung des Versicherten ist erschwert wegen seines fortgeschrittenen Alters, seiner schlechten beruflichen Qualifikationen, wegen schlechter körperlicher Verfassung oder geistiger Behinderung.
- Der verminderte Lohn während der Einarbeitungszeit muss der Arbeitsleistung entsprechen, und der Versicherte muss nach der Einarbeitung mit einer Einstellung zu orts- und branchenüblichen Bedingungen rechnen können, eventuell unter Berücksichtigung einer dauernd verminderten Leistungsfähigkeit.

Einarbeitungszuschüsse sind eine gute Möglichkeit für Arbeitgeber, die Erwerbsbehinderten eine Chance geben, aber nicht das ganze Risiko tragen wollen. In sechs beziehungsweise zwölf Monaten haben die Versicherten Zeit sich einzuarbeiten ohne den Druck, von Anfang an die volle Leistung erbringen zu müssen. Dadurch steigt die Chance, dass Menschen mit einer Beeinträchtigung wieder einen Dauerarbeitsplatz finden.

Die Einarbeitungszuschüsse decken den Unterschied zwischen dem tatsächlich bezahlten Lohn und einem normalen Salär bei voller Leistungsfähigkeit. Der Zuschuss darf höchstens 60 Prozent des normalen Lohnes ausmachen und wird nach jeweils zwei Monaten um einen Drittel des ursprünglichen Betrags gekürzt. Der Zuschuss wird zusammen mit dem Lohn ausgezahlt. Innerhalb der Rahmenfrist wird er höchstens während sechs Monaten gewährt; für ältere Arbeitnehmer ist eine Verlängerung bis zwölf Monate möglich.

Wie komme ich zu Einarbeitungszuschüssen?

Spätestens zehn Tage vor Beginn des Arbeitsverhältnisses müssen Sie dem KIGA Ihr Gesuch sowie die Bestätigung des Arbeitgebers, dass er Ihnen eine reduzierte Leistung zugesteht, und den Arbeitsvertrag einreichen.

Der Arbeitgeber muss sich verpflichten, Sie in den Betrieb einzuarbeiten und Ihnen während dieser Zeit einen orts- und branchenüblichen Lohn samt den Einarbeitungszuschüssen (die ihm von der Versicherung zur Verfügung gestellt werden) zu bezahlen. Von diesem Betrag gehen die üblichen Sozialabzüge weg. Der Arbeitgeber muss dem KIGA alle zwei Monate Bericht erstatten.

Mobilitätsförderungsbeiträge

In seltenen Fällen erhalten Pendler – sie kehren täglich an ihren Wohnort zurück – und Wochenaufenthalter aus der Arbeitslosenkasse Geld in Form von Beiträgen an die Fahrkosten beziehungsweise an die Kosten des auswärtigen Aufenthalts während der Woche (G68 ff. und V91 ff.). Voraussetzungen für diese wenig populären und eigentlich unsinnigen Beiträge sind: Sie finden in Ihrer Wohnregion keine zumutbare Arbeit und nehmen deshalb, um Ihre Arbeitslosigkeit zu beenden, Arbeit an einem weiter entfernten Ort an. Durch die auswärtige Arbeitstätigkeit entsteht Ihnen zudem, im Vergleich zu Ihrer letzten Tätigkeit, eine finanzielle Einbusse. Wenn Sie diese Voraussetzungen erfüllen, können Sie folgende Entschädigungen beantragen:

● Pendlern werden die Fahrkosten entschädigt, wenn der tägliche Arbeitsweg mehr als zwei Stunden je für den Hin- und den Rückweg beträgt. Ein Arbeitsweg, der unter vier Stunden pro Tag liegt, ist bekanntlich und unsinnigerweise zumutbar (→ Seite 100).

● Wochenaufenthaltern wird eine Pauschalentschädigung für die auswärtige Unterkunft und die Mehrkosten der Verpflegung vergütet, wenn es nötig ist, dass sie während der Woche am Arbeitsort bleiben.

Die Entschädigungen werden für maximal sechs Monate ausgerichtet. Pendlerkosten werden heute kaum je bezahlt. Schon eher in Frage kommen Wochenaufenthalterbeiträge: Wenn Sie an sich gegen einen Wohnungswechsel nichts einzuwenden haben, erhalten Sie so ein halbes Jahr lang Zeit zu prüfen, ob der neue Job wirklich Ihre Stelle auf Dauer ist.

Bevor Sie die Arbeit am weit entfernten Ort annehmen und sich ein Zimmer suchen, müssen Sie beim RAV das entsprechende Formular besorgen. Das Gesuch müssen Sie bis zehn Tage vor Arbeitsaufnahme beim KIGA einreichen, das dann den Entscheid fällt. Gegen eine Ablehnung können Sie Beschwerde einreichen (→ Seite 223).

Programme zur vorübergehenden Beschäftigung

Einsatzprogramme gab es schon unter dem alten Regime; nun aber sind sie eingehender geregelt (G72 ff. und V 96 ff.). Ziel solcher Programme ist es, Langzeitarbeitslosigkeit zu vermindern und eine raschere Wiedereingliederung der Versicherten ins Berufsleben zu bewirken. Die beruflichen Qualifikationen der Arbeitslosen sollen nach den Bedürfnissen des Arbeitsmarkts gefördert werden, und vor allem jugendliche Versicherte und Personen, die erstmals eine Erwerbstätigkeit aufnehmen wollen, sollen die Gelegenheit erhalten, Berufserfahrung zu sammeln.

Neu ist, dass die Kantone verpflichtet sind eine Mindestanzahl von Plätzen in Beschäftigungsprogrammen zur Verfügung zu stellen. Zurzeit sind das gesamtschweizerisch 25 000; der Kanton Zürich beispielsweise muss 4200 Plätze anbieten. Wird das kantonale Kontingent nicht erreicht, sind die Kantone verpflichtet, sich an den Kosten für die besonderen Taggelder zu 20 Prozent zu beteiligen. Denn die Arbeitslosen haben neu einen *Anspruch* auf eine vorübergehende Beschäftigung. Wenn der Kanton keinen geeigneten Platz zur Verfügung stellen kann, erhalten die Arbeitslosen 80 besondere Taggelder. Ist nach 80 Tagen (oder 16 Wochen) immer noch keine vorübergehende Beschäftigung möglich, besteht ein Anspruch auf weitere besondere Taggelder. Das Spiel geht gegebenenfalls bis zum Ablauf der zweijährigen Rahmenfrist weiter.

Die vorübergehende Beschäftigung kann in so genannten Beschäftigungsprogrammen oder als Berufspraktikum in Unternehmen und Verwaltung stattfinden. Voraussetzung für den Anspruch ist, dass dem oder der Betroffenen keine zumutbare Arbeit zugewiesen werden kann und dass keine andere arbeitsmarktliche Massnahme, zum Beispiel ein Umschulungskurs, eine Weiterbildung etc., in Frage kommt.

● **Beschäftigungsprogramme:** Die eidgenössische Versicherung leistet Beiträge an Programme, die von öffentlichen oder privaten, nicht auf Gewinn ausgerichteten Institutionen organisiert werden, wenn diese Programme zur Arbeitsbeschaffung oder zur beruflichen Eingliederung dienen. Die Programme dürfen die private Wirtschaft nicht unmittelbar konkurrenzieren. Es dürfen auch keine Aufgaben mitfinanziert werden, welchen den Gemeinden im Bereich des Sozial- und Fürsorgewesens zwingend obliegen. Ab 1997 zahlt die Arbeitslosenversicherung keine Beiträge mehr an Programme für Ausgesteuerte. Deshalb werden die Beschäftigungsprogramme als «vorübergehend» bezeichnet.

Möglich sind Beschäftigungen in Werkstätten, in denen beispielsweise Mobiliar, Werkzeuge, Spielsachen etc. zu gemeinnützigen Zwecken hergestellt werden. Zu denken ist auch an Einzeleinsätze im Landdienst, bei sozialen und gemeinnützigen Institutionen oder im Rahmen des Natur-, Heimat- und Umweltschutzes. Für arbeitslose Schulabgänger und Jugendliche, welche die Lehre abgebrochen haben, gibt es beispielsweise auch Beschäftigungsprogramme als Motivationshilfe für die Wahl des Bildungswegs oder zur Eingliederung in den Arbeitsmarkt. Diese so genannten Motivationskurse werden in verschiedenen Kantonen durchgeführt. Sie dauern sechs Monate und sollen die lange Wartefrist von Schulabgängern (120 Tage → Seite 130) überbrücken helfen.

Die Teilnehmerinnen und Teilnehmer stehen während des Beschäftigungsprogramms in einem befristeten Arbeitsverhältnis; sie erhalten die besonderen Taggelder in Form von Lohn. Ist dieser Lohn niedriger als das Taggeld, kann die Beschäftigung als Zwischenverdienst abgerechnet werden (→ Seite 135). Eine Sonderregelung besteht für die Beiträge an die Unfallversicherung: 1,9 Prozent des Lohns bezahlt der Organisator des Programms, 1,71 Prozent werden den Teilnehmenden abgezogen.

● **Betriebspraktika:** Zielgruppe für diese Massnahme sind Arbeitslose mit einer abgeschlossen Ausbildung, denen aber die nötige Praxis fehlt. Absolventen einer Berufslehre dürfen das Praktikum grundsätzlich nicht im gleichen Betrieb absolvieren, in dem sie die Lehre gemacht haben. Nur wenn ein Platz in einer anderen Abteilung, Zweigstelle oder einer anderen Sprachregion zur Verfügung steht und eine echte Zusatzausbildung gewährleistet ist, gibt es eine Ausnahme. Im Praktikumsvertrag sind mindestens 20 Prozent der Arbeitszeit für den Ausbildungsteil zu reservieren. Die Unternehmen, die Praktikanten beschäftigen, haben sich angemessen an den Lohnkosten zu beteiligen. Bei Absolventen mit Branchenerfahrung beträgt der Beteiligungssatz beispielsweise 40 Prozent des branchenüblichen Lohnes.

Einen Nachteil weisen diese Beschäftigungsprogramme und Betriebspraktika auf: Bis Ende 1996 konnte man während solcher Einsätze Beitragszeiten sammeln. Sechs Monate Beschäftigungsprogramm verschafften Langzeitarbeitslosen wieder eine zweijährige Rahmenfrist, während der sie neue Leistungen beziehen konnten – allerdings auf einem tieferen Lohnniveau. Seit dem 1. Januar 1997 ist es damit vorbei: Einsätze in von der Arbeitslosenversicherung finanzierten Beschäftigungsprogrammen werden nicht mehr als Beitragszeiten angerechnet.

Förderung des Vorruhestands

Arbeitgeber, die den freiwilligen Vorruhestand eines Mitarbeiters während mindestens zwei Jahren und bis zum Erreichen des reglementarisch festgesetzten oder gesetzlichen Rentenalters finanzieren und an dessen Stelle eine arbeitslose Person einstellen, erhalten eine Unterstützung der Arbeitslosenversicherung. Diese Regelung findet sich in einer separaten Verordnung über die Förderung des Vorruhestands vom 30. Oktober 1996.

Der oder die neue Angestellte muss bei Stellenantritt mindestens sechs Monate arbeitslos gewesen sein und eine Beitragszeit von sechs Monaten oder mehr nachweisen können oder von der Beitragspflicht befreit sein. Die Anstellung sollte auf Dauer ausgerichtet sein und der Lohn den orts- und branchenüblichen Ansätzen entsprechen.

Die Unterstützungszahlungen betragen höchstens 50 Prozent des letzten Lohnes des in den Vorruhestand tretenden Mitarbeiters; die obere Grenze liegt bei 50 Prozent des maximalen versicherten Verdienstes, also bei 48 600 Franken pro Jahr (Stand 1997). Sie werden innerhalb einer zweijährigen Rahmenfrist ab Antritt des Vorruhestands während 24 Monaten bezahlt, jedoch nur so lange, als die Stelle noch mit einer vorher arbeitslosen Person besetzt ist.

Der Arbeitgeber überweist die Unterstützung der Arbeitslosenversicherung zusammen mit allfälligen eigenen Zahlungen an den in den Vorruhestand getretenen Mitarbeiter. Auf der Grundlage des letzten Lohnes muss er weiterhin die Arbeitgeberbeiträge an dessen Pensionskasse bezahlen. Den Arbeitnehmeranteil darf er von der Zahlung der Arbeitslosenversicherung abziehen.

Will ein Arbeitgeber – mit dem Einverständnis des in den Vorruhestand geschickten Mitarbeiters – auf diese Weise einem Arbeitslosen eine Chance geben, muss er bei der zuständigen Amtsstelle ein Gesuch um Unterstützung des Vorruhestands einreichen. Wird es bewilligt, zahlt die Arbeitslosenkasse die Unterstützung nachträglich halbjährlich, sofern der Arbeitgeber beweisen kann, dass er tatsächlich einen Arbeitslosen angestellt hat.

Das Wichtigste in Kürze

- Benutzen Sie die Weiterbildungsangebote der Arbeitslosenversicherung! Holen Sie sich daraus, was Ihnen irgendwie nützen kann.

- Wer sich weigert an arbeitsmarktlichen Massnahmen teilzunehmen, verliert den Anspruch auf besondere Taggelder.

- Die Kantone sind verpflichtet Beschäftigungsprogramme für ihre Arbeitslosen bereitzustellen. Kann Ihnen kein Platz in einem Programm zugewiesen werden, haben Sie dennoch Anspruch auf besondere Taggelder.

- Wenn Ihre berufliche Ausbildung bisher zu kurz gekommen ist, besteht die Gelegenheit, mit Unterstützung der Arbeitslosenversicherung eine solide Grundausbildung nachzuholen. So genannte Ausbildungszuschüsse erhalten über 30-Jährige.

- Selbständige und Wiedereinsteigerinnen, die keine Beitragszeiten mitbringen und deshalb keine Taggelder beziehen können, haben unter Umständen Anspruch auf bezahlte Weiterbildung.

14.
Unternehmer werden aus der Arbeitslosigkeit

Vor 1996 war es bei der Arbeitslosenversicherung verpönt, an eine selbständige Erwerbstätigkeit auch nur zu denken. Allenfalls wurde eine selbständige Arbeit als Zwischenverdienst toleriert, gegebenenfalls auch bei Versicherten, deren Stellensuche fast hoffnungslos war. Zu gross war die Angst, Versicherte könnten sich auf Kosten der Arbeitslosenversicherung eine lukrative Existenz aufbauen. Wer dabei erwischt wurde, dass er eine selbständige Tätigkeit vorbereitete oder ausübte, dem wurde normalerweise die Vermittlungsfähigkeit abgesprochen. So wurden Versicherte immer wieder gezwungen heimlich Vorbereitungen zu treffen.

Diese Zeiten sind vorbei. Jetzt ist auch der Arbeitslosenversicherung klar geworden, dass die eigene Firma eine gute Alternative zur Suche nach Angestelltenarbeit sein kann. Neu unterstützt die Versicherung Arbeitslose beim Aufbau einer selbständigen Erwerbstätigkeit, welche die Arbeitslosigkeit aller Wahrscheinlichkeit nach *auf Dauer* beenden wird (vorübergehende Selbständigkeit als Zwischenverdienst → Seite 136). Auch von Arbeitslosigkeit Bedrohte können diese Unterstützung erhalten. Damit sind Arbeitnehmer gemeint, die bereits die Kündigung erhalten haben; blosse Gerüchte um eine Betriebsschliessung oder Reorganisation genügen nicht. Die Arbeitslosenversicherung unterstützt zukünftige Unternehmer auf zwei Arten (G71a bis G71d und V95a bis V95e):
- mit maximal 60 besonderen Taggeldern während der Planungsphase fürs eigene Geschäft (bei selbständiger Tätigkeit in der Schweiz oder im Ausland)
- durch Übernahme einer Verlustrisikogarantie (nur bei Tätigkeit in der Schweiz)

Die besonderen Taggelder und die Verlustrisikogarantie können auch kombiniert werden. Im Folgenden geht es nur um diese Unterstützung durch die Arbeitslosenversicherung. Wenn Sie sich eingehender informieren möchten, wie Sie ein eigenes Geschäft am besten aufbauen, finden Sie viele nützliche Tipps und Checklisten im Beobachter-Ratgeber «Ich mache mich selbständig».

Besondere Taggelder für die Planungsphase

Wer für die Planung der eigenen Firma besondere Taggelder beziehen will, muss einige Voraussetzungen erfüllen:
- Er oder sie muss arbeitslos oder unmittelbar von Arbeitslosigkeit bedroht sein; aber *nicht durch eigenes Verschulden.* Wer sein Arbeitsverhältnis «schuldhaft» auflöst, erhält keine Planungstaggelder. Damit soll verhindert werden, dass jemand absichtlich arbeitslos wird, um sich den lang gehegten Traum von der eigenen Firma möglichst bequem zu erfüllen.
- Die *Mindestbeitragszeit* von sechs Monaten muss erfüllt sein. Wer keine Beitragszeit mitbringt, hat auch keinen Anspruch auf eine finanzierte Selbständigkeit.
- Zukünftige Unternehmer müssen *mindestens 20 Jahre alt* sein.
- Sie müssen ein *Grobprojekt* für eine wirtschaftlich tragfähige und dauerhafte Erwerbstätigkeit besitzen. Wichtig ist, dass dieses Projekt Gewähr dafür bietet, dass die Arbeitslosigkeit definitiv beendigt wird.
- Bei der angestrebten Tätigkeit muss es sich um eine *Vollzeitbeschäftigung* handeln, da sonst weiterhin eine Teilarbeitslosigkeit besteht. Falls ein Versicherter nicht voll ausgelastet ist, muss er sich um weitere Aufträge bemühen. In keinem Fall kann er die fehlende Auslastung mithilfe der Versicherung kompensieren.

Während der Planungsphase für die selbständige Tätigkeit können maximal 60 besondere Taggelder bezahlt werden. Diese Planungstaggelder sind gleich hoch wie die normalen, werden jedoch nicht an den Anspruch angerechnet. Sollte also Ihr Projekt scheitern und Sie wieder arbeitslos werden, können Sie Ihre noch nicht verbrauchten Taggelder weiter beziehen. Wie viele Planungstaggelder Sie erhalten, hängt von der Art des Projekts ab und davon, wie weit es schon gediehen ist. Sobald das Projekt abgeschlossen ist und die selbständige Tätigkeit aufgenommen wird, hört die Taggeldberechtigung auf. Nur die Projektphase wird finanziert. Wer sich also mit wenig Aufwand vom Schlafzimmer aus schon kurz nach der Kündigung selbständig macht, geht leer aus.

In der Zeit, in der die besonderen Taggelder ausgerichtet werden, müssen Sie nicht vermittlungsfähig sein. Sie müssen auch keine persönlichen Arbeitsbemühungen nachweisen und die Kontrollvorschriften nicht mehr erfüllen. Sie können sich also ganz aufs Geschäft konzentrieren und müssen nicht (wie vor 1996) so tun, als suchten Sie noch immer intensiv nach einer Stelle.

Es ist nicht möglich, während der Planungsphase einen Zwischenverdienst abzurechnen und so das Einkommen aufzubessern. Die besonderen Taggelder sind für die Planung bestimmt; dieser Zweck soll nicht durch eine Nebentätigkeit vereitelt werden.

Wie verlange ich Planungstaggelder?

Zuständig für die Bewilligung der Planungstaggelder ist das KIGA. Diesem müssen Sie ein schriftliches Gesuch mit folgenden Angaben und Unterlagen einreichen:
- Lebenslauf
- Berufsdiplom, Fach- oder Hochschulabschluss
- Nachweis beruflicher Weiterbildung
- Arbeitszeugnis
- Beschreibung Ihrer bisherigen Tätigkeiten mit Referenzen
- Nachweis angemessener Kenntnisse in der Geschäftsführung

Dem Gesuch müssen Sie ein Grobkonzept für Ihre zukünftige Tätigkeit beilegen, das deutlich aufzeigt, dass Ihre Firma Ihnen eine wirtschaftlich tragfähige und dauerhafte Existenz bieten wird. Dabei geht es um Punkte wie:
- Art der selbständigen Geschäftstätigkeit mit allen Angaben über personelle Organisation, Logistik, Infrastruktur, Lokalitäten, Rechtsform und den Ort des Sitzes der Unternehmung
- Beschrieb der Produkte oder der Dienstleistung, die Sie anbieten werden
- Zahlen zu möglichen Absatzmärkten und zur Konkurrenz; wird die Geschäftstätigkeit vor allem im Ausland liegen, sind entsprechende juristische oder wirtschaftliche Kenntnisse nachzuweisen.
- Angaben über den Kundenkreis, die auf realistischen und voraussehbaren Grundlagen basieren; keine spekulativen Elemente
- eine Aufstellung über die Kosten des Projekts, welche die Kosten der Planungsphase und die ungefähren Gesamtkosten enthält
- ein Finanzierungskonzept, in dem Sie Auskunft geben über die Finanzierungsquellen, den Anteil von fremdem und eigenem Kapital, bestehende oder geplante Kredite etc.

- Angaben zum Stand des Projekts (ganz am Anfang, schon in fortgeschrittenem Entwicklungsstadium etc.)

Die kantonale Amtsstelle (KIGA) kann nach ihrem Ermessen weitere notwendige Informationen zur Beurteilung des Gesuchs einfordern.

Ihr Grobprojekt muss so weit ausgearbeitet sein, dass es innert drei Monaten (60 Taggelder) zu einer selbständigen Erwerbstätigkeit führen kann. Ist die Planung bereits zu weit fortgeschritten, kann Ihr Gesuch abgelehnt werden mit der Begründung, eine Planungsphase sei nicht mehr notwendig. Ist das Projekt aber nur skizziert, wird das Gesuch vermutlich mit dem Argument abgelehnt, drei Monate reichten nicht aus, es zu realisieren. Aufgrund des Projektstands entscheidet das KIGA, wie viele der 60 Taggelder Sie erhalten. Wie so oft: Das Nadelöhr ist eng. Das System will fördern, stellt aber zu hohe Hürden auf.

Das Gesuch können Sie während der ganzen ordentlichen Rahmenfrist stellen. Sie sollten es aber spätestens 16 Wochen vor Ablauf der ordentlichen zweijährigen Rahmenfrist beim KIGA Ihres Wohnkantons eingereicht haben. Vier Wochen werden für die Bearbeitung gebraucht; anschliessend können Ihnen die 60 Taggelder während zwölf Wochen ausgezahlt werden. Diese Auszahlung ist nur innerhalb der ordentlichen zweijährigen Rahmenfrist für den Leistungsbezug (→ Seite 28) möglich. Haben Sie das Gesuch zu spät gestellt, können Sie nicht mehr alle 60 Taggelder beziehen.

Während der Planungsphase sollten keine grösseren Einnahmen erzielt werden. Ein kleines Einkommen, das dem Planungsstand entspricht, wird aber nicht von den besonderen Taggeldern abgezogen. Diese stellen ein Startkapital dar, das nicht durch erste kleine Einnahmen wieder gekürzt werden soll.

Dem KIGA müssen Sie nach Abschluss der Planungsphase – spätestens mit dem Bezug des letzten besonderen Taggelds – mitteilen, ob Sie die selbständige Erwerbstätigkeit nun definitiv aufnehmen. Sagen Sie Ja zur Selbständigkeit, wird Ihre Rahmenfrist mit Beginn der selbständigen Erwerbstätigkeit um zwei Jahre erstreckt. Scheitern Sie mit Ihrer Firma, so können Sie in der erstreckten Rahmenfrist noch die nicht bezogenen normalen und besonderen Taggelder verlangen, auf die Sie innert der regulären zwei Jahre Anspruch gehabt hätten.

Das Selbständigmachen mithilfe der Arbeitslosenversicherung ist populär. 1996 gingen bei den kantonalen Ämtern gegen 2000 Gesuche für Planungstaggelder ein.

Missbrauch wird bestraft

Wer in der Planungsphase besondere Taggelder bezieht und danach aus eigenem Verschulden keine selbständige Tätigkeit aufnimmt, muss mit einer Stempelbusse rechnen. Wer nachvollziehbare Gründe angeben kann, weshalb er die selbständige Tätigkeit nun doch nicht aufnimmt, erhält keine Einstelltage aufgebrummt. Unterlässt aber ein zukünftiger Selbständiger sinnvolle und notwendige Vorbereitungsarbeiten ohne guten Grund und unternimmt kaum Anstrengungen, seine Firma in Gang zu bringen, dann wird er mit bis zu 25 Einstelltagen gebüsst (G30 Abs. 3).

Übernahme des Verlustrisikos

Die Arbeitslosenversicherung beteiligt sich unter bestimmten Voraussetzungen am Verlustrisiko einer Bürgschaft, die eine gewerbliche Bürgschaftsgenossenschaft einem Arbeitslosen für die Finanzierung seines Unternehmens gewährt (V95c und V95d). Die Hauptschuld darf 150 000 Franken nicht übersteigen; für Kosten und Zinsen können maximal 30 000 Franken eingesetzt werden. Die gesamte Bürgschaft darf also auf einer Summe von höchstens 180 000 Franken gewährt werden. Davon übernimmt der Bund 60 Prozent, die Bürgschaftsgenossenschaft 20 und die Arbeitslosenversicherung die restlichen 20 Prozent (maximal also 36 000 Franken).

Den beantragten Kredit erhalten Sie weder von der Arbeitslosenversicherung noch von der Bürgschaftsgenossenschaft, sondern aufgrund der Bürgschaftszusage von einer Bank. Solche Kredite müssen Sie in der Regel innert zehn Jahren amortisieren. Entsteht aus der Ihnen gewährten Bürgschaft ein Verlust, zieht die Arbeitslosenversicherung die entsprechende Summe von Ihrem restlichen Taggeldanspruch ab.

Als Voraussetzung für die Übernahme des Verlustrisikos durch die Arbeitslosenversicherung gelten im Prinzip die gleichen Bedingungen wie bei den besonderen Taggeldern für die Planung (von der Beitragszeit Befreite haben keinen Anspruch). Die vorgeschriebenen Fristen (siehe unten) sind unbedingt einzuhalten. Sind sie verpasst, ist eine Verlängerung nicht möglich.

Die Verlustrisikogarantie kann mit den besonderen Taggeldern für die Planung gekoppelt werden – je nachdem ob ein Arbeitsloser bereits über ein ausgereiftes Projekt für seine künftige selbständige Tätigkeit verfügt oder nicht. 1996 hat sich diese arbeitsmarktliche Massnahme als wenig attraktiv erwiesen. Nur etwas mehr als 100 Gesuche gingen ein.

Übernahme des Verlustrisikos ohne besondere Taggelder

Die Verlustrisikogarantie ohne besondere Taggelder ist für Versicherte vorgesehen, die bereits über ein ausgearbeitetes Projekt verfügen und deshalb keine Planungsphase benötigen, sich aber für den Fall eines Verlustes gleichwohl bei der Bürgschaftsgenossenschaft und bei der Arbeitslosenversicherung absichern wollen.

Ihr Gesuch um Übernahme der Verlustrisikogarantie, das Sie beim KIGA einreichen, muss folgende Punkte enthalten:
– eine Auflistung Ihrer beruflichen Kenntnisse und Tätigkeiten
– den Nachweis, dass Sie genügend Kenntnisse in der Geschäftsführung besitzen
– Unterlagen zu Kapitalbedarf und Finanzierung während des ersten Geschäftsjahrs
– ein ausgearbeitetes Projekt, am besten in Form eines klar gegliederten Businessplans, der Auskunft gibt über Produkte oder Dienstleistungen, Absatzmärkte, Firmenform und -organisation, Finanzen, Personal etc.

Dieses Gesuch müssen Sie innerhalb der ersten 22 Wochen kontrollierter Arbeitslosigkeit einreichen; die Frist kann nicht verlängert werden. Das KIGA prüft innert vier Wochen, ob Sie die Voraussetzungen erfüllen; die Kriterien sind dieselben wie für den Bezug besonderer Taggelder. Fällt der Entscheid positiv aus, wird Ihr Gesuch an die Bürgschaftsgenossenschaft weitergeleitet, welche es nach wirtschaftlichen Kriterien prüft. Die Bürgschaftsgenossenschaft entscheidet ebenfalls innert vier Wochen.

Übernahme des Verlustrisikos plus besondere Taggelder

Besitzen Sie noch kein ausgearbeitetes Projekt für Ihre zukünftige Firma, können Sie gleichzeitig ein Gesuch um besondere Taggelder und um die Übernahme des Verlustrisikos stellen. In diesem Fall müssen Sie das Gesuch innerhalb der ersten zehn Wochen kontrollierter Arbeitslosigkeit beim KIGA einreichen. Diese Frist kann nicht erstreckt werden. Das KIGA prüft innert vier Wochen, ob Sie die Voraussetzungen für einen Anspruch erfüllen und entscheidet, ob und wie viele Taggelder

Ihnen ausgerichtet werden. Kommt das KIGA zu einem positiven Entscheid, verweist es Sie an die zuständige Bürgschaftsgenossenschaft. Wenn Ihnen alle 60 Taggelder zugesprochen werden, haben Sie anschliessend drei Monate Zeit ein detailliertes Projekt auszuarbeiten. Dieses müssen Sie innerhalb der ersten 26 Wochen kontrollierter Arbeitslosigkeit (10 + 4 + 12) der Bürgschaftsgenossenschaft zur Prüfung einreichen. Diese entscheidet innert eines Monats, ob sie Ihnen eine Bürgschaft gewährt.

Achtung: Haben Sie, während die Prüfung der Bürgschaftsgenossenschaft läuft, Ihre 60 Planungstaggelder bereits ausgeschöpft, erhalten Sie in dieser Zeit weder normale, noch besondere Taggelder. Es ist deshalb klüger, das Gesuch schon vier Wochen vor Ende der bewilligten Planungsphase einzureichen.

Das Wichtigste in Kürze

● Wollen Sie sich selbständig machen, leistet die Arbeitslosenversicherung einen bescheidenen Beitrag in der Höhe von rund drei Monatslöhnen (zu ca. 70 beziehungsweise 80 Prozent gerechnet), die so genannten Planungstaggelder. Sollten Ihre Bemühungen ohne Ihr Verschulden scheitern, können Sie innerhalb einer verlängerten Rahmenfrist wieder Taggelder beziehen.

● Wer schon ein eigenes Geschäft hat, erhält keine Unterstützung mehr. Stellen Sie deshalb den Antrag auf die Taggelder am Anfang der Planung Ihrer Selbständigkeit.

● Wenn Sie die Finanzierung Ihres Unternehmens über eine Bürgschaftsgenossenschaft absichern, beteiligt sich die Arbeitslosenversicherung am Verlustrisiko, allerdings nur für Bürgschaften bis maximal 180 000 Franken. Ein solches Gesuch müssen Sie früh einreichen: in den ersten 22 Wochen der Arbeitslosigkeit beziehungsweise in den ersten zehn Wochen, wenn Sie gleichzeitig Planungstaggelder beziehen wollen.

15. Sonderregeln für ältere Arbeitslose

Arbeitslose, die kurz vor der AHV-Altersgrenze stehen, haben es auf dem Arbeitsmarkt besonders schwer. Wer stellt heute schon eine 59-jährige ein? Für sie und für die vorzeitig Pensionierten enthält das Gesetz einige spezielle Regeln.

Die Rahmenfrist wird verlängert

Grundsätzlich gilt auch für ältere Arbeitslose die zweijährige Rahmenfrist für den Leistungsbezug (→ Seite 28). Wird jemand jedoch *30 Monate oder weniger* vor Erreichen des AHV-Alters arbeitslos, kann die Rahmenfrist um höchstens 6 Monate verlängert werden und beträgt also 2½ Jahre (V41b). In dieser verlängerten Rahmenfrist haben Sie Anspruch auf 120 zusätzliche Taggelder. Sie müssen im letzten halben Jahr auch keine Stellenbemühungen mehr nachweisen.

Wichtig ist: Wenn Sie sich mehr als 30 Monate vor Erreichen des AHV-Alters bei der Arbeitslosenversicherung anmelden, verlängert sich Ihre Rahmenfrist nicht. Es kommt dabei auf einen einzigen Tag an! Es kann sich also durchaus lohnen, mit der Anmeldung ein, zwei Monate zuzuwarten. Vielleicht lässt auch Ihr Arbeitgeber mit sich reden und schiebt die Kündigung um eine kurze Zeit hinaus.

Was gilt bei vorzeitiger Pensionierung?

Eine vorzeitige Pensionierung ist heute vielfach nicht mit einem freiwilligen Rückzug aus der Arbeitswelt gleichzusetzen. Die Arbeitslosenversicherung behandelt das «Problem» unterschiedlich, je nachdem ob der Rückzug aus dem Erwerbsleben freiwillig erfolgt oder nicht (V12).

Von der vorzeitigen Pensionierung zu unterscheiden ist der *Freizügigkeitsfall:* Arbeitnehmer haben, wenn ihr Arbeitsverhältnis zu Ende ist, Anspruch auf Übertragung ihres angesparten Pensionskassenkapitals an die Personalvorsorgeeinrichtung des neuen Arbeitgebers – oder, wenn sie keine neue Stelle antreten, auf ein Freizügigkeitskonto. Dieses Freizügigkeitskonto dient primär der Erhaltung des Vorsorgeschutzes; von Ausnahmen abgesehen darf das Geld auch nicht bar ausgezahlt werden. Hier liegt keine vorzeitige Pensionierung vor: Wer kurz vor Erreichen der offiziellen AHV-Altersziellinie die Stelle verliert und keine Leistungen der Pensionskasse bezieht, ist ein ganz normaler Arbeitsloser.

Unfreiwillig vorzeitig pensioniert

Wer aus Gründen, die nicht in seiner Person liegen, vor dem AHV-Alter mit der Arbeit aufhören muss, gilt als unfreiwillig vorzeitig pensioniert (V12). Klassisches Beispiel: Der Arbeitgeber muss aus wirtschaftlichen Gründen Stellen abbauen und tut dies über vorzeitige Pensionierungen. Auch enthalten verschiedene Pensionskassen zwingende Bestimmungen zum Pensionsalter (etwa Zwangspensionierung mit 60). Wenn die Altersleistungen der Pensionskasse tiefer als die Arbeitslosenentschädigung sind, ist Stempeln möglich. Grundsätzlich gleicht die Arbeitslosenkasse die Differenz durch Taggelder aus. Es ist aber eine Rechnungsfrage, ob tatsächlich etwas bezahlt wird. Die Arbeitslosenentschädigung beträgt 90 Prozent des versicherten Verdienstes; davon werden die Leistungen aus der beruflichen Vorsorge abgezogen. Auch wenn vorzeitig Pensionierte einen Zwischenverdienst (→ Seite 135) erzielen, dürfen die Altersleistungen zusammen mit den Zahlungen der Arbeitslosenversicherung 90 Prozent des versicherten Verdienstes nicht übersteigen.

Hermann A., allein stehend, hat einen versicherten Verdienst von 5155 Franken. Von der Pensionskasse erhält er 3000 Franken. Die Arbeitslosenkasse stockt dies auf 90 Prozent des versicherten Verdienstes, also auf rund 4640 Franken, auf.

Versicherter Verdienst	*Fr.*	*5155.–*
Mögliche ALE 90 %	*Fr.*	*4639.50*
Leistung PK	*Fr.*	*3000.–*
Auszahlung ALE	*Fr.*	*1639.50*

Mit einem Zwischenverdienst sieht die Rechnung der Arbeitslosenkasse folgendermassen aus:

Zwischenverdienst Fr. 600.–
Leistung PK	Fr. 3000.–
Zwischenverdienst	Fr. 600.–
Auszahlung ALE	*Fr. 1039.50*
Total	Fr. 4639.50

Zwischenverdienst Fr. 1200.–
Leistung PK	Fr. 3000.–
Zwischenverdienst	Fr. 1200.–
Auszahlung ALE (gekürzt)	*Fr. 439.50*
Total	Fr. 4639.50

Zwischenverdienst Fr. 1700.–
Leistung PK	Fr. 3000.–
Zwischenverdienst	*Fr. 1700.–*
Total	Fr. 4700.– (> 90 %)
Keine Auszahlung ALE	

Vorzeitige Pensionierungen führen oft zu komplizierten Rechnereien. Geprüft wird zuerst einmal, welche Leistungen der Pensionskasse ein Versicherter erworben hat. Angerechnet werden alle erworbenen Altersleistungen aus der obligatorischen (so genanntes BVG-Minimum) und der weiter gehenden beruflichen Vorsorge, die in Form einer Rente oder Kapitalabfindung erbracht werden. Die Arbeitslosenversicherung geht dabei vom tatsächlich erworbenen Anspruch aus, auch wenn der Versicherte vielleicht viel weniger oder gar nichts ausgezahlt bekommt – beispielsweise weil er das Vorsorgekapital für sein Eigenheim verpfändet hat oder weil er den Rentenbezug aufschieben will.

Grundsätzlich nicht als Altersleistungen der Pensionskasse gelten nichtreglementarische, freiwillige Leistungen des Arbeitgebers, etwa Abgangsentschädigungen oder Leistungen im Rahmen eines Sozialplans, wie sie vor allem bei Entlassungen aus wirtschaftlichen Gründen zur Auszahlung kommen.

Freiwillig vorzeitig pensioniert

Nicht alle vorzeitig Pensionierten können Leistungen der Arbeitslosenversicherung beanspruchen. Es kommt darauf an, ob jemand freiwillig oder zwangsweise aus dem Erwerbsleben austritt. Wird jemand vorzeitig pensioniert aus Gründen, die in seiner Person liegen, beispielsweise wegen gesundheitlichen Schwierigkeiten, gilt dies als freiwillige vorzeitige Pensionierung.

Bei freiwilliger vorzeitiger Pensionierung zählt für die Arbeitslosenversicherung nur diejenige beitragspflichtige Beschäftigung, die *nach der Pensionierung* ausgeübt worden ist. Der oder die freiwillig Pensionierte muss also nach der Pensionierung sechs Monate gearbeitet und Beiträge bezahlt haben, bevor er oder sie stempeln kann. Der Verdienst, der mit dieser neuen Arbeit erzielt wurde, ist ausschlaggebend für die Taggeldberechnung. Es ist also nicht möglich, sich pensionieren zu lassen und anschliessend auf der Basis des (vielleicht ansehnlichen) bisherigen Lohn Arbeitslosenentschädigung zu erhalten.

Wer übrigens freiwillig zurückgetreten ist und gleichzeitig die offizielle AHV-Rente früher bezieht (das ist ab 1997 möglich), hat in keinem Fall mehr Anspruch auf Arbeitslosengeld, auch wenn er neben einer Rente seiner früheren Pensionskasse während mehr als sechs Monaten einen Verdienst erzielt hat.

Das Wichtigste in Kürze

- Wer zweieinhalb Jahre vor Erreichen des AHV-Alters arbeitslos wird, kann nicht nur zwei, sondern zweieinhalb Jahre lang Taggelder beziehen.

- Wer zwangsweise vorzeitig pensioniert wird (wirtschaftliche Gründe), kann stempeln gehen. Wer sich freiwillig vor Erreichen des Rentenalters zurückzieht, hat mehr Mühe Stempelgeld zu erhalten.

16.
Ausgesteuert: Ende der Zahlungen

Arbeitslose, die den maximalen Taggeldanspruch ausgeschöpft haben, ohne dass sie eine Stelle finden, gelten als ausgesteuert. Über 50 000 Personen werden 1997 ausgesteuert werden. Sie erhalten keine weiteren Leistungen von der eidgenössischen Arbeitslosenversicherung, insbesondere keine Taggelder mehr. Auch Weiterbildungskurse werden ihnen nicht mehr bezahlt. Es empfiehlt sich aber trotzdem, gemeldet zu bleiben und von den sonstigen Dienstleistungen (vor allem Stellenvermittlung) zu profitieren.

Ausgesteuert wird man meist nach zwei Jahren, wenn die so genannte Rahmenfrist für den Leistungsbezug abgelaufen ist (→ Seite 28). Weigert sich ein Arbeitsloser an aktiven arbeitsmarktlichen Massnahmen teilzunehmen, können die Taggeldzahlungen auch schon früher eingestellt werden.

In mehr als zwei Dritteln der Kantone gibt's nach den zwei Jahren nochmals eine finanzielle Galgenfrist: Die Ausgesteuerten können während einer bestimmten Zeit (60 bis 280 Arbeitstage) kantonale Arbeitslosen-, Wirtschafts- oder Krisenhilfe beanspruchen. Das sind keine Versicherungsleistungen mehr. Die Zahlungen haben fürsorgeähnlichen Charakter; sie sind, gestützt auf kantonale Gesetze, nur bei relativ ungünstigen Einkommens- und Vermögensverhältnissen geschuldet. In der Regel werden rund 80 bis 90 Prozent des bisherigen Taggelds ausgezahlt.

Neun Kantone – Aargau, beide Appenzell, Bern, Graubünden, Nidwalden, Obwalden, Schwyz, Solothurn – kennen keine solche Arbeitslosenhilfe. Das heisst für die Ausgesteuerten: Wer nicht genügend Geld für den Lebensunterhalt zur Verfügung hat, muss sich beim Fürsorgeamt melden.

Einige Ausgesteuerten finden irgendwann wieder eine neue, wenn auch meist schlechter bezahlte Stelle. Viele brauchen allmählich ihr Vermögen auf. Oder sie leben auf Kosten des Ehepartners, dem es vielleicht gelingt eine bestehende Teilzeitstelle auszubauen. Liegt ein erheblicher Gesundheitsschaden vor, drängt sich die Anmeldung bei der IV auf (→ Seite 208). Die folgende Zusammenstellung zeigt die Zahlen für 1994 (Aeppli/Hotz/Hugentobler/Theiss: Die Situation der Ausgesteuerten, Bern 1996):

Finanzierung des Lebensunterhalts nach der Aussteuerung

Finanzierung durch	Prozent der Befragten
Senkung des Lebensstandards	47 %
Hilfe von Lebenspartner(in)	40 %
Erspartes Vermögen	20 %
Arbeitslosenhilfe, Sozialhilfe	18 %
Eltern, Verwandte, Freunde, Bekannte	16 %

Ausgesteuerte Ausländer ohne Niederlassungsbewilligung werden, spätestens nach Bezug der Arbeitslosenhilfe, das Land verlassen müssen. Ihr Aufenthaltszweck war eine Arbeitstätigkeit. Nachdem sie alle Taggelder bezogen haben, werden die Nicht-Niedergelassenen oft keine Verlängerung der Aufenthaltsbewilligung der Fremdenpolizei erhalten.

Übrigens: 60 Prozent aller Ausgesteuerten sind Ausländer – bei den Erwerbstätigen machen die Ausländer jedoch nur 30 Prozent aus. Auch Frauen und Menschen ab 40 Jahren sind überdurchschnittlich stark von der Aussteuerung betroffen. Allgemein gilt: Je leichter der Schulsack, desto eher wird jemand ausgesteuert.

Wie komme ich zu Leistungen der kantonalen Arbeitslosenhilfe?

In der Regel meldet die Arbeitslosenkasse die Aussteuerung der Wohnsitzgemeinde des oder der Arbeitslosen. Auch Sie sollten rechtzeitig orientiert werden. Das klappt aber nicht immer, sodass Sie sich besser selber darum kümmern und ca. zwei Monate vor Ende der zweijährigen Rahmenfrist beim Arbeitsamt oder RAV nachfragen, ob es in Ihrem Kanton Arbeitslosenhilfe gibt und welche Voraussetzungen erfüllt sein müssen.

Das weitere Prozedere ist ähnlich wie beim erstmaligen Anmelden bei der Arbeitslosenversicherung. Neue Formulare müssen ausgefüllt, Ausweise und Unterlagen mitgebracht werden. Da diese kantonalen Taggelder einkommens- und vermögensabhängig sind, müssen Sie auch Belege über Ihre finanziellen Verhältnisse *und* diejenigen Ihres Ehepartners mitbringen. Erkundigen Sie sich rechtzeitig, wo Sie die nötigen Formulare erhalten und wo sie diese einreichen müssen.

Meist wird die Arbeitslosenhilfe ebenfalls in Form von Taggeldern ausgezahlt. Diese werden in Prozent der Taggelder der Arbeitslosenversicherung festgesetzt. Die Arbeitslosenhilfe ist auch zeitlich beschränkt. Im Kanton Zürich beispielsweise erhalten die über 55-jährigen 100 Prozent, die übrigen 90 Prozent des früheren Taggelds, maximal 150 Tage lang. Arbeitslosenhilfe erhält man im Kanton Zürich aber nur, wenn folgende monatlichen Einkünfte (Lohn, Rentenleistungen, Zinsen etc.) nicht überschritten werden:
- Alleinstehende   Fr. 4000.–
- Verheiratete ohne Kinder Fr. 4800.–
- Verheiratete mit Kindern Fr. 5200.–

Je nach Kanton gibt es weitere Einschränkungen. So müssen die Bezüger oft eine gewisse Zeit – häufig sind es zwei Jahre – im Kanton gelebt haben, wobei Ausländer oft schwieriger Zugang zu den Leistungen der Arbeitslosenhilfe erhalten. Auch Schweizer werden nicht immer gleich behandelt: Je nachdem aus welchem Kanton Sie kommen, erhalten Sie beispielsweise im Kanton Zürich allenfalls früher Leistungen. Massgebend ist, ob Ihr letzter Wohnsitzkanton den Zuzügern aus dem Kanton Zürich Gegenrecht bietet. Dann verzichtet dieser (und auch verschiedene andere) darauf, eine Mindestdauer des Wohnsitzes innerhalb der Kantonsgrenzen zu verlangen. Diese ungleiche Behandlung von Schweizern unterschiedlicher Herkunft ist nicht haltbar; so entschied das Bundesgericht (Pra 1997 Nr. 18).

Und der Versicherungsschutz?

Bisher wurden Ihnen vom Arbeitslosentaggeld 5,05 Prozent für AHV, IV und EO abgezogen. Nun müssen Sie sich selber um diesen Versicherungsschutz kümmern. Jedes Jahr, in dem Sie keine AHV-Beiträge bezahlen, führt später zu einer Rentenkürzung. Melden Sie sich deshalb bei der AHV-Zweigstelle Ihrer Gemeinde oder bei der kantonalen Ausgleichskasse (Adressen auf den hintersten Seiten im Telefonbuch) und zahlen Sie Beiträge als Nichterwerbstätiger. In der Regel müssen Sie den Minimalbeitrag (390 Franken pro Jahr, Stand 1997) entrichten.

Auch für die obligatorische Unfallversicherung wurden Ihnen Beiträge abgezogen und Sie waren gegen Unfallfolgen versichert. Nach der Aussteuerung läuft dieser Schutz noch 30 Tage automatisch weiter. Nach dieser Zeit können Sie die Unfallversicherung sehr preisgünstig um weitere sechs Monate verlängern, indem Sie der SUVA den Betrag von 150 Franken für die so genannte Abredeversicherung überweisen (→ Seite 203). Nach sieben Monaten aber ist Schluss. Danach bezahlt bei Unfällen nur noch die Krankenkasse die Heilungskosten; der Lohnausfall dagegen ist nicht mehr versichert.

Abhängig von der Fürsorge

Wer auch bei der Arbeitslosenhilfe seinen Höchstanspruch bezogen hat oder wer in einem Kanton wohnt, der keine solche Unterstützung kennt, muss sich – wenn er den Lebensunterhalt nicht bestreiten kann – an das lokale Fürsorge- oder Sozialamt wenden.

Die Sozialhilfe ist kantonal geregelt. Dennoch sind die regionalen Unterschiede relativ gering. Es gibt Richtlinien zur Höhe der Zahlungen, die von den meisten Gemeinden eingehalten werden. Aus der Reihe tanzen insbesondere der Kanton Aargau und einzelne, vor allem ländliche Gemeinden (zum Beispiel im Kanton Thurgau).

Etwa 300 000 Personen leben in der Schweiz von Sozialhilfe. Rund ein Drittel davon dürfte über den Weg Entlassung – Stempeln – allenfalls Arbeitslosenhilfe beim Fürsorgeamt gelandet sein. Es werden täglich mehr. Zu ihnen gesellen sich auch die Arbeitslosen, deren Taggeld nicht zur Deckung des Lebensunterhalts reicht. Sozialhilfe wird oft verächtlich als «Armenunterstützung» bezeichnet. Viele schämen sich, wenn Sie «zur Fürsorge» müssen. Diese Scham ist unbegründet. Die Sozialhilfe verschenkt keine Almosen; auf die Unterstützungsleistungen der Fürsorge haben die Bürgerinnen und Bürger einen Rechtsanspruch. Schliesslich verpflichtet die Verfassung das Gemeinwesen, allen eine menschenwürdige Existenz zu sichern.

1997 werden sich die Fürsorgeausgaben in der Schweiz, so schätzt man, auf eine Milliarde Franken belaufen. Dazu kommen ca. 300 Millionen Franken für Verwaltungskosten. Eine hohe Zahl, die es aber auch zu relativieren gilt: Diese Fürsorgeausgaben entsprechen nur 0,5 Prozent des Gesamtaufwands der öffentlichen Hand.

Wie komme ich zu Fürsorgeleistungen?

Die Sozialhilfe beantragen Sie beim Sozial- oder Fürsorgeamt Ihrer Wohnsitzgemeinde. Ein Anruf auf der Gemeindeverwaltung genügt, um mit der richtigen Stelle verbunden zu werden. Am Telefon können Sie gleich abklären, welche Unterlagen Sie zur Besprechung mitnehmen müssen. Verlangt werden eine Wohnsitzbescheinigung und Belege zu Ihrer finanziellen Situation.

Melden Sie sich beim Fürsorgeamt nicht erst im letzten Moment, sondern sobald absehbar wird, dass Ihr Einkommen nicht ausreicht. Unnötiges Zuwarten bringt grosse Schwierigkeiten, denn die Fürsorge kann nur laufende Ausgaben, nicht aber Schulden bezahlen. Zudem braucht es – vor allem in ländlichen Gebieten – eine gewisse Zeit, bis die Leistungen berechnet und ausgezahlt werden können.

Bei der Fürsorge sind im Normalfall gut ausgebildete Sachbearbeiterinnen und Sachbearbeiter tätig. Sie haben kein Interesse, mehr als vom Gesetz vorgeschrieben in Ihr Privatleben einzudringen. Notwendig ist allerdings, dass Sie Ihre finanziellen Verhältnisse offen legen.

Zur Höhe der Unterstützungsleistungen gibt es Richtlinien; einen gewissen Spielraum haben die Sachbearbeiter bei Taschengeld, Ausgaben für Weiterbildung etc. Was kann ein Alleinstehender, was eine Familie mit zwei Kindern erwarten? Die «Schweizerische Konferenz für Sozialhilfe SKOS» empfiehlt Pauschalen für den laufenden Unterhalt (→ Seite 196). Zusätzlich zu diesen Pauschalen werden übernommen:
– Prämien für Haftpflicht- und Mobiliarversicherung
– Prämien für Krankenkassen, ferner Selbstbehalte und Franchisen sowie die Kosten einer Zahnkontrolle pro Jahr
– Wohnungsmiete, und zwar der volle Betrag, solange keine günstigere Wohngelegenheit gefunden wird
– AHV-Mindestbeitrag für Nichterwerbstätige
– Verkehrsauslagen, in der Regel nur für öffentliche Verkehrsmittel

Wenn Sie mit der Berechnung der Unterstützungsleistung nicht einverstanden sind, können Sie eine Verfügung verlangen. Der Entscheid kann jeweils nach den kantonalen Vorschriften angefochten werden; die Beschwerdeinstanz ist oft der Regierungsrat.

Neben Geldleistungen erhalten Sie auf dem Sozial- oder Fürsorgeamt auch persönliche Hilfe. Sie werden beraten, wenn nötig wird mit Ihnen ein Budget erstellt, Sie erhalten die Adressen wichtiger Amts- oder Beratungsstellen etc.

Unterstützungsleistungen der Sozialhilfe

Pauschalen (Stand 1997)	Alleinstehender	Familie mit zwei Kindern (8 und 12)
Unterhaltsbetrag pro Haushalt (inkl. Säuglingsprodukte, Kleider, Schuhe etc. für Kinder bis 11 Jahren)	Fr. 670.–	Fr. 1480.–
Taschengeld (Fr. 30.– bis 60.– für Jugendliche vom 12. bis 16. Lebensjahr; Fr. 150.– ab dem 17. Lebensjahr)	Fr. 150.–	Fr. 330.–
Gebühren für Radio, TV, Telefon	Fr. 70.– bis 90.–	Fr. 80.– bis 100.–
Kleider, Wäsche, Schuhe (Fr. 60.– bis 80.– für Jugendliche vom 12. bis 16. Lebensjahr; Fr. 80.– bis 100.– ab dem 17. Lebensjahr)	Fr. 80.– bis 100.–	Fr. 220.– bis 280.–
Mehrkosten für auswärtige Verpflegung (20 Hauptmahlzeiten)	Fr. 185.– bis 230.–	Fr. 185.– bis 230.–
Allgemeine Erwerbsunkosten (für Berufskleider, Kinderbetreuung während Arbeitszeit etc.)	bis Fr. 250.–	bis Fr. 250.–
Total	Fr. 1155.– bis 1490.–	Fr. 2295.– bis 2670.–

Die meisten Kantone fordern übrigens die Unterstützungsleistungen nicht zurück, wenn Sie später Ihren Lebensunterhalt wieder selber verdienen. Kommen Sie allerdings etwa durch eine Erbschaft oder einen Lotteriegewinn zu Vermögen, müssen Sie das Geld zurückerstatten.

Spätestens wenn Sie Fürsorgeleistungen beziehen, müssen Sie sich auch um Ihre zukünftigen AHV-Beiträge kümmern (→ Seite 193). In der Regel bezahlen Sie den Minimalbeitrag von 390 Franken pro Jahr (Stand 1997). Erkundigen Sie sich bei der AHV-Zweigstelle Ihrer Gemeinde.

Andere Wege

Die Tatsache, dass jemand zwei Jahre lang keine Stelle findet und dann ausgesteuert wird, bedeutet noch nicht, dass er nie mehr ins Erwerbsleben zurückkehren wird. Pro Monat finden etwa fünf bis zehn Prozent der Ausgesteuerten doch noch einen, wenn auch schlecht bezahlten Arbeitsplatz. Eine Studie von 1995 zeigte, dass 14 Monate nach der Aussteuerung 50 Prozent der Betroffenen wieder eine Stelle gefunden haben. Angesichts der seither gestiegenen Arbeitslosenzahlen dürfte sich allerdings diese Statistik in den nächsten Monaten und Jahren verschlechtern.

Andere Langzeitarbeitslose haben die Aussteuerung verhindern können. Dies, indem sie durch Zwischenverdienste genügend Beitragsmonate gesammelt haben und sich so eine neue zweijährige Rahmenfrist für den Leistungsbezug eröffnen (→ Seite 138). Ab 1998 wird dieser Weg allerdings erschwert. Ausgesteuerte Arbeitslose müssen zwölf (statt sechs) Beitragsmonate mitbringen, wenn sie innert drei Jahren erneut an die Tür der regionalen Arbeitsvermittlungszentren klopfen.

In den Kantonen und Gemeinden regt sich, ausgelöst durch die rasant steigenden Fürsorgekosten, eigene Initiative. Wenn die Gemeinden schon Geld zahlen müssen, beanspruchen sie vermehrt auch Leistungen der Fürsorgeempfänger. Vorausgegangen ist der Kanton Genf. Dort erhalten Ausgesteuerte ein vom Kanton garantiertes Mindesteinkommen, das vom Sozialamt ausgezahlt wird. Dieses Mindesteinkommen beträgt 13 812 Franken pro Jahr zuzüglich Krankenkassenprämie sowie einen jährlichen Beitrag an die Mietkosten von 1600 Franken. Dieses Einkommen wird mindestens ein Jahr lang ausgezahlt und muss nicht zurückgezahlt werden, auch nicht, wenn jemand später eine Erbschaft machen sollte. Doch die Bezüger dieses Mindesteinkommens haben eine Gegenleistung zu erbringen: Sie arbeiten im Umwelt- oder Sozialbereich.

Die Kantone und Gemeinden werden vermehrt nicht vom Bund finanzierte Programme für Langzeitarbeitslose und Ausgesteuerte auf die Beine stellen. Damit umgehen sie ein Problem, das ihnen die neue Regelung der Arbeitslosenversicherung beschert: Mit einem Einsatz in vom Bund finanzierten Beschäftigungsprogrammen können Arbeitslose keine Beitragszeiten erarbeiten und sich deshalb auch nicht wieder bei der Arbeitslosenversicherung melden (→ Seite 81). Auf diese Weise werden sie an die kantonalen Fürsorgeämter abgeschoben. Kantonale Beschäftigungsprogramme, die dies verhindern sollen, machen aber auch sonst Sinn. Weshalb sollen Hunderte von Millionen fürs Zuhausebleiben von aktiven Menschen ausgegeben werden? Dies umso weniger, als wohl die Mehrheit der Ausgesteuerten nach einer sinnvollen Beschäftigung ausser Haus förmlich lechzt.

Das Wichtigste in Kürze

- Bleiben Sie auch als Ausgesteuerter beim Arbeitsamt oder RAV angemeldet und benutzen Sie die Beratung und Stellenvermittlung.

- Erkundigen Sie sich gegen Ende Ihrer zweijährigen Rahmenfrist, ob und unter welchen Voraussetzungen in Ihrem Kanton Arbeitslosenhilfe geleistet wird.

- Wenn Sie Ihren Lebensunterhalt nicht bestreiten können, haben Sie einen Anspruch auf Sozialhilfe. Schämen Sie sich nicht, diese zu verlangen.

- Melden Sie sich bei der AHV-Zweigstelle Ihrer Gemeinde oder bei der kantonalen Ausgleichskasse (Adressen auf den hintersten Seiten im Telefonbuch) und zahlen Sie Beiträge als Nichterwerbstätiger.

17.
Krank oder verunfallt? Achtung Versicherungslücken!

Wer zahlt den Einkommensausfall, wenn Sie zwar arbeitslos sind, aber wegen eines Unfalls oder einer Krankheit gar nicht arbeiten können, also vermittlungsunfähig sind? Die Antwort fällt unterschiedlich aus, je nachdem ob Sie schon während des Arbeitsverhältnisses oder erst als Arbeitsloser erkrankt oder verunfallt sind. Auch ob Sie wegen einer Krankheit oder eines Unfalls arbeitsunfähig sind, spielt eine Rolle. Besonders bei lang dauernder Krankheit können sich gravierende Versicherungslücken auftun.

Schon vor Beginn der Arbeitslosigkeit arbeitsunfähig

Zuerst zur Erinnerung: Ist ein Arbeitnehmer wegen Krankheit oder Unfall arbeitsunfähig, darf ihm der Arbeitgeber während einer gewissen Zeit, der so genannten Sperrfrist, nicht kündigen. Erkrankt oder verunfallt der Arbeitnehmer während der Kündigungsfrist, wird der Kündigungstermin hinausgeschoben (→ Seite 48). Während dieser Zeit erhalten Sie in der Regel weiterhin vom Arbeitgeber den Lohn oder eine Versicherung bezahlt den Erwerbsausfall. Wissen Sie überhaupt, ob und wie Sie bei Ihrem Arbeitgeber versichert sind? Unterschiede gibt es vor allem im Krankheitsfall.

Was gilt bei Unfall?

Wenn Sie durchschnittlich mehr als zwölf Stunden pro Woche bei einem Arbeitgeber arbeiten, sind Sie obligatorisch gegen die Folgen von Berufs- *und* Nichtberufsunfällen versichert (Versicherung nach UVG). Der Unfallversicherer, in zwei Dritteln der Fälle die SUVA, kommt für Heilungskosten und Erwerbsausfall auf. Erleiden Sie während des Arbeitsverhältnisses einen Unfall und wird Ihnen nach Ablauf der Sperrfrist gekündigt, bleibt – solange sie gänzlich arbeitsunfähig sind – die bisherige Unfallversicherung allein für den Fall zuständig.

Wenn Sie dagegen weniger als zwölf Stunden pro Woche bei einem Arbeitgeber arbeiten, sind Sie nur gegen Berufsunfälle und gegen Unfälle auf dem Arbeitsweg versichert. Wer also als Teilzeitangestellter mit weniger als zwölf Wochenstunden in der Freizeit verunfallt (zum Beispiel beim Skifahren), ist nicht über den Arbeitgeber versichert. Wer zahlt dann was?

● Die Heilungskosten (Arzt, Spital etc.) werden immer von der eigenen Krankenkasse bezahlt (Obligatorium seit 1996).

● Für kürzere Zeit muss der Arbeitgeber auch bei Nichtberufsunfällen von Teilzeitangestellten den Lohn weiterzahlen. Die Dauer seiner Leistungspflicht richtet sich nach der Anstellungsdauer. Je nach Kanton gilt die so genannte Basler, Berner oder Zürcher Skala (→ Seite 298). Wer beispielsweise im zweiten Dienstjahr einen Nichtberufsunfall erleidet, erhält in Basel während zwei Monaten, in Bern während einem Monat und in Zürich während acht Wochen den Lohn vom Arbeitgeber. Auch die Gerichte der anderen Kantone richten sich jeweils nach einer dieser drei Skalen.

● Der langfristige Lohnausfall bleibt oft vorerst ungedeckt, es sei denn, der oder die Verunfallte hätte diese Versicherungslücke bei der Krankenkasse oder einer privaten Versicherungsgesellschaft geschlossen, etwa mit einem Unfalltaggeld für zwei Jahre. Wenn nicht, sind Teilzeitbeschäftigte nach einem nicht UVG-versicherten Unfall oft auf Sozialhilfe angewiesen, um ihren Lebensunterhalt zu bestreiten. Allenfalls erhalten diese Teilzeitbeschäftigten nach einem Jahr eine IV-Rente.

Was gilt bei Krankheit?

Weitaus häufiger als die Arbeitsunfähigkeit nach einem Unfall ist eine Erkrankung (Verhältnis 1 : 9). Die meisten Arbeitnehmerinnen und Arbeitnehmer sind gegen die finanziellen Folgen einer Krankheit gut gerüstet, nämlich über die Krankentaggeldversicherung, welche 80 bis 90 Prozent der Arbeitgeber für ihre Angestellten abgeschlossen haben. Die Prämien werden in der Regel je zur Hälfte von Arbeitgeber und Arbeitnehmer getragen. Leider ist diese Versicherung in unserem Land noch immer nicht obligatorisch. Deshalb gibt es sie, die kleine Minderheit der nicht Versicherten, die bei länger dauernder Krankheit bald einmal zu Fürsorgefällen werden können.

Die folgenden Ausführungen gelten sinngemäss auch für Arbeitsunfähigkeit während der Schwangerschaft und für die acht Wochen nach der Niederkunft, während denen ein gesetzliches Arbeitsverbot besteht. Es sind zwei Situationen auseinander zu halten:
- Fall 1: Ihr Arbeitgeber hat keine Krankentaggeldversicherung abgeschlossen. Auch Sie selbst haben das Risiko Lohnausfall weder bei einer Krankenkasse noch bei einer Versicherung gedeckt. Hier gilt, was oben für nicht versicherte Freizeitunfälle gesagt wurde: Der Arbeitgeber muss nur für eine beschränkte Zeit den Lohn weiterzahlen. Die Dauer seiner Leistungspflicht richtet sich nach der Anstellungsdauer.
- Fall 2: Der Arbeitgeber hat Sie genügend gegen Lohnausfall bei Krankheit versichert. Dann sollten Sie sich schon vor Beendigung des Arbeitsverhältnisses um die Weiterführung dieses Versicherungsschutzes kümmern. Verlangen Sie schriftlich von der Kasse oder Versicherung Ihres Arbeitgebers, dass Sie bei Beendigung des Arbeitsverhältnisses – das sich wegen der Sperrfrist allenfalls verlängert! – vom so genannten Kollektivvertrag des Arbeitgebers in die Einzelversicherung übertreten können. Verlangen Sie eine Krankentaggeldversicherung mit einer Wartefrist von 30 Tagen. Denn die ersten 30 Tage übernimmt die Arbeitslosenversicherung (→ Seite 205, Briefbeispiel → Seite 204). Möglicherweise hat Ihr Arbeitgeber mit der Versicherung eine längere oder kürzere Wartezeit vereinbart. Sie haben als Arbeitsloser aber das Recht, die Wartefrist auf 30 Tage festsetzen zu lassen.

Die recht happigen Prämien werden Sie nach Beendigung des Arbeitsverhältnisses selber bezahlen müssen. Bei ausgewiesener Krankheit erhalten Sie danach den meist zu 80 Prozent versicherten Lohn während maximal zwei Jahren.

Was muss ich am ersten Stempeltag unternehmen?

Am letzten Arbeitstag liegen Sie krank oder verunfallt im Bett. Allenfalls wurde der ursprüngliche Kündigungstermin wegen Ihrer Krankheit um einen oder mehrere Monate hinausgeschoben. Nun aber müssten Sie eigentlich am nächsten Werktag stempeln gehen. Von Kollegen haben Sie jedoch gehört, dass man zum Stempeln vermittlungsfähig sein müsse. Sollen Sie sich trotz Ihrer Krankheit anmelden? Und wie sieht's aus, wenn Sie vom Arzt bloss zu 50 Prozent arbeitsfähig geschrieben sind? Es gilt drei Situationen auseinander zu halten:

● Sie sind während des Arbeitsverhältnisses verunfallt oder erkrankt, zu 100 Prozent arbeitsunfähig und verfügen über eine obligatorische Unfallversicherung oder eine Krankentaggeldversicherung: Nur in diesem Fall und nur, wenn klar ist, dass Sie im Moment weder im bisher ausgeübten Beruf noch für irgendeine andere Tätigkeit arbeitsfähig sind, können Sie darauf verzichten, sich beim Arbeitsamt oder RAV zu melden. Die Unfall- oder die Krankentaggeldversicherung muss Ihren Erwerbsausfall decken. Sobald aber Unklarheiten bestehen und beispielsweise die Unfallversicherung behauptet, es lägen keine Unfallfolgen vor oder Sie seien arbeitsfähig, müssen Sie sich sofort, wirklich sofort, zum Stempeln anmelden.

● Sie sind während des Arbeitsverhältnisses verunfallt oder erkrankt und zu 100 Prozent arbeitsunfähig, jedoch nicht UVG- oder krankentaggeldversichert: Auch wenn Sie nicht arbeitsfähig sind, bezahlt die Arbeitslosenversicherung während rund eines Kalendermonats Taggelder. Um diese zu erhalten, müssen Sie sich aber sofort beim Arbeitsamt oder RAV anmelden. Wenn Sie bettlägerig sind, leiten Sie die nötigen Schritte allenfalls telefonisch ein. Auch schwangere Versicherte, die arbeitsunfähig und damit nicht vermittlungsfähig sind, können vor und nach der Niederkunft Taggelder beanspruchen.

● Sie sind laut Arztzeugnis teilweise arbeitsfähig: In diesem Fall müssen Sie sich sofort bei der Arbeitslosenversicherung melden und sich im Rahmen Ihrer Arbeitsfähigkeit um Stellen bewerben. Wichtig zu wissen: Es gibt Koordinationsregeln zwischen der Unfall- oder Krankenversicherung und der Arbeitslosenversicherung (Artikel 73 des Bundesgesetzes über die Krankenversicherung KVG, die gleiche Regelung im UVG):

– Wer weniger als 50 Prozent arbeitsfähig ist, erhält sein Geld nur von der Krankentaggeld- beziehungsweise UVG-Versicherung.
– Wer zwischen 50 und 75 Prozent arbeitsfähig ist, erhält 50 Prozent des Taggelds vom Kranken- oder Unfallversicherer und 50 Prozent von der Arbeitslosenversicherung.
– Wer zu 75 Prozent oder mehr arbeitsfähig geschrieben ist, erhält ein volles Arbeitslosentaggeld.

Der Grund für diese Regelung: Die Betroffenen sollen nicht unnötig zwischen zwei Versicherern hin und her geschoben werden. Überdies bezahlen viele Krankentaggeldversicherer erst ab einer Arbeitsunfähigkeit von mehr als 25 Prozent.

Arbeitsverhältnis gesund beendet: Was kann mir denn passieren?

An dieser Stelle muss dringend gewarnt werden vor einer gravierenden Versicherungslücke, die sich nach Beendigung des Arbeitsverhältnisses auftun kann. Immer wieder gibt es Optimisten, die denken, sie würden rasch wieder eine Stelle finden und müssten sich deshalb erst gar nicht bei der Arbeitslosenversicherung melden. Oder die nach dem Job erst einmal einen dreimonatigen Auslandaufenthalt einschalten. Was geschieht, wenn Sie in der Zwischenzeit verunfallen oder schwer erkranken?

- 30 Tage nach Beendigung des Arbeitsverhältnisses hört der Versicherungsschutz gegen *Unfall* auf. Es ist deshalb dringend zu empfehlen, mit der Anmeldung beim Arbeitsamt oder RAV nicht länger als 30 Tage zuzuwarten. Denn dann sind Sie über die Arbeitslosenkasse weiter gegen Nichtberufsunfälle versichert – es werden Ihnen ja auch entsprechende Beiträge vom Taggeld abgezogen.

Wollen Sie trotzdem länger zuwarten, sollten Sie innerhalb dieser 30 Tage unbedingt eine so genannte Abredeversicherung abschliessen. Für 150 Franken können Sie sich beim UVG-Versicherer Ihres letzten Arbeitgebers weitere sechs Monate lang versichern. Verlangen Sie von Ihrem Arbeitgeber noch während der Kündigungszeit einen Einzahlungsschein, mit dem Sie dem UVG-Versicherer diesen Betrag innert 30 Tagen nach Beendigung des Arbeitsverhältnisses einzahlen können.

Auch wenn unklar ist, ob Sie überhaupt Leistungen der Arbeitslosenversicherung erhalten – zum Beispiel wenn Sie eventuell zu wenig Beitragszeit mitbringen –, sollten Sie vorsorglich diese Abredeversicherung über den früheren Arbeitgeber abschliessen. Wird Ihr Gesuch um Arbeitslosentaggelder dann rückwirkend gutgeheissen, können Sie die bereits bezahlte Prämie vom UVG-Versicherer zurückfordern.

- Auch gegen Lohnausfall bei *Krankheit* können Sie in solchen Zwischenphasen versichert bleiben, indem Sie die Krankentaggeldversicherung, die der Arbeitgeber für Sie abgeschlossen hat, fortsetzen. Organisieren Sie schon vor Beendigung des Arbeitsverhältnisses den Übertritt von der Kollektiv- in die Einzelversicherung; letzter Termin: 30 Tage nach dem letzten Arbeitstag. Auch nach Ablauf dieser Frist ist nach Auffassung des Beobachters ein Übertritt möglich; die Versicherungen wehren sich aber häufig und behaupten, der Übertritt erfolge zu spät. Lassen Sie sich in einem solchen Fall nicht einfach abwimmeln, sondern wenden Sie sich an eine spezialisierte Beratungsstelle oder an den

Beobachter (→ Seite 289). Die Versicherungen weisen jedes Jahr Hunderte von Kranken zu Unrecht ab.

Antrag auf Übertritt in die Einzelversicherung

Werner M.
Zürcherstrasse 11
8303 Bassersdorf

EINSCHREIBEN
Krankenkasse XY
Postfach
8021 Zürich

Bassersdorf, 3. März 1997

Fortführen der Krankentaggeldversicherung

Sehr geehrte Damen und Herren

Mein Arbeitgeber, die Firma L., hat mir per 30. April 1997 gekündigt. Damit verliere ich die Mitgliedschaft in der Kollektivversicherung dieser Firma. Ich ersuche Sie, die Kollektivversicherung per 1. Mai in eine Einzeltaggeldversicherung mit einer Wartefrist von 30 Tagen umzuwandeln.

Vielen Dank für Ihre Bemühungen.

Mit freundlichen Grüssen

Werner M.

Als Arbeitsloser verunfallt oder erkrankt

Immer wieder hört man: Arbeitslosigkeit macht krank. Auch passieren gemäss Angaben der SUVA während der Arbeitslosigkeit mehr Unfälle – ein Argument, mit dem die SUVA die unverschämt hohen Prämien rechtfertigt, die sie den Arbeitslosen für ihre Versicherung aufbürdet. Wie sind Sie versichert, wenn Sie während der Arbeitslosigkeit verunfallen oder erkranken?

Was gilt bei Krankheit?

Auch bei einer Erkrankung während der Arbeitslosigkeit hängt der Versicherungsschutz sehr davon ab, ob Sie eine Krankentaggeldversicherung besitzen oder nicht.

Arbeitslose, die selber keine Krankentaggeldversicherung abgeschlossen haben, sind bis zum 1. Juli 1997 bei lang dauernder Krankheit schlecht versichert. Während der ersten 30 Kalendertage erhalten sie, trotz Vermittlungsunfähigkeit, das Taggeld der Arbeitslosenkasse. Anschliessend können sie, so lange sie nicht vermittlungsfähig sind, nicht stempeln und erhalten kein Geld mehr. Ab dem 1. Juli 1997 soll die Pensionskasse wenigstens teilweise diese Lücke füllen. Den Arbeitslosen, deren Taggeld Fr. 91.70 oder mehr beträgt, wird ein Pensionskassenbeitrag von 0,3 bis 1,7 Prozent abgezwackt – das ist die schlechte Nachricht. Die gute Nachricht: Bei einem Dauerschaden wird nach einem Jahr eine kleine Invalidenrente bezahlt. Stirbt ein Arbeitsloser erhalten seine Kinder und die Witwe – nicht aber der Witwer – eine Rente.

Damit ist der längerfristige Versicherungsschutz bei Krankheit verbessert. Weil aber die Pensionskassen nach dem Gesetz über die berufliche Vorsorge (BVG) wie die IV erst nach einem Jahr bezahlen müssen, besteht weiterhin eine Versicherungslücke von elf Monaten. Zudem gibt es immer noch Pensionskassen, die gemäss ihrem Reglement erst nach zwei Jahren eine solche Rente bezahlen. Wenn der Arbeitgeber keine Krankentaggeldversicherung mitfinanziert, sind solche Pensionskassenbestimmungen klar gesetzwidrig: Sich wehren lautet die Devise.

Wenn Sie die Krankentaggeldversicherung aus Ihrem Arbeitsverhältnis mit einer Wartefrist von 30 Tagen weitergeführt haben, sind Sie bei einer Erkrankung während der Arbeitslosigkeit besser dran. In den ersten 30 Tagen erhalten Sie das Taggeld von der Arbeitslosenversicherung; anschliessend setzen die Zahlungen Ihrer privaten Versicherung oder Krankenkasse ein. Die Arbeitslosenkasse kommt aber für die Folgen einer Erkrankung nur dann auf, wenn keine andere Versicherung zahlt. Wenn Sie eine teure Krankentaggeldversicherung ab dem ersten Krankheitstag abgeschlossen haben, erhalten Sie von der Arbeitslosenkasse kein Geld.

Um Ihren Anspruch von maximal einem Kalendermonat pro Krankheitsfall geltend machen zu können, müssen Sie sich beim Arbeitsamt oder RAV persönlich angemeldet haben. Die Arbeitsunfähigkeit müssen Sie innert einer Woche bekannt geben und mit einem Arztzeugnis belegen können. Im Arztzeugnis muss (wenn möglich) die genaue Dauer der Arbeitsunfähigkeit und der Grad in Prozent eines vollen Pensums angegeben sein («Frau X. ist vom 21. 5. 1997 bis zum 1. 6. 1997 zu 100 Prozent arbeitsunfähig.»). Sie müssen die Kasse auch darüber informieren, ob Sie allenfalls im Krankheitsfall von anderen Versicherungen Taggelder erhalten. Wird die einwöchige Anmeldefrist verpasst, haben Sie für die unentschuldigte Zeit keinen Anspruch auf Taggelder (BGE 117 V 245).

Was gilt bei Unfall?

Wenn ein Arbeitsloser verunfallt und gänzlich arbeitsunfähig ist, bezahlt die SUVA (Schweizerische Unfallversicherungsanstalt). Anders als bei der Krankentaggeldversicherung besteht hier ein Obligatorium. Die Arbeitslosenentschädigung (brutto) unterliegt einem happigen Beitragssatz von 3,1 Prozent, der das Taggeld nebst den Abzügen für AHV und BVG weiter dezimiert. Diese UVG-Prämien müssen die Arbeitslosen allein aufbringen.

Die SUVA bezahlt ab dem dritten Tag nach dem Unfalltag. Sie deckt nicht bloss die Heilungs- und Pflegekosten, sondern auch den Einkommensausfall, das heisst die Fortzahlung der Arbeitslosenentschädigung. Das Unfalltaggeld entspricht der Nettozahlung der Arbeitslosenversicherung; die SUVA verteilt dieses Geld aber auf sieben Tage. Das Taggeld der Unfallversicherung wird auch während der Wartefristen (→ Seite 129) oder Einstelltage (→ Seite 143) ausgerichtet (anders bei Krankheit). Neben den Taggeldern zahlt die Unfallversicherung auch die gesetzlichen Kinder- und Ausbildungszulagen. Der Versicherungsschutz für Unfälle während der Arbeitslosigkeit endet am 30. Tag, nachdem eine arbeitslose Person letztmals Taggelder der Arbeitslosenversicherung bezogen hat.

Auch einen Unfall müssen Sie spätestens innert einer Woche dem Arbeitsamt oder RAV melden, sonst erhalten Sie für die unentschuldigte Zeit kein Geld. Wenn Sie sich für Details interessieren: Die SUVA hat eine Broschüre verfasst, die Sie bei der SUVA Luzern unter der Nummer 2729.d/1997 gratis beziehen können.

Ausgesteuert – und die Versicherungen?

Von der Arbeitslosenkasse erfahren Sie zur gegebenen Zeit, wann Ihr Anspruch auf Taggelder ausgeschöpft ist (→ Seite 191). Wie steht es anschliessend um den Versicherungsschutz bei Unfall und Krankheit?
● **Krankheit:** Angenommen, Sie sind nach Beendigung des Arbeitsverhältnisses in die Einzeltaggeldversicherung übergetreten und haben während der Arbeitslosigkeit die Prämien selbst bezahlt. Nach der Aussteuerung sollten Sie diesen Versicherungsschutz aufgeben. Denn Sie gelten nun für die Versicherung als Nichterwerbstätiger, der das Risiko Lohnausfall bei Krankheit nur noch sehr beschränkt abdecken kann (beispielsweise mit 10 oder 15 Franken pro Tag bei den Krankenkassen beziehungsweise mit beispielsweise 70 Franken bei einer privaten Versicherungsgesellschaft). Sie würden also bloss hohe Prämien für wenig Leistung bezahlen. Wenn Sie wieder eine Arbeit finden, werden Sie in der Regel in die Kollektivversicherung des Arbeitgebers aufgenommen oder Sie können bei Ihrer Krankenkasse eine neue Taggeldversicherung abschliessen
● **Unfall:** Der Versicherungsschutz der SUVA endet 30 Tage nach dem Bezug des letzten Taggelds. Innert dieser Frist sollten Sie unbedingt eine Verlängerung der Versicherung für sechs Monate beantragen; das kostet Sie nur 150 Franken (so genannte Abredeversicherung → Seite 203). Danach sind Sie nicht mehr bei der SUVA versichert. Lassen Sie sich von Ihrer Krankenkasse beraten; sie wird künftig Ihre Heilungskosten bei Unfall abdecken. Wenn Sie eine neue Stelle finden, werden Sie wieder in die obligatorische Unfallversicherung Ihres Arbeitgebers aufgenommen.

Die Verlängerung des Versicherungsschutzes kann früher für Sie aktuell werden. Dann nämlich, wenn Sie während der Arbeitslosigkeit länger als zwei Monate krank sind. In den ersten 30 Tagen erhalten Sie Taggelder von der Arbeitslosenversicherung, von denen Ihnen auch Beiträge an die Unfallversicherung abgezogen werden. Sie sind also gegen einen möglichen Unfall in dieser Zeit versichert. Sind Sie einen weiteren Monat krank, erhalten Sie zwar keine Taggelder mehr, aber bei der Unfallversicherung besteht eine so genannte Nachdeckung von 30 Tagen. Sind Sie dann aber weiterhin krank und können kein Arbeitslosengeld beziehen, endet der Versicherungsschutz gegen Unfall. Diese Lücke können Sie verhindern, in dem Sie noch während der 30 Tage der Nachdeckung eine Abredeversicherung abschliessen, mit der Sie für weitere sechs Monate für gegen Unfall gedeckt sind.

Wenn der Gesundheitsschaden zum Dauerzustand wird

Bisher war vor allem von vorübergehenden gesundheitlichen Beeinträchtigungen die Rede. Wie aber sind die Menschen vor finanziellem Schaden geschützt, die mit einer dauernden gesundheitsbedingten Einschränkung ihrer Erwerbsfähigkeit leben müssen? Wer zahlt, wenn weder Unfall- noch Krankentaggeldversicherung vorhanden ist oder wenn diese keine Leistungen mehr erbringen?

Sollte eine vorübergehende Erkrankung zu einem Dauerzustand werden, kann man bei der IV eine Rente beantragen. Diese beginnt aber erst nach einer Wartezeit von einem Jahr zu laufen. War der Arbeitslose im Zeitpunkt des Ausbruchs des Gesundheitsschadens auch einer Pensionskasse angeschlossen, so ist – ebenfalls nach einem Jahr – unter Umständen auch von dort eine Rente zu erwarten (→ Seite 205).

Für Behinderte, die bei der IV angemeldet sind, gelten in der Arbeitslosenversicherung Spezialregeln: Vermittlungs*bereitschaft* wird von ihnen genauso wie von den Gesunden verlangt. Bei der Vermittlungs*fähigkeit* aber gelten grosszügigere Massstäbe: Ein behinderter Arbeitsloser gilt als vermittlungsfähig, wenn ihm bei ausgeglichener Arbeitsmarktlage und unter Berücksichtigung seiner Behinderung eine zumutbare Arbeit vermittelt werden könnte. Oder anders gesagt: Bei der IV angemeldete Behinderte werden grundsätzlich als vermittlungsfähig betrachtet, so lange wie sie nicht «offensichtlich» arbeitsunfähig sind oder nur noch in geschützten Werkstätten beschäftigt werden können. Selbst Bezüger einer ganzen IV-Rente können unter Umständen als vermittlungsfähig gelten, da diese Rente schon ab einem Invaliditätsgrad von $66^{2}/_{3}$ Prozent ausgerichtet wird. Bemühen sich Behinderte um Arbeit, die sie trotz ihrer gesundheitlichen Beeinträchtigung erledigen können, haben sie – auch wenn momentan keine solchen Stellen zu finden sind – Anspruch auf Taggelder der Arbeitslosenversicherung.

Diese Abweichung vom System – Vermittlungsbereitschaft statt Vermittlungsfähigkeit – ist gewollt: Damit soll verhindert werden, dass Menschen, die voraussichtlich dauernd in ihrer Erwerbsfähigkeit eingeschränkt sind, zwischen alle Stühle und Bänke fallen. Bis zum Rentenentscheid der Invalidenversicherung zahlt daher vorläufig die Arbeitslosenkasse. Die Höhe der Entschädigung ist abhängig vom Grad der Arbeitsfähigkeit. Massgebend für den versicherten Verdienst ist der Lohn, den der Arbeitslose vor der gesundheitlichen Beeinträchtigung erzielt hat.

Je nach Arztzeugnis ist damit ein kleinerer oder grösserer Teil des Einkommensausfalls für zwei Jahre gedeckt. Kommt die Invalidenversicherung nach ein bis drei Jahren – so katastrophal lange kann dieser Entscheidungsprozess heute dauern! – zum Schluss, der Versicherte sei gar nicht oder in geringerem Mass als angenommen arbeitsfähig gewesen, müssen die zu viel erbrachten Taggelder der Arbeitslosenversicherung in der Regel zurückgezahlt werden. Unter Umständen sind diese Beträge höher als die IV-Rente. Also ein Verlustgeschäft für die Versicherten? Nicht ganz: Denn die Invalidenversicherung bietet einen längerfristigen Versicherungsschutz und zudem wird die Rückzahlung der Arbeitslosentaggelder nicht verlangt, wenn dies für die Versicherten eine grosse Härte bedeuten würde (→ Seite 220).

Diese Bestimmungen sind für Behinderte ausserordentlich wichtig. Arbeitslose mit einer dauernden gesundheitlichen Beeinträchtigung sollten sich in jedem Fall bei der Invaliden- *und* bei der Arbeitslosenversicherung anmelden. Doch immer wieder unterbleibt die Meldung beim Arbeitsamt oder RAV, weil die Betroffenen glauben, sie könnten nicht einerseits bei der Invalidenversicherung eine ganze Rente beanspruchen und anderseits bei der Arbeitslosenversicherung so tun, als ob sie vermittlungsbereit seien. Zudem befürchten potentielle IV-Rentenbezüger, sie könnten durch die Anmeldung bei der Arbeitslosenversicherung ihre langfristigen Ansprüche gegenüber der Invalidenversicherung verlieren: «Wenn die mich sehen, wie ich Stellen suche, kriege ich keine Rente.» Diese Befürchtungen sind unbegründet! Deshalb: Melden Sie sich in allen Zweifelsfällen, wenn nicht klar ist, ob eine Invalidität bezüglich aller möglichen Berufe besteht, bei der Invaliden- und bei der Arbeitslosenversicherung an!

Das Zusammenspiel zwischen IV und Arbeitslosenversicherung ist komplex und viel hängt vom Einzelfall ab. Es lohnt sich deshalb, rechtliche Beratung einzuholen (Adressen → Seite 289). Und so läuft das in der Praxis:

Der erfahrene Bauarbeiter Luigi C. erzielte bisher auf seinem Beruf ein jährliches Einkommen von 70 000 Franken. Dann stürzte er vom Gerüst und es blieb eine Behinderung zurück. Mit seinem instabilen Knie kann Luigi C. keine schweren Arbeiten verrichten und hat deshalb in der Baubranche keine Zukunft mehr. Die Invalidenversicherung wird aber davon ausgehen, dass er ganztags leichte Arbeiten verrichten könne. Voraussichtlich wird ihm im Verfahren der IV ein Einkommen von jährlich etwa 40 000 Franken angerechnet. Auch wenn weit und breit keine solche Stelle vorhanden ist, wird Luigi C. doch höchstens eine Viertelsrente erhalten, da sein fiktiver Einkommensverlust nur zwischen 40 und 50 Prozent seines früheren Einkommens beträgt. Die IV entschädigt nicht die Behinderung im angestammten Beruf; massgebend ist das Loch im Portemonnaie, das nach einer beruflichen Umstellung zurückbleibt.

Sobald klar ist, dass Luigi C. nicht mehr auf dem Bau arbeiten kann, und sobald sein Arbeitsverhältnis aufgelöst ist, muss er deshalb stempeln gehen. Sein Hausarzt muss im Arztzeugnis vermerken – vorausgesetzt das entspricht den Tatsachen –, er sei versuchsweise zu 75 bis 100 Prozent arbeitsfähig für leichte Arbeiten. Gleichzeitig sollte die Anmeldung bei der IV erfolgen. Wenn Luigi C. seine Vermittlungsbereitschaft zeigt und sich auf mögliche Stellen meldet, erhält er erst einmal die Arbeitslosentaggelder auf der Basis seines früheren Verdienstes ausgezahlt. Während zwei Jahren sind seine Finanzen vorübergehend geregelt. Wenn dann in ein bis drei Jahren die IV entscheidet, muss er unter Umständen einen Teil der Arbeitslosengelder zurückerstatten, vor allem dann, wenn die IV ihm eine Rente zuspricht (→ Seite 219).

Wer nur auf die Karte Invalidenversicherung setzt, geht, wenn er schliesslich doch keine Rente erhält, unter Umständen auch bei der Arbeitslosenversicherung leer aus. Denn wenn die Invalidenversicherung beispielsweise nach zwei Jahren erklärt, es bestehe gar keine Invalidität, kann der Betroffene nicht nachträglich stempeln gehen. Die Arbeitslosenversicherung bezahlt nicht rückwirkend, sondern nur für die Zukunft. Und da fehlen dem für gesund Erklärten die Beitragsmonate: Er hat ja in den letzten zwei Jahren vor dem ersten Stempeltag nicht gearbeitet, also auch keine Beiträge mehr bezahlt und erhält deshalb kein Taggeld.

Zudem herrschen heute bei der Invalidenversicherung – zum Beispiel nach Erfahrungen der Autoren im Kanton Zürich – katastrophale Zustände. Früher galt der Grundsatz: Eingliederung vor Rente. Heute heisst es oft: weder Eingliederung noch Rente. Von der IV können im Moment die wenigsten behinderten Arbeitslosen eine wirksame Eingliederungshilfe erwarten. Die Invalidenversicherung versucht, um ihre roten Zahlen kleiner zu halten, die Fälle vermehrt der Arbeitslosenversicherung zuzuschieben. Prognose: Die meisten potentiellen Behinderten werden in Zukunft von der Arbeitslosenversicherung eingegliedert.

Das Wichtigste in Kürze

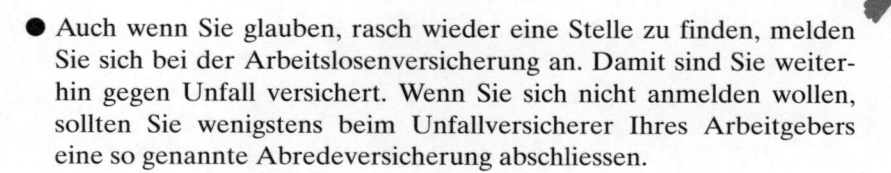

- Auch wenn Sie glauben, rasch wieder eine Stelle zu finden, melden Sie sich bei der Arbeitslosenversicherung an. Damit sind Sie weiterhin gegen Unfall versichert. Wenn Sie sich nicht anmelden wollen, sollten Sie wenigstens beim Unfallversicherer Ihres Arbeitgebers eine so genannte Abredeversicherung abschliessen.

- Führen Sie, um sich gegen Lohnausfall wegen Krankheit abzusichern, die Kollektiv-Krankentaggeldversicherung Ihres Arbeitgebers als Einzelversicherung weiter. Hat Ihr Arbeitgeber keine solche Versicherung abgeschlossen, können Sie bei Ihrer Krankenkasse selber ein Taggeld versichern.

- Wenn Sie am ersten Stempeltag krank im Bett liegen, sollten Sie sich trotzdem – notfalls telefonisch – beim Arbeitsamt oder RAV melden. Ausnahme von dieser Regel: Sie sind zu 100 Prozent arbeitsunfähig und Ihr Lohnausfall ist entweder durch die Unfall- oder die Krankentaggeldversicherung des Arbeitgebers gedeckt.

- Wenn Sie während der Arbeitslosigkeit erkranken oder verunfallen, müssen Sie dies innert einer Woche dem Arbeitsamt oder RAV melden und ein Arztzeugnis beilegen. Leistungen anderer Versicherer müssen Sie angeben.

- Wenn sich ein länger dauernder Gesundheitsschaden und allenfalls eine Invalidität abzeichnet, sollten Sie sich bei der Arbeitslosenversicherung *und* bei der Invalidenversicherung anmelden. Damit sind Ihre Finanzen oft wenigstens für zwei Jahre geregelt.

18.
Koordination und Rückforderung

In diesem Kapitel geht es um zwei Sachverhalte: um Überversicherung und um Rückforderungen von Leistungen der Arbeitslosenversicherung. Es soll verhindert werden, dass Arbeitslose, die Leistungen aus verschiedenen Sozialversicherungsquellen beziehen, einen «Versicherungsgewinn» einstreichen. Dazu wurden Koordinationsregeln aufgestellt. Und hat jemand aus der Arbeitslosenkasse Geld bezogen, das ihm – wie sich erst nachträglich herausstellt – nicht zusteht, so fordert die Versicherung diesen Betrag wieder zurück.

Überversicherung wird vermieden

Überversicherungen können entstehen, wenn Arbeitslose nicht nur von der Arbeitslosenversicherung, sondern gleichzeitig auch von einer anderen Sozialversicherung Geld beziehen: zum Beispiel von der IV, von der Pensionskasse, aus verschiedenen Lohnausfallversicherungen.

Koordination zwischen Arbeitslosen- und Invalidenversicherung

Treten Taggelder der Arbeitslosenversicherung mit Renten der Invalidenversicherung in Konkurrenz – das kommt in der Praxis sehr häufig vor –, gilt Folgendes: Die IV leistet den Erwerbsersatz für die fehlende Erwerbsfähigkeit. Sie zahlt aber erst ab einer Erwerbsunfähigkeit von 40 Prozent eine Rente aus, nämlich:
- eine Viertelsrente für eine Invalidität zwischen 40 und 50 Prozent
- ein halbe Rente für eine Invalidität zwischen 50 und $66^{2}/_{3}$ Prozent
- eine ganze Rente für eine höhere Invalidität

Die Arbeitslosenversicherung «übernimmt» die verbleibende, auf dem Arbeitsmarkt verwertbare Erwerbsfähigkeit – natürlich nur während den ersten beiden Jahre der Arbeitslosigkeit. Legt die IV den Invaliditätsgrad beispielsweise auf 80 Prozent fest, kann der Behinderte für die restlichen 20 Prozent Verdienstausfall bei der Arbeitslosenversicherung anklopfen.

Wer eine ganze Rente der IV erhält, kann also trotzdem stempeln gehen. Wer sich allerdings bei der Arbeitslosenversicherung meldet, muss seine verbleibende Erwerbsfähigkeit auch tatsächlich ausnützen wollen und sich im genannten Umfang um Stellen bemühen.

Vor allem in unklaren Fällen ist den gesundheitlich angeschlagenen, behinderten Arbeitslosen dringend zu empfehlen, auf «beiden Schienen» zu fahren. Oft läuft dies folgendermassen ab: Die Vermittlungsfähigkeit einer behinderten Person erscheint zu Beginn oder während der Arbeitslosigkeit als zweifelhaft. Sie meldet sich bei der IV, eine Rente wird aber meist erst nach mehr als einem Jahr zugesprochen – wenn überhaupt. In dieser Zeit zahlt die Arbeitslosenversicherung Taggelder (→ Seite 208).

Wenn Sie sich als Behinderter bei der Arbeitslosenversicherung melden, müssen Sie Ihre Vermittlungs*bereitschaft* beweisen. Es ist kein Widerspruch, wenn Sie gegenüber der IV gleichzeitig Ihre gesundheitliche Einschränkung schildern. Die beiden Versicherungssysteme sind so koordiniert, dass vorerst die Arbeitslosenversicherung vermittlungsbereite, potentielle Behinderte entschädigt. Nicht entscheidend ist, ob auch die Vermittlungsfähigkeit gegeben ist; dieser Frage muss die IV nachspüren. Gemäss Gesetz haben Arbeitslose Anspruch auf das volle Taggeld, wenn sie mindestens zu 75 Prozent arbeitsfähig sind, bei einer Arbeitsfähigkeit von mindestens 50 Prozent auf das halbe. Später kommt es allenfalls zu Verrechnungen und Rückforderungen, je nach Entscheid der IV. Ein Beispiel:

Der Bauarbeiter Francesco S. stürzte vom Gerüst und erlitt schwere Beinverletzungen, die ihm das Gehen längerer Strecken verunmöglichen. Den Ärzten ist klar: Der Patient kann nicht mehr auf dem Bau arbeiten. Eine sitzende Tätigkeit von 75 Prozent sei ihm aber, so die Ärzte, trotz seiner erheblichen Schmerzen zumutbar. S. kann stempeln gehen und erhält ein volles Taggeld. Nach zwei Jahren vergeblichen Stempelns – Francesco S. hat immer ein volles Taggeld erhalten – teilt ihm die IV mit, er habe Anspruch auf eine halbe IV-Rente, er könne mit seiner Behinderung nur noch gerade die Hälfte seines früheren Lohnes realisieren.

Bevor die IV ihre Rente an Francesco S. auszahlt, erhält die zuständige Arbeitslosenkasse Gelegenheit, das zu viel bezahlte Geld direkt von der IV vorzubeziehen. Mithilfe eines so genannten Verrechnungsantrags gelangt die Kasse an die IV und fordert die Hälfte der bezahlten Taggel-

der zurück. *Ist diese Rückforderung der Arbeitslosenkasse erfüllt, erhält Francesco S. seine halbe IV-Rente, und zwar bis zum Erreichen des AHV-Alters (dann wird sie in eine AHV-Rente umgewandelt). Auch Leistungen der Pensionskasse werden fällig.*

Häufig ist es allerdings so, dass die Leistungen der Arbeitslosenversicherung höher waren, als es die IV-Rente wird. Die Kasse fordert dann die Differenz vom Arbeitslosen persönlich zurück (→ Seite 219).

Es kann sein, dass die IV einmal schnell schaltet und vor Abschluss der zweijährigen Rahmenfrist entscheidet. Dann erhält der Arbeitslose weiterhin Taggelder, allenfalls entsprechend seiner Leistungsfähigkeit reduziert. Francesco S. erhielte also bis zum Ablauf der zwei Jahre neben der halben IV-Rente ein Taggeld, das auf der Hälfte seines versicherten Verdienstes berechnet wird.

Zusammentreffen mit Taggeldern der Kranken-, Militär- oder Unfallversicherung

Es gibt eine Ausnahme vom Grundsatz, dass Arbeitslose vermittlungsfähig sein müssen, um Taggelder zu erhalten: Ist jemand wegen einer Krankheit oder eines Unfalls arbeitsunfähig, springt während kurzer Zeit die Arbeitslosenversicherung ein, falls eine Versicherungslücke besteht. Sie zahlt – vereinfacht gesagt – während eines Monats Taggelder, ohne dass eine Vermittlungsfähigkeit besteht (→ Seite 205).

Die meisten Arbeitslosen sind jedoch gegen Erwerbsausfall wegen Krankheit oder Unfall versichert – gegen Unfall bei einem UVG-Versicherer, gegen Krankheit durch die Krankentaggeldversicherung des letzten Arbeitgebers oder eine private. Manchmal kommt auch die Militärversicherung zum Zug.

Bei voller Arbeitsunfähigkeit erbringen in der Regel diese Versicherungen allein ihre Leistungen. Bei vielen Krankentaggeldversicherungen besteht aber eine Wartefrist von 30 Tagen. In diesem Fall erhalten Sie während der ersten 30 Tage einer Krankheit das Taggeld der Arbeitslosenversicherung; danach zahlt Ihre Krankenkasse oder private Krankenversicherung.

Sind Sie nur teilweise arbeitsunfähig, bezahlt die Arbeitslosenversicherung nach den 30 Tagen nur, soweit Sie arbeitsfähig sind. Den Erwerbsersatz für den arbeitsunfähigen Teil erhalten Sie – allenfalls nach Bestehen einer Wartezeit – vom Kranken-, Militär- oder Unfallversicherer entschädigt.

Arbeitslosenentschädigung und vorzeitige Pensionierung

Wer in vorgerücktem Alter, jedoch vor der offiziellen Pensionierungsgrenze seine AHV-Rente bezieht, hat von der Arbeitslosenversicherung überhaupt nichts mehr zu erwarten. Wird jemand aber vor Erreichen des Rentenalters unfreiwillig vorzeitig pensioniert (→ Seite 188), besteht ein Anspruch auf Arbeitslosentaggelder. Dies allerdings nur, wenn die Altersleistungen geringer sind als knapp 70 beziehungsweise 80 Prozent des letzten versicherten Verdienstes. Massgebend ist dabei der erworbene Anspruch auf Pensionskassenleistungen, nicht der tatsächliche Bezug. Kapitalleistungen werden in Renten umgerechnet. Nicht anrechenbar sind Leistungen, die im Rahmen eines Sozialplans freiwillig erbracht wurden und nicht aus der beruflichen Vorsorge stammen (beispielsweise eine Abfindung von sechs Monatslöhnen), sowie andere freiwillige Leistungen des Arbeitgebers.

Wie sieht das in der Praxis aus? Die Altersleistungen der beruflichen Vorsorge werden vom Anspruch gegenüber der Arbeitslosenversicherung oder vom Lohn eines Beschäftigungsprogramms abgezogen. Altersleistungen und Taggeld dürfen zusammen maximal 90 Prozent des früheren versicherten Verdienstes ausmachen. Ein Beispiel:

Versicherter Verdienst	*Fr. 5000.–*
90 % davon	*Fr. 4500.–*
– Altersleistung	*Fr. 2000.–*
Arbeitslosenentschädigung	*Fr. 2500.–*

Auch wenn ein arbeitsloser frühzeitig Pensionierter einen Zwischenverdienst erzielt, liegt die obere Grenze bei 90 Prozent des versicherten Verdienstes.

Versicherter Verdienst	*Fr. 5000.–*
Maximaler Anspruch 90 % davon	*Fr. 4500.–*
– Zwischenverdienst	*Fr. 1300.–*
– Altersleistung	*Fr. 2000.–*
Arbeitslosenentschädigung (gekürzt)	*Fr. 1200.–*

Taggelder während Militär- und Zivilschutzdienst

Leistet ein Arbeitsloser schweizerischen Zivilschutzdienst oder Militärdienst – ausgenommen sind Rekrutenschule und Beförderungsdienste – und ist seine Erwerbsausfallsentschädigung (EO) geringer als die Arbeitslosenentschädigung, die er ohne Dienstleistung erzielen könnte, so zahlt ihm die Arbeitslosenversicherung die Differenz. Das ist vor allem für Alleinstehende bedeutsam, die vom Militär nur einen bescheidenen Erwerbsersatz erhalten. Ein Beispiel:
Der Arbeitslose Fredy N. leistet vom 1. bis 21. Juni seinen dreiwöchigen WK und erhält für diese Zeit vom Militär eine Entschädigung von 1215 Franken. Sein Arbeitslosentaggeld beträgt Fr. 122.50. In die Zeit des WKs fallen 15 entschädigungsberechtigte Taggelder (15 Arbeitstage). Die Rechnung:

Arbeitslosenentschädigung für	
15 Diensttage = Fr. 122.50 x 15	*Fr. 1837.50*
– EO-Leistung	*Fr. 1215.–*
Differenzzahlung der Arbeitslosenversicherung	*Fr. 622.50*
(Ergänzung auf 100 %)	

In den 15 Diensttagen bezieht Fredy N. 5,08 Taggelder; die Rechnung lautet: 622.50 : 122.50 = 5,08.
  Wie gesagt: Solche Differenzzahlungen werden nicht ausgerichtet an Rekruten und an Soldaten, die «weitermachen».

Das ganze Geld zurück?

Haben Arbeitslose Leistungen bezogen, auf die sie gar keinen Anspruch hatten, muss die Kasse das zu viel Bezahlte zurückfordern. Das kann etwa der Fall sein, wenn jemand einen Zwischenverdienst verheimlicht und die Kasse später davon erfährt. Oder – der häufigste Fall – wenn behinderte Arbeitslose ein volles Taggeld bezogen haben und die Invalidenversicherung nach langer Zeit eine rentenbegründende Invalidität feststellt. Dann steht für die Arbeitslosenversicherung fest, dass der oder die Invalide gar nicht oder nur beschränkt vermittlungsfähig war, also zu viel bezogen hat.

Gesuch um Erlass der Rückzahlung

Emil D.
Rainweg 3
8353 Elgg

                      EINSCHREIBEN
                      Arbeitslosenkasse des
                      Kantons Zürich
                      Postfach
                      8405 Winterthur

                      Elgg, 3. April 1997

Gesuch um Erlass der Rückzahlung

Sehr geehrte Damen und Herren

Sie verlangen von mir den Betrag von Fr. 18 252.20 zurück. Dies, weil ich neu eine ganze IV-Rente beziehe und deshalb rückwirkend keinen Anspruch auf Arbeitslosentaggelder gehabt hätte.

Ich ersuche Sie mir diese Rückzahlung zu erlassen, weil sie für mich mit einer grossen Härte verbunden wäre. Ich verfüge über keinerlei Vermögen und beziehe lediglich eine IV-Rente von Fr. 1200.– sowie eine Rente der Pensionskasse von Fr. 800.–. Mit diesem bescheidenen Betrag kann ich kaum den Lebensunterhalt, die Krankenkassenprämien und die Miete begleichen.

Gerne hoffe ich, dass meinem Gesuch entsprochen wird, und danke Ihnen schon im voraus für Ihr Verständnis.

                      Mit freundlichen Grüssen

                      Emil D.

Beilagen: Verfügung der IV
             Schreiben der Pensionskasse

Wenn statt der Arbeitslosen- die Invalidenversicherung leistungspflichtig ist, wird die Kasse ihre zu Unrecht erbrachten Leistungen zuerst von dort zurückfordern. Diese wird dann die Renten, welche in die Zeit des Taggeldbezugs fallen, direkt an die Kasse und nicht an den Versicherten überweisen. Häufig waren aber die Arbeitslosenleistungen höher, als die IV-Rente nun ist. Deshalb bleibt ein Teil der Rechnung der Kasse ungedeckt und sie wendet sich direkt an die vermeintlich vermittlungsfähige, nunmehr aber behinderte Person. Ihr Schreiben könnte etwa so lauten: «Die Invalidenversicherung hat Ihnen eine ganze IV-Rente zugesprochen. Bevor Sie den Rentenentscheid erhalten, sind wir benachrichtigt worden, damit wir die entsprechenden Massnahmen ergreifen können. Nachdem Sie die Invalidenversicherung nur noch zu 24 Prozent als erwerbsfähig einstuft, müssen wir die zu viel bezahlte Arbeitslosenentschädigung (76 Prozent unserer Zahlungen) zurückfordern. Wir haben bei der IV die Verrechnung der Leistungen mit der Ihnen zugesprochenen Invalidenrente im Betrag von Fr. 9763.– veranlasst. Darüber hinaus haben Sie weitere Fr. 28 015.20 zu viel bezogen. Wir fordern diesen Betrag nun von Ihnen zurück.»

Da fährt den Betroffenen natürlich der Schreck in die Glieder. Woher das Geld nehmen? Häufig erhalten Behinderte neben der IV-Rente zwar noch Leistungen der Pensionskasse ausgezahlt. Doch auch diese Leistungen genügen zusammen mit der IV-Rente oft nicht, um die zu viel bezogene Arbeitslosenentschädigung zurückzuzahlen. Und die Taggelder für Arbeitslose reichten vielleicht kaum zur Deckung des Existenzminimums, geschweige denn zur Vermögensbildung.

Wie wehre ich mich gegen Rückforderungen?

Die Rückforderung muss in Form einer beschwerdefähigen Verfügung erfolgen (→ Seite 225). Überprüfen Sie zuerst, ob die verlangte Rückforderung überhaupt richtig berechnet worden ist. Wenn Unklarheiten auftauchen, erkundigen Sie sich am besten telefonisch bei der zuständigen Kasse. Wenn Sie die Rückforderungen für ungerechtfertigt halten, reichen Sie Beschwerde ein; die Frist dafür beträgt 30 Tage. Nützen Sie diese Frist nicht, können Sie sich später nicht mehr mit dem Argument wehren, die Rückforderungsberechnung sei falsch.

Auch wenn die Rückforderung gerechtfertigt ist, muss das noch keine finanzielle Katastrophe bedeuten: Sie können ein Gesuch um Erlass stellen. Dieses Gesuch ist nicht an die 30-tägige Frist gebunden; Sie können es jederzeit an die auszahlende Kasse richten. Diese wird

Ihr Gesuch dann an das kantonale Amt für Industrie, Gewerbe und Arbeit (KIGA) weiterleiten. Wenn Sie also bloss ein Gesuch um Erlass stellen wollen, brauchen Sie nicht Beschwerde einzureichen.

Wann hat ein Gesuch um Erlass Chancen? Von der Rückforderung unrechtmässig bezogener Taggeldleistungen kann abgesehen werden, wenn der oder die Pflichtige die Taggelder im guten Glauben entgegengenommen hat und wenn die Rückerstattung eine grosse Härte bedeuten würde.

Kein *guter Glaube* liegt vor, wenn jemand die Leistung arglistig oder grobfahrlässig erworben hat. Grobfahrlässig handelt, wer bei der Anmeldung, bei der Abklärung der Verhältnisse, bei der Erfüllung der Meldepflicht und bei der Entgegennahme der Stempelgelder nicht seinen Fähigkeiten und seinem Bildungsstand entsprechend vorgeht. Wenn die IV nachträglich eine Rente zuspricht, kann natürlich nicht von bösem Glauben gesprochen werden. Bösgläubig handelt hingegen, wer beispielsweise wieder eine Arbeitsstelle gefunden hat und trotzdem weiter stempelt. Wenn dies auffliegt, gibt es gegen die Rückforderung der bezogenen Leistungen zu Recht kein Mittel.

Wann liegt eine *grosse Härte* vor? Es gelten die so genannten Grenzbeträge, die auch bei der Berechnung der Ergänzungsleistungen zur AHV Anwendung finden. Eine grosse Härte wird angenommen bei Einkommen und Vermögen, die nicht höher sind als:

Einkommen:	Alleinstehende	Fr. 17 090.–
	Ehepaare	Fr. 25 635.–
	fürs erste und zweite Kind je	Fr. 8 545.–
	fürs dritte und vierte Kind je	Fr. 5 700.–
	für jedes weitere Kind	Fr. 2 850.–
Vermögen:	Alleinstehende	Fr. 25 000.–
	Ehepaare	Fr. 40 000.–
	pro Kind zusätzlich	Fr. 15 000.–

Übersteigt das anrechenbare Einkommen die genannten Einkommensgrenze, kann es dennoch sein, dass mit dem Überschuss nicht die ganze Summe an die Arbeitslosenversicherung zurückgezahlt werden kann. Dann besteht ein Anspruch auf einen Teilerlass.

Das Wichtigste in Kürze

- Viele Arbeitslose sind gleichzeitig bei der Arbeitslosen- und bei der Invalidenversicherung angemeldet. Das ist kein Widerspruch, sondern sinnvoll. Bis zum Entscheid der IV, der oft Jahre auf sich warten lässt, erhalten Sie vorläufig Arbeitslosentaggelder.

- Fordert die Arbeitslosenversicherung nachträglich Geld von Ihnen zurück – zum Beispiel weil die IV Ihnen nun eine Rente zugesprochen hat –, können Sie ein Gesuch um Erlass dieser Rückzahlung stellen.

19.
Die Beschwerde oder: Wie kann ich mich wehren?

Zu Erinnerung: Die Arbeitslosenversicherung ist eine Sozialversicherung, ein System mit Pflichten, aber auch mit Rechten der Versicherten. Die Arbeitslosen haben nicht nur Anspruch auf Taggelder und arbeitsmarktliche Massnahmen. Sie dürfen auch erwarten, dass sie korrekte, verständliche Abrechnungen erhalten; dass Briefe, in denen die Amtsstellen einen Entscheid mitteilen (also Verfügungen), auch eine Rechtsmittelbelehrung enthalten; dass sie bei Unstimmigkeiten ganz generell fair und korrekt behandelt werden.

In der Regel sind Arbeitslose zuerst einmal mit Entscheiden der Arbeitslosenkasse und des KIGA konfrontiert. Wer damit nicht einverstanden ist, kann an die kantonale Instanz gelangen (→ Seite 278; im Welschland sind es meist zwei), die auf der Verfügung angegeben ist, und wenn der Prozesserfolg ausbleibt, seine Beschwerde ans Eidgenössische Versicherungsgericht in Luzern weiterziehen.

Und die Chancen: 1995 wurden in den Kantonen fast 10 000 Beschwerden eingereicht. Davon sind 2800 ganz oder teilweise gutgeheissen worden. Von den an das Eidgenössische Versicherungsgericht weitergezogenen Beschwerden werden rund 25 Prozent ganz oder teilweise gutgeheissen.

Was gehört zu einem korrekten Verfahren?

Die Behörden und Gerichte haben die Pflicht, für eine richtige und vollständige Abklärung des Sachverhalts zu sorgen *(Untersuchungsgrundsatz)*. Sie sind verpflichtet, zusätzliche Abklärungen vorzunehmen oder zu veranlassen, wenn sie aufgrund der Akten oder der Ausführungen eines Arbeitslosen annehmen müssen, dass ein Abklärungsbedarf besteht. Nur erhärtete Tatsachen dürfen bei einem Entscheid berücksichtigt werden; für Meinungen und Behauptungen ist kein Platz.

Die Arbeitslosen haben Anspruch auf *rechtliches Gehör*. Das heisst, sie können zu allen Vorwürfen Stellung nehmen und ihren Standpunkt darlegen. Steht Aussage gegen Aussage müssen weitere Beweise gesucht werden (Zeugenaussagen, Dokumente etc.). Diese Grundsätze werden im Alltag viel zu wenig beachtet. Weit verbreitet ist etwa die Unart, dem früheren Arbeitgeber mehr zu glauben als dem Arbeitslosen (→ Seite 146). Ein Beispiel:

Der Arbeitgeber behauptete, es sei am Arbeitsplatz wegen der jetzt arbeitslosen Elsa G. zu Störungen gekommen, sie habe ungenügende Leistungen erbracht und zudem, um länger Ferien zu haben, eine Krankheit vorgetäuscht. Elsa G. sagte auf Befragen dazu: Ihr sei gekündigt worden, weil sie sexuelle Belästigungen durch ihren Vorgesetzten der Geschäftsleitung gemeldet habe. Die Kasse verfügte, ohne ihr richtig zuzuhören, 15 Einstelltage, das heisst drei Wochen stempeln ohne Geld. Elsa G. habe ihre Stelle schuldhaft verloren. Auch das kantonale Versicherungsgericht nahm die Frau nicht ernst: Es wies ihre Beschwerde ab. Erst das EVG bemängelte die einseitige Schwerhörigkeit und wies den Fall zur weiteren Abklärung zurück. Insbesondere kritisierte es, die Glaubwürdigkeit der Arbeitslosen sei nie Gegenstand einer eingehenden Würdigung gewesen (ARV 1993/94 Nr. 26).

Einmal mehr sei gesagt: Eine Einstellung in der Taggeldberechtigung darf nur verfügt werden, wenn mit überwiegender Wahrscheinlichkeit ein Verschulden des oder der Arbeitslosen vorliegt.

Eine weitere Unsitte: Wichtige Informationen werden bloss telefonisch oder mündlich eingeholt. Wie sollen sich Betroffene wehren, wenn auf diesem kaum überprüfbaren Weg ungenaue oder falsche Angaben zur Grundlage für wichtige Entscheide werden? Das Eidgenössische Versicherungsgericht hat eine klare Praxis aufgestellt, die jedoch im Alltag viel zu wenig beachtet wird: «Eine formlos eingeholte und in einer Aktennotiz festgehaltene mündliche beziehungsweise telefonische Auskunft stellt nur insoweit ein zulässiges und taugliches Beweismittel dar, als damit blosse Nebenpunkte, namentlich Indizien oder Hilfstatsachen festgestellt werden. Sind aber Auskünfte zu wesentlichen Punkten des rechtserheblichen Sachverhaltes einzuholen, kommt grundsätzlich nur die Form einer schriftlichen Anfrage und Auskunft in Betracht. Werden Auskunftspersonen zu wichtigen tatbeständlichen Punkten dennoch mündlich befragt, ist eine Einvernahme durchzuführen und darüber ein Protokoll aufzunehmen. In der Regel ist dem Betroffenen überdies Gelegenheit zu geben, der Einvernahme beizuwohnen.» (BGE 117 V 282; ARV 1992 Nr. 17; ARV 1993/94 Nr. 26).

Wie aber kommt man zum rechtlichen Gehör? Tragisch, aber wahr: Die Arbeitslosenversicherung schert sich – wie übrigens auch die Unfallversicherer und die IV – oft wenig um diese Regeln. Ausrede: Zu grosser Aufwand... Es braucht häufig eine Beschwerde und einen entschiedenen Protest vor der kantonalen Gerichtsinstanz, bevor den Betroffenen das rechtliche Gehör gewährt wird.

Bestandteil des Anspruchs auf rechtliches Gehör ist auch die *Akteneinsicht*. Jeder und jede Arbeitslose hat das Recht, auf der zuständigen Amtsstelle die Akten einzusehen und von einzelnen Dokumenten Fotokopien zu verlangen. Er oder sie hat ein Interesse daran zu sehen, ob beispielsweise der Arbeitgeber die Formulare korrekt ausgefüllt hat, ob die Behörde telefonisch falsche Auskünfte einholte etc. Auch dieses eindeutige Recht auf Einsicht in die Datensammlung wird häufig nicht gewährt.

Teilt eine Amtsstelle oder ein Gericht einen Entscheid mit, so haben die Arbeitslosen ein Recht auf eine *korrekte Verfügung*. Dazu gehört Folgendes:

● Die Verfügung muss von der richtigen Stelle erlassen sein (Kasse, KIGA). Im Gesetz ist genau geregelt, welche Stelle wofür zuständig ist.

● Sie muss die für den Entscheid relevanten Gesetzesartikel aufführen. Jede Verfügung muss sich auf das Gesetz stützen; das muss nachprüfbar sein.

● Es muss klar aufgeführt sein, worum es bei der Verfügung geht. Die Versicherten müssen sich zu jedem Sachverhalt äussern können (Anspruch auf rechtliches Gehör). Das ist nur möglich, wenn die Sachverhalte in der Verfügung beschrieben sind. Auch darf die Amtsstelle oder das Gericht sich nur auf Sachverhalte stützen, die vorher abgeklärt wurden. Wenn einem Versicherten bei der Abklärung beispielsweise nur vorgeworfen wurde, er habe seine Kündigung selbst verschuldet, so darf in der Verfügung nicht behauptet werden, er habe sich während der Kündigungsfrist auch zu wenig um Arbeit bemüht.

● Die Verfügung muss einen klaren Entscheid enthalten. Beispiele: «Der Versicherte ist ab dem 1. Juni 1997 für zehn Tage in der Anspruchsberechtigung einzustellen.» – «Der Besuch des Kurses XXX vom 1. bis 7. Juli 1997 an der Schule XY wird nicht bewilligt.»

● Dieser Entscheid muss begründet werden. In der Begründung müssen die rechtlichen Überlegungen enthalten sein, die dazu führten. Die zuständige Instanz darf nicht willkürlich entscheiden, sie muss sich auf das Gesetz und die Gerichtspraxis (Entscheide des eidgenössischen und der kantonalen Sozialversicherungsgerichte) stützen.

- Die Verfügung muss eine Rechtsmittelbelehrung enthalten. Das heisst, der Arbeitslose muss erfahren, mit welchem Rechtsmittel er sich zur Wehr setzen kann. Bei Verfügungen ist das der Rekurs oder die Beschwerde. Am Schluss muss angegeben sein, bei welcher Instanz und innert welcher Frist eine Beschwerde eingereicht werden kann.

Die *Beschwerdefrist* beträgt 30 Tage. Der Tag an dem Sie die Verfügung erhalten, wird nicht mitgezählt. Endet die Frist an einem Samstag oder Sonntag, haben Sie bis Montag Zeit die Beschwerde eingeschrieben zur Post zu bringen. Probleme können entstehen, wenn Sie einen Abholzettel der Post in Ihrem Briefkasten finden. Dann gilt die Verfügung als zugestellt, sobald Sie die Sendung auf der Post abholen. Von diesem Zeitpunkt an läuft die 30-tägige Frist. Holen Sie die Sendung nicht ab, gilt sie als am letzten Tag der Abholfrist zugestellt. In einem solchen Fall kann die Frist also laufen, ohne dass Sie die Verfügung überhaupt gesehen haben. Deshalb ist es wichtig, dass Sie der Arbeitslosenkasse längere Ortsabwesenheiten zum voraus mitteilen.

Das *Beschwerdeverfahren* ist so zu gestalten, dass ein Versicherter ohne Anwalt auskommt (einfaches Verfahren). Die formellen Anforderungen an eine Beschwerde sind gering. Es muss aber ein deutlicher Beschwerdewille enthalten sei, und es muss klar ersichtlich sein, inwieweit Sie eine Verfügung anfechten (Beispiele → Seite 232). Das gehört zur Mitwirkungspflicht der Arbeitslosen: Was nicht angefochten wird, ist nicht Gegenstand der Beschwerde. Lassen Sie sich durch den Hinweis, die Beschwerde müsse in der Amtssprache abgefasst sein, nicht einschüchtern. Damit ist nicht irgendeine juristische Fachsprache gemeint, sondern ganz einfach: Deutsch in der Deutschschweiz, Französisch in der Romandie etc.)

In Streitfällen mit der Arbeitslosenversicherung ist es selten empfehlenswert, einen *Anwalt* beizuziehen. Denn erstens riskieren Sie, bei einer Niederlage dessen Aufwand selber bezahlen zu müssen. Zweitens haben Anwälte wenig mit diesem exotischen Zweig der Sozialversicherungen zu tun. Und ausserdem ist der Streitwert oft relativ bescheiden. Es handelt sich meist um Beträge zwischen 1000 und 5000 Franken. Mehr Geld steht auf dem Spiel, wenn um die Vermittlungsfähigkeit gestritten wird; da kann es um Zehntausende von Franken gehen. Nur in solch grösseren, komplexeren Fällen sollten Sie den Beizug eines spezialisierten Anwalts in Erwägung ziehen (Vermittlung über den Beobachter → Seite 293). Im Allgemeinen genügt es, die Beschwerde mithilfe von Beratungsstellen oder Selbsthilfegruppen aufzusetzen.

Das Verfahren sollte laut Gesetz *rasch* durchgeführt werden. Doch in der Realität kann es Jahre dauern, bis die kantonalen Instanzen und das EVG ihre Entscheide fällen. Es ist skandalös, dass man beispielsweise im Kanton Zürich mitunter bis zu einem Jahr warten muss, bis das KIGA Zeit hat, eine zweifelhafte Vermittlungsfähigkeit, die ihm von der Arbeitslosenkasse unterbreitet wurde, abzuklären. Aufsichtsbehörde über die Arbeitslosenversicherung ist das BIGA, das bei Rechtsverweigerung entscheidet. Wenn Ihre Unterlagen beim KIGA liegen und Sie innert drei Monaten nichts hören, sollten Sie deshalb ans BIGA gelangen und sich über Rechtsverweigerung beschweren (→ Seite 228; falls Ihr Anwalt diesen Brief für Sie schreibt, kann er beim BIGA eine Parteientschädigung beanspruchen).

Die *Kosten* für ein Verfahren im Arbeitslosenrecht sind in der Regel nicht hoch. Gerichtskosten entstehen keine. Ein eigener Anwalt kommt pro Instanz auf 1000 bis ca. 3000 Franken zu stehen; pro Stunde verlangt er ein Honorar von 180 Franken und mehr. Wenn Sie den Prozess verlieren, müssen Sie (anders als in einem Zivilverfahren) weder die Verwaltung noch einen allenfalls auftretenden Gegenanwalt entschädigen. Wer also seine Sache allein vorbringt, muss nicht mit Auslagen rechnen – es sei denn, er prozessiere mutwillig; dann werden Gerichtskosten verlangt. Mutwilligkeit liegt bei bewusst unwahren Tatsachenbehauptungen und bei wissentlichem Bestreiten wahrer Tatsachenbehauptungen vor (ARV 1978 Nr. 23).

Arbeitslose in prekären finanziellen Verhältnissen haben zudem im kantonalen Verfahren und vor dem eidgenössischen Versicherungsgericht Anspruch auf *unentgeltliche Verbeiständung* durch einen Anwalt, falls sie nicht in der Lage sind ihre Sache selber zu führen. Manchmal ist es auch bei einem relativ einfachen Sachverhalt nötig, dass ein Spezialist die wichtigen Punkte vorbringt, die Argumente ordnet und damit zur Vereinfachung des Verfahrens beiträgt. In solchen Fällen können Sie sich an einen spezialisierten Anwalt wenden, der bei nicht ganz unbedeutenden Streitwerten vom Gericht zum unentgeltlichen Rechtsbeistand ernannt wird, falls Ihre Sache nicht zum vornherein als aussichtslos erscheint. Wer eine Rechtsschutzversicherung abgeschlossen hat oder gewerkschaftlich organisiert ist, kann unter Umständen auf diese Versicherung oder die Gewerkschaft zählen, wenn es um eine gerichtliche Auseinandersetzung geht.

Beschwerde wegen Rechtsverweigerung

Anton S.
Seestrasse 44
8820 Wädenswil

EINSCHREIBEN
BIGA
Bundesgasse 8
3000 Bern

Wädenswil, 5. Mai 1997

Beschwerde wegen Rechtsverweigerung

Sehr geehrte Damen und Herren

Ich möchte mich bei Ihnen über das KIGA, Stampfenbachstrasse 32, 8090 Zürich, beschweren. Ich verlange, dass das KIGA meine Vermittlungsfähigkeit unverzüglich bejaht und die Akten zur Berechnung der mir zustehenden Leistungen an die zuständige Arbeitslosenkasse weiterleitet.

Ich begründe mein Begehren kurz wie folgt: Vor drei Monaten wurde ich vom Arbeitsamt informiert, dass meine Vermittlungsfähigkeit zweifelhaft sei und deshalb das KIGA darüber zu befinden habe. Auf Anfrage beim KIGA erfuhr ich nun, dass mein Fall wegen des grossen Arbeitsanfalls erst nach einer Wartezeit von etwa acht bis neun Monaten überprüft werden könne.

Ich finde, es geht nicht an, dass das KIGA fast ein Jahr braucht, um einen Fall abzuklären. Es gilt der Grundsatz, dass jedes Verfahren innert angemessener Frist abzuschliessen ist.

Mit freundlichen Grüssen

Anton S.

Beilage: Schreiben der Arbeitslosenkasse,
dass ich ein Zweifelsfall sei

Wie verhalte ich mich am besten?

Zuerst geht es darum, abzuklären, was Ihnen überhaupt zusteht, und dann den besten Weg zu Ihrem Recht zu finden. Bei diesen Abklärungen helfen Ihnen die Beraterinnen und Berater der RAV. Diese sind den Versicherten meist wohlgesinnt und können aus ihrer Erfahrung viele nützliche Tipps geben. Aber auch Gewerkschaften und Beratungsstellen oder Selbsthilfeorganisationen der Arbeitslosen (Adressen → Seite 289) helfen Ihnen bei Ihren Abklärungen weiter.

Es ist besser, wenn Sie mit Ihren Fragen beim RAV oder Arbeitsamt vorbeigehen und sie dort besprechen. Verlangen Sie ein Beratungsgespräch; am Telefon erhalten Sie meist nur ungenügend Auskunft. Nehmen Sie zum Gespräch auf dem Amt Ihre Akten und einen Spickzettel mit, auf dem Sie alle wichtigen Punkte notiert haben. Und: Schimpfen nützt nichts; sagen Sie lieber klar, was Sie wollen.

Wenn Sie mit Entscheiden der Arbeitslosenkasse nicht einverstanden sind, müssen Sie sich schriftlich wehren. Sie erreichen am meisten, wenn Sie in der Sache hart, im Ton aber höflich sind. Es erleichtert den Sachbearbeitern die Arbeit, wenn Sie klar schreiben, worum es Ihnen geht – und Ihre AHV-Nummer angeben, denn darunter sind Sie auf der Amtsstelle «abgelegt». Wenn nötig können Ihnen das RAV oder die Beratungsstellen beim Aufsetzen solcher Briefe helfen. Zur Orientierung sollten Sie dem zuständigen RAV oder Arbeitsamt eine Kopie zustellen.

Am häufigsten geben die Berechnung des versicherten Verdienstes in den Taggeldabrechnungen, verspätete Zahlungen, Taggeldbussen und die Frage der Vermittlungsfähigkeit (Beispiele für Gerichtsentscheide → Seite 85) Anlass zu Beanstandungen.

● **Falsche Taggeldberechnung:** Recht häufig ist eine falsche Berechnung des versicherten Verdienstes. Kommt Ihnen dieser auf Ihrer Taggeldabrechnung suspekt vor, sollten Sie zuerst mit gezielten Fragen an die zuständige Kasse gelangen. Aufgrund welcher konkreter Zahlen wurde der versicherte Verdienst ermittelt? Immer wieder geben Arbeitgeber auf ihren Formularen falsche Löhne an – Kinderzulagen gehen vergessen, die freiwillige Gratifikation wird nicht berücksichtigt etc. Zur Erinnerung: Multiplizieren Sie den versicherten Verdienst auf der Abrechnung mit zwölf. Das Resultat sollte mit Ihrem Bruttojahresverdienst vor der Arbeitslosigkeit (ohne Kinderzulagen) übereinstimmen (→ Seite 114).

Richtigstellen einer falschen Taggeldberechnung

Herbert K.
Bahnhofstrasse 20
5200 Brugg

EINSCHREIBEN
Arbeitslosenkasse XY
5200 Brugg

Brugg, 7. Mai 1997

AHV-Nr. 333.55.333.111
Taggeldberechnung

Sehr geehrte Damen und Herren

Bei der Berechnung meines Taggelds ist offenbar übersehen worden, dass mir während meinem letzten Arbeitsverhältnis auch Spesen für Reisen und Verpflegung bezahlt worden sind. Ich erhielt monatlich eine Pauschale von 300 Franken, die auch während der Ferien und bei Krankheit ausgerichtet wurde. Somit sind diese Spesen als Lohnbestandteile zu betrachten.

Ich bitte Sie eine entsprechende Neuberechnung vorzunehmen.

Besten Dank und
freundliche Grüsse

Herbert K.

Beilagen: Arbeitsvertrag
            Lohnabrechnungen
Kopie: Arbeitsamt Brugg

● **Verspätete Auszahlung des Taggelds:** Immer wieder kommt es vor, dass Arbeitslose alle nötigen Unterlagen beim Arbeitsamt oder RAV abgegeben haben – und warten. Das Taggeld kommt und kommt nicht, die nächste Miete wird trotzdem fällig. Fehlt allenfalls doch ein Diplom oder hat der Arbeitgeber «vergessen», die Arbeitgeberbescheinigung einzuschicken?

Protest gegen verzögerte Taggeldauszahlung

Rita S.
Seestrasse 7
8000 Zürich

                          EINSCHREIBEN
                          Arbeitslosenkasse XY
                          8001 Zürich

                          Zürich, 17. Mai 1997

AHV-Nr: 333.55.222.111
Taggeld März und April 1997

Sehr geehrte Damen und Herren

Seit dem 1. März 1997 bin ich arbeitslos. Die verlangten Formulare habe ich bereits am 10. März ausgefüllt beim Arbeitsamt abgegeben. Bis heute habe ich nichts von Ihnen gehört und auch kein Geld erhalten.

    Das Arbeitsamt ist der Meinung, dass meine Unterlagen in Ordnung sind. Sollten Sie anderer Ansicht sein, bitte ich um sofortige Mitteilung, damit ich die notwendigen Ergänzungen veranlassen kann.

    Da ich auch als Arbeitslose meinen Verpflichtungen nachkommen muss, bin ich dringend auf das Geld angewiesen.

                                      Mit freundlichen Grüssen

                                      Rita S.

Kopie: Arbeitsamt Zürich

Wenn nötig, Beschwerde einreichen

Bleibt die Kasse bei einem negativen Entscheid, sollten Sie, wenn Sie noch keine erhalten haben, als Erstes eine Verfügung verlangen. Diese dient Ihnen als Grundlage für Ihre Beschwerde beim kantonalen Sozialversicherungsgericht. Diese Beschwerde müssen Sie innert 30 Tagen ab Datum der Verfügung einreichen. Was muss sie enthalten?
– den Ausdruck «Beschwerde» oder «Rekurs»
– einen Antrag, in dem Sie sagen, was Sie verlangen
– eine Begründung des Antrags
– alle Unterlagen, welche diese Begründung unterstützen, als Beilage
– eine Kopie der Verfügung, gegen die Sie Beschwerde erheben

In einfachen Fällen können Sie die Beschwerde selber schreiben. Es ist aber auf jeden Fall besser, vorher bei einer Beratungsstelle Rat zu holen. Bei komplizierteren Beschwerden hilft Ihnen diese Stelle auch beim Formulieren.

● **Beschwerde gegen falsche Berechnung des Taggelds:** Die Arbeitslosenkasse hat Herbert K. (→ Seite 230) in einer Verfügung mitgeteilt, dass sie sein Taggeld nicht neu berechnen wird.

Beschwerde gegen falsche Taggeldberechnung

Herbert K.
Bahnhofstrasse 20
5200 Brugg

                    EINSCHREIBEN
                    Versicherungsgericht
                    des Kantons Aargau
                    Obere Vorstadt 38
                    5000 Aarau

                    Brugg, 12. Juni 1997

AHV-Nr. 333.55.222.111
Beschwerde gegen die Verfügung der Arbeitslosenkasse XY
vom 10. Juni 1997 betreffend Taggeldberechnung

Sehr geehrte Damen und Herren

Ich erhebe Beschwerde gegen die Verfügung vom 10. Juni 1997 und stelle den Antrag, mein Taggeld sei neu festzusetzen.
    Begründung: In meinem Arbeitsvertrag ist mir eine Pauschale von 300 Franken als Spesen für Reisen und Verpflegung zugesichert worden. Sie wurde mir monatlich ausgezahlt, auch bei Abwesenheit wegen Ferien oder Krankheit. Über die Spesen musste ich nie abrechnen; höhere Auslagen erhielt ich nicht ersetzt.
    Meine Spesenpauschale ist eindeutig Lohnbestandteil. Der versicherte Verdienst erhöht sich also um Fr. 3600.– (12 x Fr. 300.–).
    Das Taggeld ist deshalb ab Beginn meiner Arbeitslosigkeit am 1. Mai 1997 entsprechend zu erhöhen.

                              Mit freundlichen Grüssen

                              Herbert K.

Beilagen: Verfügung der Arbeitslosenkasse vom 10. 6. 1996
            Arbeitsvertrag
            Lohnabrechnungen

● **Beschwerde gegen Ablehnung eines Kursgesuchs:** Eine 54-jährige arbeitslose Verkäuferin will einen Kurs zum Textverarbeitungsprogramm Word 6 besuchen. Das Arbeitsamt befürwortet diesen Kursbesuch. Doch das KIGA lehnt ihr Gesuch ab mit der Begründung, die Vermittlungsfähigkeit einer Verkäuferin werde durch Kenntnisse in Textverarbeitung nicht wesentlich verbessert.

Beschwerde gegen Ablehnung eines Kursgesuchs

Marlies F.
Poststrasse 8
8160 Uster

EINSCHREIBEN
Sozialversicherungsgericht
des Kantons Zürich
Postfach
8401 Winterthur

Uster, 12. Oktober 1996

AHV-Nr. 333.42.777.111
Beschwerde gegen die Verfügung des KIGA vom 10. Oktober 1996 betreffend Kursbesuch Word 6

Sehr geehrte Damen und Herren

Ich erhebe Beschwerde gegen die Verfügung des KIGA vom 10. Oktober 1996 und stelle den Antrag, mir sei der Kursbesuch zu bewilligen.

Begründung: Dem Kündigungsschreiben und dem Arbeitszeugnis können Sie entnehmen, dass mir gekündigt worden ist, weil die Firma wegen schlechten Geschäftsgangs Leute entlassen musste und weil ich wegen meines Alters nicht mehr den ganzen Tag stehen kann. Eine Zeit lang konnte ich bei meinem alten Arbeitgeber zwei bis drei Stunden täglich mit einem veralteten EDV-System Büroarbeiten verrichten; wegen der wirtschaftlichen Schwierigkeiten war das später nicht mehr möglich.

Ich bin zwar voll arbeitsfähig, doch kann ich wegen Rückenbeschwerden meinen Beruf als Verkäuferin nicht mehr ganztags ausüben; ich muss mit Stehen und Sitzen abwechseln können.

Mit der Kenntnis von Word 6 hätte ich die Möglichkeit, in kleineren Geschäften neben dem Verkauf auch einige Stunden Büroarbeiten zu übernehmen. Kaufmännische Kenntnisse besitze ich siehe Arbeitszeugnis). Ich verfüge bereits über mehrere Jahre Erfahrung mit EDV-Textverarbeitung, deshalb werde ich Word 6 schnell lernen. Um eine neue Stelle zu bekommen, muss ich diese weit verbreitete Textverarbeitung beherrschen. Heute bezahlen die Firmen neu eintretenden Angestellten keine Kurse mehr. Es wird vorausgesetzt, dass jemand die entsprechenden Kenntnisse mitbringt. Der Kurs zu Word 6 verbessert also meine Vermittlungsfähigkeit deutlich.

Ich lege sechs Inserate bei, in denen Verkäuferinnen gesucht werden, die auch einfachere Büroarbeiten verrichten können. Absagen, die mit meinen fehlenden Kenntnissen begründet wurden, kann ich keine beilegen. Bei 100 und mehr Bewerbungen auf eine Stelle ist es unmöglich, dass ein Arbeitgeber in jedem Fall Gründe für die Absage angeben kann.

Es ist Ihnen sicher bekannt, wie schwierig die Stellensuche mit 54 Jahren ist. Meine Chancen für eine neue Arbeit verbessern sich jedoch durch diesen Kursbesuch.

                                      Freundliche Grüsse

                                      Marlies F.

Beilagen:
Verfügung des KIGA vom 10. Oktober 1996
Arbeitszeugnis
Kündigungsschreiben
Ausweis über kaufmännische Tätigkeit und frühere EDV-Kurse
Inserate

Entscheidet auch das kantonale Gericht gegen Sie, können Sie mit einer neuen Beschwerde an das Eidgenössische Versicherungsgericht (EVG) in Luzern gelangen. Allerdings sollten Sie sich vorher unbedingt von einer spezialisierten Stelle beraten lassen. Es braucht einiges Wissen, um abschätzen zu können, ob eine weitere Beschwerde überhaupt Aussicht auf Erfolg hat. In der Regel kennen die kantonalen Sozialversicherungsgerichte Gesetz und Rechtsprechung. Eine Beschwerde ans EVG kann aber dann sinnvoll sein, wenn das kantonale Gericht wichtige Argumente nicht genug gewürdigt hat oder wenn es um ein Problem geht, das vom EVG noch nicht entschieden worden ist.

Vielleicht haben Sie Bedenken den Fall weiterzuziehen, weil Sie Angst haben, Sie könnten vor der höheren Instanz noch schlechter wegkommen. Für diese Befürchtung besteht kein Anlass. Denn wenn Sie den Fall weiterziehen und das Gericht zum Schluss kommt, Sie seien bei der Vorinstanz zu gut weggekommen, muss es Ihnen Gelegenheit geben Ihre Beschwerde zurückzuziehen. Man nennt dies das Verbot der reformatio in peius. Es ist dem Gericht verboten, Sie schlechter zu stellen. Sollte ein Gericht diesen Grundsatz missachten, müssten Sie den Fall, am besten mit der Unterstützung eines Anwalts, an die nächste Instanz weiterziehen.

Das Wichtigste in Kürze

- Wenn Sie das Gefühl haben, Sie bekämen zu wenig Taggeld, überprüfen Sie die Berechnung des versicherten Verdienstes.

- Wenn Sie mit einer Stempelbusse nicht einverstanden sind, wehren Sie sich, vor allem auch gegen falsche Angaben des Arbeitgebers.

- Sie haben Anspruch auf rechtliches Gehör, insbesondere ein Recht auf Einsicht in die Akten. Nehmen Sie Ihre Rechte wahr. Verlangen Sie Fotokopien aller Akten, wenn Sie mit einem Entscheid nicht einverstanden sind.

- Das Gerichtsverfahren ist kostenlos. In der Regel brauchen Sie keinen Anwalt; empfohlen wird aber der Beizug eines Beraters (Beratungsstellen → Seite 289).

● Wenn Ihr Fall komplizierter liegt und wenn Sie mittellos sind, haben Sie Anspruch auf einen unentgeltlichen Anwalt. Doch Achtung: Die meisten Anwälte verstehen zu wenig vom Arbeitslosenversicherungsrecht. Erkundigen Sie sich bei den Beratungsstellen nach Spezialisten in Ihrem Kanton; auch der Beobachter kann Ihnen Adressen nennen (→ Seite 293).

20.
Kurzarbeits-, Schlechtwetter- und Insolvenzentschädigung

Die Arbeitslosenversicherung deckt mit ihren Taggeldern das Risiko des unfreiwilligen Nichtbeschäftigtseins ausserhalb eines Arbeitsverhältnisses. Von diesem Grundprinzip gibt es drei Ausnahmen; die Arbeitslosenversicherung bezahlt auch bei bestehendem Arbeitsverhältnis unter folgenden Titeln:

1. Kurzarbeit: Risiko, dass der Arbeitgeber aus wirtschaftlichen Gründen die betriebliche Arbeitszeit vorübergehend reduziert
2. Schlechtwetter: Risiko des wetterbedingten Arbeitsausfalls
3. Insolvenz: Risiko der Zahlungsunfähigkeit des Arbeitgebers

Kurzarbeit

Kurzarbeit (G31 ff. und V 46 ff.) ist eine wirtschaftlich bedingte, unvermeidbare und vorübergehende Reduktion der vertraglichen Arbeitszeit für alle oder nur für gewisse Gruppen von Arbeitnehmern in einem Betrieb. Dabei kann die tägliche Arbeitszeit verkürzt werden, der Betrieb oder eine Abteilung kann aber auch für einzelne Tage, Wochen oder gar Monate vollständig geschlossen werden. Für die daraus entstehenden Lohneinbussen erhält der Betrieb die so genannte Kurzarbeitsentschädigung.

Durch solche Perioden der Kurzarbeit sollen Arbeitsplätze erhalten bleiben; dank den damit verbundenen Kosteneinsparungen sollen während einer beschränkten Zeit Entlassungen vermieden werden. Bessert sich die Lage, kann die Firma mit dem gleichen Personalbestand weiter arbeiten. Die Arbeitnehmerinnen und Arbeitnehmer erleiden zwar vorübergehend einen gewissen finanziellen Verlust, doch behalten sie ihre Arbeitsstelle, was vor allem für die älteren unter ihnen ein grosser Vorteil ist.

In den letzten Jahren ist der Umsatz einer kleineren Maschinenfabrik drastisch zurückgegangen. Die Firma war gezwungen, mit hohen Kosten neue Produkte zu entwickeln. Diese stehen kurz vor dem Marktdurchbruch. Die Geschäftsleitung erwartet, das bestehende Personal bald wieder voll auslasten zu können. In den nächsten Monaten aber herrscht Umsatzflaute, weshalb die Belegschaft auf Kurzarbeit gesetzt werden muss.

Damit überhaupt Kurzarbeitsentschädigung bezahlt wird, muss die Arbeitszeit um mindestens zehn Prozent gekürzt werden. Der Arbeitsausfall muss voraussichtlich vorübergehend sein, und es muss wahrscheinlich sein, dass dank der Kurzarbeit die Arbeitsplätze erhalten bleiben.

Die Kurzarbeitsentschädigung wird innerhalb von zwei Jahren während höchstens zwölf Monaten (Abrechnungsperioden genannt) ausgerichtet. Beträgt der monatliche Arbeitsausfall mehr als 85 Prozent, wird er nur während längstens vier Monaten entschädigt. Die Arbeitslosenversicherung deckt 78,4 Prozent des durch die Arbeitszeitverkürzung entstehenden Verdienstausfalls. Während der ersten sechs Abrechnungsperioden muss der Arbeitgeber pro Monat zwei Arbeitstage, die so genannten Karenztage, aus dem eigenen Sack bezahlen. Während der siebten bis zwölften Abrechnungsperiode sind es drei Karenztage. An diesen Tagen muss der Arbeitgeber seinen Mitarbeitern 78,4 Prozent des Lohnes zahlen.

Grundsätzlich haben alle von Kurzarbeit betroffenen Arbeitnehmerinnen und Arbeitnehmer Anspruch auf die Entschädigung. Eine Mindestdauer der Beitragsleistung wird nicht verlangt. Keine Kurzarbeitsentschädigung erhalten folgende Personengruppen:

● *AHV-Rentner,* die in einem kurzarbeitenden Betrieb beschäftigt werden. Sie sind wie in der übrigen Arbeitslosenversicherung nicht versichert.

● Personen, die beispielsweise *auf Abruf* nur sehr sporadisch eingesetzt werden und gar nicht mit einer regelmässigen, arbeitsvertraglich zugesicherten Anzahl Arbeitsstunden rechnen können. Ihr Arbeitsausfall ist nicht bestimmbar.

● Personen mit *massgeblichem Einfluss auf die Entscheidungen des Arbeitgebers* sind ebenfalls nicht anspruchsberechtigt. Damit sind beispielsweise Kaderleute gemeint, die Einzelunterschrift führen, oder Personen, die zu 20 oder mehr Prozent an einem Betrieb beteiligt sind.

● Arbeitnehmer, die bereits *in gekündigtem Arbeitsverhältnis* stehen. Die Motive der Kündigung spielen keine Rolle. Der Grund: Hier geht

es nicht mehr um die Erhaltung von Arbeitsplätzen. Der Arbeitgeber muss den Lohn auf der Basis von 100 Prozent weiterzahlen.
● Nicht anrechenbar sind auch die Arbeitsausfälle von Arbeitnehmern, die in einem *befristeten Arbeitsverhältnis* stehen. Saisonanstellungen gelten als befristete Arbeitsverhältnisse, wenn sie nicht vor Ablauf der Saison von einer Vertragspartei unter Einhaltung der ordentlichen Kündigungsfrist gekündigt werden können.
● *Lehrlinge* können nicht auf Kurzarbeit gesetzt werden. Das Lehrverhältnis hat überwiegend Ausbildungscharakter, was einen Beschäftigungsanspruch des Lehrlings einschliesst. Die Anlehre und das Praktikum sind dem Lehrverhältnis gleichgestellt.
● Arbeitnehmerinnen und Arbeitnehmer, die im Auftrag einer Organisation für *Temporärarbeit* eingesetzt werden, sind ebenfalls ausgeschlossen. Weder der Temporär- noch der Einsatzbetrieb kann für sie Kurzarbeitsentschädigung beanspruchen (BGE 119 V 357).

Die Behörden sind bei der Erteilung von Bewilligungen meist überfordert. Für Aussenstehende ist es fast unmöglich, den Ist-Zustand eines Unternehmens und dessen mögliche Entwicklung mit und ohne Kurzarbeit kompetent abzuschätzen. Es ist daher nicht verwunderlich, dass die Bekämpfung von Missbräuchen kaum möglich ist. Immer wieder bewilligt die zuständige Behörde Kurzarbeit; Monate oder Jahre später geht der Betrieb dann doch ein.

Nicht als Kurzarbeit gilt ein Arbeitsausfall, wenn er *branchen-, berufs- oder betriebsüblich* ist oder durch *saisonale Schwankungen* verursacht wird. Ein Bergrestaurant etwa kann im November seinen Betrieb wohl einstellen, eine Kurzarbeitsentschädigung wird den Mitarbeitern sicher nicht ausgezahlt. Dasselbe gilt für Arbeitsausfälle einer Baufirma im Winter, es sei denn, solche Ausfälle seien eindeutig durch einen aussergewöhnlichen Auftragsmangel verursacht worden.

Es gibt auch Arbeitsausfälle, die nicht wirtschaftlich bedingt sind, aber dennoch zu Leistungen der Arbeitslosenversicherung führen. Gemeint sind Arbeitsausfälle, die auf *behördliche Massnahmen* oder andere *nicht vom Arbeitgeber zu vertretende Umstände* zurückzuführen sind, zum Beispiel Elementarschadenereignisse (Brand, Überschwemmung etc.) oder Ein- und Ausfuhrverbote für Rohstoffe und Waren. Die Entschädigung wird aber nur ausgerichtet, wenn der Arbeitgeber den Arbeitsausfall nicht durch geeignete, wirtschaftlich tragbare Massnahmen hätte vermeiden können und wenn er keinen Dritten für den Schaden haftbar machen kann.

Ein *wetterbedingter Kundenausfall* gibt Anspruch auf Kurzarbeitsentschädigung, wenn er auf einen ungewöhnlichen Wetterverlauf zurückzuführen ist, der den Betrieb stillegt oder erheblich einschränkt. Als ungewöhnlicher Wetterverlauf gilt namentlich der Schneemangel in Wintersportgebieten, sofern er in einen Zeitraum fällt, in dem der Betrieb in drei der letzten fünf Vorjahre geöffnet war. Als erheblich eingeschränkt gilt der Betrieb, wenn der Umsatz während des wetterbedingten Ausfalls weniger als 25 Prozent der im Durchschnitt der fünf Vorjahre im gleichen Zeitraum erzielten Einnahmen beträgt. Die Leistungen für Kurzarbeit werden in solchen Fällen frühestens nach zwei Wochen (Karenzfrist) bezahlt; während der ersten zehn Arbeitstage muss also der Arbeitgeber voll für den Ausfall aufzukommen.

Wie läuft das konkret ab?

Als Grundregel gilt: Ein Arbeitgeber, der Kurzarbeit einführen will, muss dies mindestens zehn Tage im voraus schriftlich beim kantonalen Amt für Industrie, Gewerbe und Arbeit beantragen. Er gibt an, von welcher Kasse er die Entschädigung beziehen will. Das KIGA entscheidet in der Regel innert der zehntägigen Anmeldefrist und weist die zuständige Kasse an, die Entschädigung auszuzahlen. Hält die kantonale Amtsstelle eine oder mehrere Voraussetzungen für nicht erfüllt, erhebt sie durch Verfügung Einspruch gegen die Auszahlung der Entschädigung. Sie benachrichtigt in jedem Fall den Arbeitgeber und die für die Auszahlung zuständige Kasse.

Der Arbeitgeber muss den Entschädigungsanspruch seiner Arbeitnehmerinnen und Arbeitnehmer innert drei Monaten nach jeder Abrechnungsperiode bei der von ihm gewählten Arbeitslosenkasse geltend machen. Er ist verpflichtet:

● die Kurzarbeitsentschädigung vorzuschiessen und sie den Arbeitnehmern zusammen mit dem reduzierten Lohn am ordentlichen Zahltagstermin auszurichten.

● die Entschädigung für die Karenztage selber zu übernehmen.

● während der Kurzarbeit die gesetzlichen oder vertraglich zugesicherten Sozialversicherungsbeiträge auf dem vollen Lohn zu bezahlen. Im Normalfall müssen die Arbeitnehmer ihren vollen Beitragsteil ebenfalls leisten.

Von der ganzen Abrechnerei spüren die Arbeitnehmer also wenig. Ein Beispiel:

Franziska R. ist bei der Firma L. beschäftigt, die Kurzarbeit eingeführt hat. Die normale Arbeitszeit von Franziska R. beträgt 40 Stunden pro Woche, ihr Lohn beläuft sich auf 5000 Franken monatlich. Die Arbeitszeit wird um 25 Prozent auf 30 Stunden pro Woche gekürzt, der reduzierte Lohn beträgt noch 3750 Franken. Franziska R. hat einen Verdienstausfall von 1250 Franken. Davon erhält sie als Kurzarbeitsentschädigung 78,4 Prozent oder 980 Franken. Ihre Lohneinbusse beläuft sich damit auf 270 Franken pro Monat. Jeden Monat überweist der Arbeitgeber am normalen Zahltag ihren Lohn und die Kurzarbeitsentschädigung, also 4730 Franken, auf ihr Konto.

Wenn die Arbeit für länger als eine ganze Woche eingestellt wird, müssen auch die Arbeitnehmer Kontakt zum Arbeitsamt aufnehmen. Die kantonalen Amtsstellen können ihnen, wenn sie wegen Kurzarbeit ganz- oder halbtags nicht arbeiten müssen, eine geeignete zumutbare Zwischenbeschäftigung zuweisen. Bei der heutigen hohen Arbeitslosigkeit kommt es aber kaum zu solchen Zuweisungen.

Kurzarbeit kann auch mit Weiterbildung verbunden werden. Das KIGA bewilligt und finanziert solche Programme, wenn in den Kursen Fertigkeiten vermittelt werden, die nicht im alleinigen Interesse des Arbeitgebers liegen, sondern den Arbeitnehmern auch bei Stellenwechsel nützlich sein können und zur Erhaltung des Arbeitsplatzes unerlässlich sind. Auf diese Weise können Unternehmen also preisgünstig neue Technologien einführen.

Gegen Kurzarbeit können Sie sich wehren

Sind Sie mit der Kurzarbeit in Ihrem Betrieb und der Lohnkürzung nicht einverstanden, können Sie sich wehren. Der Arbeitgeber muss Ihnen dann den vollen Lohn bezahlen. Nur: Die Gefahr ist gross, dass er Ihnen darauf die Kündigung schickt.

Wenn Sie in einem gekündigten Verhältnis stehen, können Sie trotz Kurzarbeit im Betrieb ebenfalls den vollen Lohn verlangen. In Ihrem Fall geht es ja nicht mehr darum, einen Arbeitsplatz zu sichern. Selbst wenn Sie der Kurzarbeit zugestimmt haben und später die Kündigung erhalten, können Sie die Lohnkürzung rückgängig machen, indem Sie argumentieren, Sie hätten sich bei der Zustimmung in einem wesentlichen Irrtum befunden. Sie glaubten mit einer vorübergehenden Lohneinbusse Ihren Arbeitsplatz langfristig sichern zu können.

Schlechtwetterentschädigung

In bestimmten Branchen werden Arbeitsausfälle gedeckt, die nicht wirtschaftliche Ursachen haben, sondern durch Naturvorgänge – sprich Wetter – bedingt sind. Folgende Branchen haben Anspruch auf Schlechtwetterentschädigung (G42 ff. und V65 ff.):
- Hoch- und Tiefbau, Zimmerei-, Steinhäger- und Steinbruchgewerbe
- Sand- und Kiesgewinnung
- Geleise- und Freileitungsbau
- Landschaftsgartenbau
- Waldwirtschaft, Baumschulen und Torfabbau, wenn sie nicht Nebenzweig eines Landwirtschaftsbetriebs sind
- Ausbeutung von Lehmgruben sowie Ziegelei
- Berufsfischerei
- Transportgewerbe, wenn die Fahrzeuge nur für den Transport von Aushub oder Baumaterial oder für den Abtransport von Sand und Kies verwendet werden
- Sägerei
- Reine Reb-, Pflanzen-, Obst- und Gemüsebaubetriebe, wenn die normalerweise anfallenden Arbeiten wegen aussergewöhnlicher Trockenheit oder Nässe nicht verrichtet werden können

Vom Entschädigungsanspruch ausgeschlossen sind dieselben Personengruppen wie bei der Kurzarbeit (→ Seite 240).
Angerechnet werden nur ganze oder halbe Ausfalltage. Für jeden Monat wird eine Karenzzeit von drei Tagen abgezogen, die allein der Arbeitgeber tragen muss. Innerhalb eines Zeitraums von zwei Jahren darf die Schlechtwetterentschädigung während längstens sechs Monaten ausgerichtet werden. Die Arbeitslosenkasse zahlt 78,4 Prozent des Verdienstausfalls. Der Arbeitsausfall ist anrechenbar, wenn er ausschliesslich durch das Wetter verursacht wird, die Fortführung der Arbeiten technisch unmöglich oder wirtschaftlich unvertretbar ist oder dem Arbeitnehmer nicht zugemutet werden kann.
Der Arbeitgeber muss der kantonalen Amtsstelle (meist KIGA) den wetterbedingten Ausfall spätestens am fünften Tag des folgenden Kalendermonats mitteilen. Er muss den betroffenen Arbeitnehmern 78,4 Prozent des Verdienstausfalls am normalen Zahltagstermin auszahlen, die drei Karenztage je Monat auf die eigene Kappe nehmen und die Sozialversicherungsbeiträge auf dem vollen Lohn (nicht bloss auf 78,4 Prozent) abrechnen.

Insolvenzentschädigung

Im Gegensatz zu den übrigen Leistungsarten der Arbeitslosenversicherung, welche einen Arbeitsausfall entschädigen, deckt die Insolvenzentschädigung (G51 ff. und V73 ff.) den Lohn für geleistete Arbeit bei Zahlungsunfähigkeit des Arbeitgebers. Sie zahlt an Arbeitnehmerinnen und Arbeitnehmer, «wenn
a) gegen ihren Arbeitgeber der Konkurs eröffnet wird und ihnen in diesem Zeitpunkt Lohnforderungen zustehen oder
b) der Konkurs nur deswegen nicht eröffnet wird, weil sich infolge offensichtlicher Überschuldung des Arbeitgebers kein Gläubiger bereit findet, die Kosten vorzuschiessen, oder
c) sie gegen ihren Arbeitgeber für Lohnforderungen das Pfändungsbegehren gestellt haben.» (G51)

Damit diese Entschädigung geltend gemacht werden kann, müssen Sie also gegen Ihren Arbeitgeber ein Pfändungsbegehren für Lohnforderungen gestellt haben oder es muss der Konkurs über ihn eröffnet sein. Insolvenzentschädigung können Sie auch beantragen, wenn der Konkurs nur deshalb nicht eröffnet wurde, weil sich keine Gläubiger bereit fanden, die Kosten für ein Konkursverfahren (die meist mehrere Tausend Franken betragen) vorzuschiessen.

Die Insolvenzentschädigung deckt die Lohnforderungen der letzten sechs Monate des *Arbeitsverhältnisses,* jedoch nur bis zum maximalen versicherten Verdienst von monatlich 8100 Franken (Stand 1997). Arbeitnehmer mit arbeitgeberähnlicher Stellung haben – wie bei der Kurzarbeits- und Schlechtwetterentschädigung – keinen Anspruch auf Insolvenzentschädigung.

Zuständig für die Ausrichtung der Entschädigung sind nur die kantonalen öffentlichen Arbeitslosenkassen. Die Kasse tritt für die ausstehenden Lohnforderungen der Arbeitnehmerinnen und Arbeitnehmer an die Stelle des Arbeitgebers. Sie muss deshalb die gesetzlichen Sozialversicherungsbeiträge (und bei Ausländern allenfalls Quellensteuern) mit den zuständigen Organen abrechnen. Die bezahlten Leistungen wird sie beim Betreibungs- oder Konkursamt geltend machen.

Folgende Lohnbestandteile und Sondervergütungen werden von der Insolvenzentschädigung miterfasst:
– Gratifikation und 13. Monatslohn
– nicht bezogene Ferien oder nicht ausgezahlte Feriengelder sowie Ansprüche aus bereits geleisteter Vorholzeit

- weitere Sondervergütungen wie Zulagen für Überzeit und Nacht- oder Sonntagsarbeit, Orts- oder Teuerungszulagen, Schicht-, Schmutz- und Baustellenzulagen, Akkordprämien etc.
- vom Arbeitgeber nicht ausgezahlte Kurzarbeitsentschädigung (SVR ALV Nr. 73)

Die Insolvenzentschädigung deckt im Prinzip 100 Prozent des entgangenen Bruttolohns, anteilsmässig für die nicht bezahlte Zeit. Sie ist aber zeitlich auf sechs Monate beschränkt. Nicht gedeckt sind:
- Kinder- und Familienzulagen; diese müssen die Versicherten von der Familienausgleichskasse des Arbeitgebers verlangen.
- Unkostenentschädigungen, die Spesencharakter haben
- Kranken- beziehungsweise Unfalltaggelder; diese müssen bei der zuständigen Versicherung geltend gemacht werden.

Der Empfängerkreis für die Insolvenzentschädigung ist weiter gefasst als bei den Arbeitslosentaggeldern. Eine Insolvenzentschädigung erhalten auch Grenzgänger und Personen, die noch nicht sechs Monate Beiträge an die Arbeitslosenversicherung bezahlt haben. Arbeitnehmer, die das Mindestalter für die Beitragspflicht in der AHV – das ist das Jahr, in dem jemand 18-jährig wird – noch nicht erreicht haben, sind den beitragspflichtigen Arbeitnehmern gleichgestellt.

Wie müssen die Arbeitnehmer vorgehen?

Bevor die Insolvenzentschädigung geltend gemacht werden kann, müssen die ausstehenden Lohnforderungen via Betreibung eingefordert werden. Es empfiehlt sich, nie lange zu fackeln. Wer tatenlos hinnimmt, dass sein Lohn während Monaten nicht bezahlt wird, riskiert die Fristen zu verpassen. Wenn Ihr Arbeitgeber mit einer Lohnzahlung im Verzug ist, sollten Sie ihn sofort mahnen und ihm für die Bezahlung eine Frist von zehn Tagen setzen. Liegt das Geld dann nicht auf Ihrem Konto, sollten Sie sich bei der Gemeinde ein Betreibungsformular besorgen, den nötigen Kostenvorschuss einzahlen (70 bis 100 Franken, je nach Höhe der geforderten Summe) und das ausgefüllte Formular abschicken. Das Betreibungsamt schickt dem Arbeitgeber einen Zahlungsbefehl.

Wenn der Arbeitgeber Rechtsvorschlag erhebt, empfiehlt es sich, Beratung einzuholen – zum Beispiel beim Arbeitsamt oder RAV, in der Sprechstunde des Arbeitsgerichts oder bei der Beratungsstelle der

Gewerkschaft (Adressen → Seite 270 und 292). Erhebt der Arbeitgeber keinen Rechtsvorschlag, können Sie nach 20 Tagen das Fortsetzungsbegehren stellen. Die nötigen Formulare erhalten Sie beim Betreibungsamt. Je nachdem ob Ihr Arbeitgeber im Handelsregister eingetragen ist oder nicht, untersteht er der Pfändung oder dem Konkurs. Es würde zu weit führen, hier das betreibungsrechtliche Verfahren detailliert zu schildern. Wichtig ist, dass Sie – in Zusammenarbeit mit dem Betreibungsamt und einer Beratungsstelle – die jeweils notwendigen Schritte zügig vorantreiben.

Die Insolvenzentschädigung können Sie erst fordern, wenn die Pfändung vollzogen oder der Arbeitgeber Konkurs gegangen ist. Ihren Anspruch müssen Sie bei der kantonalen Kasse (Achtung: keine freie Kassenwahl) innert folgender Fristen geltend machen:
– bei Pfändung: 60 Tage nach Pfändungsvollzug
– bei Konkurs: 60 Tage nach der Veröffentlichung des Konkurses im Handelsamtsblatt
– Wird der Konkurs wegen offensichtlicher Insolvenz des Arbeitgebers gar nicht erst eröffnet: spätestens 60 Tage, nachdem die Frist für die Stellung des Konkursbegehrens unbenutzt abgelaufen ist

Diese Fristen müssen Sie unbedingt einhalten; sie werden in keinem Fall erstreckt.

Die Insolvenzentschädigung deckt die Lohnforderungen für die letzten sechs Monate des Arbeitsverhältnisses, nicht die letzten sechs Monate vor der Konkurseröffnung. Es kann sein, dass Sie Ihre Stelle wegen der Zahlungsunfähigkeit des Arbeitgebers vorzeitig aufgegeben haben und der Konkurs erst viel später eröffnet wird. Der Zeitpunkt der Konkurseröffnung hängt oft von Zufälligkeiten ab, auf welche die Arbeitnehmer praktisch keinen Einfluss haben. Auch bei einem verspäteten Konkurs kann aber Insolvenzentschädigung verlangt werden. Zwei Voraussetzungen müssen allerdings erfüllt sein: Der Arbeitgeber muss in dem Zeitpunkt, in welchem das Arbeitsverhältnis aufgelöst wurde, bereits zahlungsunfähig gewesen sein. Und die Gründe für die Verzögerung des Konkurses dürfen nicht beim Arbeitnehmer liegen. Sie müssen also alles vorne Aufgeführte unternehmen, um Ihre Ansprüche gegenüber dem Arbeitgeber zu wahren.

Keine Insolvenzentschädigung ist geschuldet für Lohnforderungen, die in der Zeit nach Eröffnung des Konkurses oder nach Einreichen des Pfändungsbegehrens entstehen (ARV 1993/94 Nr. 5). Es kann passieren, dass ein Arbeitnehmer Geld verliert für Tage, in denen er noch nichts von der Pfändung oder von der Eröffnung des Konkurses weiss. Ist dies bei Ihnen der Fall, müssen Sie sich bei der Arbeitslosenkasse zum Stempeln melden (Begründung: Verlust der Stelle wegen Konkurs oder Pfändung). Sonst tut sich eine Entschädigungslücke zwischen der Konkurseröffnung und dem ersten Stempeltag auf. Diese kann höchstens noch durch eine Eingabe beim Konkursamt gedeckt werden, aber auch nur, wenn genügend Geld aus der Konkursmasse zu ziehen ist.

Die Kasse des Kantons leistet eine erste Zahlung, sobald sie die Brutto-Insolvenzentschädigung aufgrund glaubwürdiger Unterlagen der Versicherten (Lohnausweise, Arbeitsvertrag etc.) ausrechnen kann. Mit einer Teilzahlung von 70 Prozent soll vorerst sichergestellt werden, dass die Betroffenen ihren Verpflichtungen wenigstens teilweise nachkommen können. Der ganze Betrag wird deshalb noch nicht ausgezahlt, weil die Kasse zuerst mit der AHV, dem Unfallversicherer (und bei Personen, die der Quellensteuer unterliegen, mit den Steuerbehörden) abrechnen muss. Sobald die genauen Abzüge für Steuern und Sozialversicherungsbeiträge bekannt sind, erstellt die Kasse die definitive Abrechnung und überweist den Versicherten den noch offenen Restbetrag. Wichtig ist: Die Insolvenzentschädigung deckt im Prinzip 100 Prozent des entgangenen Bruttolohns.

Kündigen oder nicht kündigen?

Dass Arbeitgeber den Lohn nicht pünktlich bezahlen, kommt immer häufiger vor. Als Arbeitnehmer haben Sie grundsätzlich die Möglichkeit, das Arbeitsverhältnis gemäss Obligationenrecht fristlos aufzulösen – aber Vorsicht, lassen Sie sich beraten – und danach stempeln zu gehen (→ Seite 43). Das ist aber meist ungünstig. Viel besser ist es, Sie drängen gegenüber dem Arbeitgeber auf die Lohnzahlung und harren am Arbeitsplatz aus. Solange Sie im Arbeitsverhältnis stehen und das Salär nicht erhalten, haben Sie Anspruch auf eine 100-prozentige Deckung Ihres Bruttolohns durch die Insolvenzentschädigung. Sobald Sie das Arbeitsverhältnis auflösen und stempeln gehen, erhalten Sie nur noch die Arbeitslosenentschädigung von knapp 70 beziehungsweise 80 Prozent. Ausserdem brauchen Sie Ihre Taggelder an.

Allzu lange dürfen Sie allerdings nicht zuschauen, wenn Ihr Lohn nicht bezahlt wird. Mehr als sechs Monate zurück gibt es keine Insolvenzentschädigung. Und bitte: Helfen Sie Ihrem Arbeitgeber, der in der Tinte sitzt, nie mit einem Kredit. Solch leichtsinniges Verhalten wird von keiner Versicherung gedeckt...

Fällt der Arbeitgeber in Konkurs, wird das Arbeitsverhältnis meist abrupt unterbrochen; Sie stehen auf der Strasse. Ab diesem Tag müssen Sie sich sofort bei der Arbeitslosenversicherung melden. Für die Zeit nach der Konkurseröffnung erhalten Sie Taggelder wie alle anderen Arbeitslosen. Bis zur Konkurseröffnung können Sie die höheren Leistungen der Insolvenzentschädigung für die noch nicht bezahlten Löhne der vorausgehenden sechs Monate beanspruchen.

Das Wichtigste in Kürze

● Probleme mit der Schlechtwetterentschädigung und der Kurzarbeit beschäftigen die Arbeitnehmer weniger. Den ganzen Bürokram haben die Arbeitgeber zu erledigen. Die Lohneinbusse ist meist vorübergehend und hält sich in Grenzen.

● Von grosser Tragweite ist dagegen die Insolvenzentschädigung, vor allem in der jetzigen Zeit. Millionen von Arbeitsstunden bleiben ohne Bezahlung. Hier springt die Arbeitslosenversicherung grosszügig ein und entschädigt 100 Prozent des Lohnausfalls.

● Der Weg zur Insolvenzentschädigung ist steinig – vor allem bei widerborstigen Arbeitgebern. Sie müssen sich im Betreibungsverfahren auskennen, notfalls zur gerichtlichen Klage schreiten und dürfen nicht vergessen, Ihren Anspruch rechtzeitig bei der kantonalen Arbeitslosenkasse geltend zu machen. Lassen Sie sich beraten.

Anhang

Verzeichnis der Abkürzungen

ARV	«Arbeitsrecht und Arbeitslosenversicherung», zitiert: ARV 1996/97 Nr. 8
AVIG	Bundesgesetz über die obligatorische Arbeitslosenversicherung und die Insolvenzentschädigung, zitiert: G23
AVIV	Verordnung über die obligatorische Arbeitslosenversicherung und die Insolvenzentschädigung, zitiert: V47
BBG	Bundesgesetz über die Berufsbildung
BGE	«Entscheidungen des Schweizerischen Bundesgerichtes», zitiert: BGE 122 V 362 (122 = Jahrgang 1996, V = 5. Band, 362 = Seite)
BIGA	Bundesamt für Industrie, Gewerbe und Arbeit
BVG	Bundesgesetz über die berufliche Alters-, Hinterlassenen- und Invalidenvorsorge
EOG	Bundesgesetz über die Erwerbsersatzordnung für Dienstleistende in Armee und Zivilschutz
IV	Bundesgesetz über die Invalidenversicherung
KIGA	Kantonales Amt für Industrie, Gewerbe und Arbeit
KVG	Bundesgesetz über die Krankenversicherung
OR	Obligationenrecht
Pra	«Die Praxis» des Bundesgerichts
RAV	Regionales Arbeitsvermittlungszentrum
SVR	«Sozialversicherungsrecht Rechtsprechung», zitiert: SVR ALV Nr. 46
UVG	Bundesgesetz über die Unfallversicherung

Formulare der Arbeitslosenversicherung

Damit Sie sich ein erstes Bild machen können, welche Angaben Sie für Ihre Anträge an die Arbeitslosenversicherung benötigen, im Folgenden die wichtigsten Formulare, wie sie im April 1997 aussahen.

Antrag auf Arbeitslosenentschädigung, Seite 253

Arbeitgeberbescheinigung, Seite 257

Nachweis der persönlichen Arbeitsbemühungen, Seite 259

Erhebungsbogen zur Ermittlung der wirtschaftlichen Zwangslage, Seite 260

Bescheinigung über Zwischenverdienst, Seite 262

Antrag auf Insolvenzentschädigung, Seite 264

Arbeitslosenversicherung

Antrag auf Arbeitslosenentschädigung

Eingangsdatum

Name und Vorname	Pers.-Nr.	AHV-Nr.
PLZ, Wohnort, Strasse, Nummer	Geburtsdatum	Zivilstand
Postkonto oder Bankkonto (Name, Ort, Nr.)	Telefon P.	G.

1 Haben Sie in den letzten drei Jahren bei einer Kasse einen Antrag auf Leistungen der Arbeitslosenversicherung gestellt?
☐ ja   Kasse [_____]   im Jahre [_____]   ☐ nein

2 Ab welchem Datum erheben Sie Anspruch auf Arbeitslosenentschädigung? [_____]

3 In welchem Ausmass sind Sie bereit und in der Lage zu arbeiten?
☐ Vollzeit
☐ Teilzeit, höchstens [___] Stunden pro Woche bzw. [___] % einer Vollzeitbeschäftigung

4 Sind Sie zur Zeit im bescheinigten Ausmass arbeitsfähig?   ☐ ja   ☐ nein →   [___] %*
* Bitte Arztzeugnis beilegen.

Beziehen Sie

5 — eine AHV-Rente oder haben Sie eine solche beantragt?   ☐ ja   ☐ nein

6 — eine Pension aus einem Arbeitsverhältnis?   ☐ ja   Fr. p/Mt. [___]   seit [___]   ☐ nein

7 — ein Taggeld ⎫ der IV, Kranken-, Unfall-   ☐ ja   Fr. p/T. [___]   seit [___]   ☐ nein

8 — eine Rente ⎭ oder Militärversicherung?   ☐ ja   Fr. p/Mt. [___]   seit [___]   ☐ nein

9 Haben Sie eine solche beantragt?   ☐ ja   Bei der [___]   am [___]   ☐ nein

Haben Sie eine

10 — Krankentaggeldversicherung?
☐ ja   Name [___]   Mitglied-Nr. [___]   ☐ nein

11 Haben Sie Kinder, für die Ihnen oder dem anderen Elternteil ein Anspruch auf Kinder- und/oder Ausbildungszulagen zusteht?   ☐ ja   ☐ nein

Name und Vorname	Geburtsdatum	Bemerkungen**

** Bei Jugendlichen bitte Tätigkeit angeben (z. B. Lehre bis..., Student, im Erwerbsleben seit... usw.)

12 Haben Sie die Kinder- und/oder Ausbildungszulagen erhalten?
☐ ja   ☐ nein, sie werden dem anderen Elternteil ausgerichtet
☐ nein, Grund: [___]

716.101 d   01.97   350 000   36267/1

Anhang   253

13 Erzielen Sie noch ein Einkommen aus selbständiger oder unselbständiger Erwerbstätigkeit?
   ☐ ja, tätig als _____ seit _____ ☐ nein

   Zeitlicher Aufwand
   ☐ vormittags ☐ nachmittags ☐ abends ☐ nachts ☐ stundenweise ☐ einzelne Tage

   Name und Adresse des Arbeitgebers _____

Letztes Arbeitsverhältnis

14 Name und Adresse des **letzten** Arbeitgebers _____

15 Art des Arbeitsverhältnisses ☐ befristet ☐ unbefristet
   ☐ Vollzeitbeschäftigung ☐ Aushilfsstelle ☐ Beschäftigung auf Abruf
   ☐ Teilzeitbeschäftigung ☐ Saisonanstellung ☐ Temporärarbeitsverhältnis
   ☐ Heimarbeitsverhältnis ☐ Lehrverhältnis ☐ andere

16 Dauer des Arbeitsverhältnisses vom _____ bis _____

17 Bestand ein schriftlicher Arbeitsvertrag? ☐ ja Bitte Kopie des Vertrages beilegen ☐ nein

18 Auflösung des Arbeitsverhältnisses
   Wer hat gekündigt? _____ Wann? _____ Auf welchen Zeitpunkt? _____
   ☐ mündlich ☐ schriftlich

19 Letzter geleisteter Arbeitstag _____

20 Grund der Kündigung? _____
   _____
   _____
   _____

21 Erfolgte eine vorzeitige Pensionierung? ☐ ja ☐ nein
   ☐ freiwillig ☐ unfreiwillig (aus wirtschaftlichen oder reglementarischen Gründen)

22 Waren Sie im Zeitpunkt der Kündigung oder während der Kündigungsfrist wegen Krankheit, Unfall, Schwangerschaft, Militär- oder Zivilschutzdienst an der Arbeitsleistung verhindert?
   ☐ ja Grund _____ vom _____ bis _____ ☐ nein
           Grund _____ vom _____ bis _____

23 Hat Ihnen der Arbeitgeber eine Verlängerung der Kündigungsfrist angeboten?
   ☐ ja Warum haben Sie abgelehnt? _____ ☐ nein

24 Haben Sie Lohnansprüche im Zusammenhang mit der Kündigungsfrist gegenüber Ihrem ehemaligen Arbeitgeber geltend gemacht?
   ☐ ja, für _____ Arbeitstage Fr. _____ ☐ nein

   Werden diese vom Arbeitgeber bestritten? ☐ ja ☐ nein

25 Gedenken Sie nötigenfalls ein arbeitsgerichtliches Verfahren einzuleiten? ☐ ja ☐ nein
   Oder ist ein solches bereits im Gange? ☐ ja ☐ nein

Zeitausweis über die letzten zwei Jahre vor der Geltendmachung des Anspruchs

26 Bei welchen Arbeitgebern waren Sie vor dem letzten Arbeitsverhältnis tätig?

Name und Adresse

Name und Adresse	vom	bis
	vom	bis
	vom	bis
	vom	bis
	vom	bis
	vom	bis
	vom	bis
	vom	bis

27 Haben Sie ausserhalb der aufgeführten Arbeitsverhältnisse schweiz. Militär-, Zivil- oder Schutzdienst geleistet?

☐ ja ☐ nein

Durch die Kasse auszufüllen

Tage	Monate

vom	bis
vom	bis

28 Waren Sie in den letzten zwei Jahren wegen Kindererziehung nicht erwerbstätig?

☐ ja ☐ nein, vgl. Rz. 16

Sind Sie aus finanziellen Gründen gezwungen eine Arbeit aufzunehmen?

☐ ja, Lohnbelege des Ehegatten und letzte Steuererklärung beilegen ☐ nein

Sind Sie aufgrund der Betreuungspflicht gegenüber Ihren Kindern in der Lage eine ausserhäusliche Arbeit anzunehmen?

☐ ja ☐ nein

29 Standen Sie wegen Schulausbildung, Umschulung, Weiterbildung, Krankheit, Unfall, Mutterschaft, Aufenthalt in Haft-, Arbeitserziehungs- oder ähnlichen Anstalten während insgesamt mehr als 12 Monaten nicht in einem Arbeitsverhältnis?

☐ ja Grund ☐ nein

	vom	bis		
	vom	bis		
	vom	bis		
	vom	bis		
	vom	bis		

30 Haben Sie sich während mehr als einem Jahr im Ausland aufgehalten?

☐ ja ☐ nein

vom	bis	als Arbeitnehmer/in		
vom	bis	als «au pair»		
vom	bis	als Student/in		
vom	bis	als Tourist/in		

Anhang

31 Haben Sie als niedergelassener Ausländer während eines überjährigen Auslandaufenthaltes Ihre Militärdienstpflicht erfüllt?
☐ ja   vom _____ bis _____   ☐ nein

32 Beantragen Sie Leistungen aus der Arbeitslosenversicherung infolge Trennung oder Scheidung der Ehe, Invalidität oder Tod des Ehegatten, Wegfalls einer Invalidenrente oder wegen eines ähnlichen Ereignisses?
☐ ja   Art des Ereignisses _____   ☐ nein
       Datum des Ereignisses _____

Die Angaben unter Ziffer 26 bis 32 sind zu belegen.

Bemerkungen:
_____
_____
_____
_____
_____
_____
_____
_____
_____

Verpflichtung

Ich bestätige, dass ich alle Fragen wahrheitsgetreu und vollständig beantwortet habe; auch nehme ich davon Kenntnis, dass ich mich für unwahre Angaben und das Verschweigen von Tatsachen, die zu einer ungerechtfertigten Auszahlung von Arbeitslosenentschädigung führen könnten, strafbar mache, und ich die zu Unrecht bezogenen Beträge zurückzuerstatten habe.

Ort und Datum   Der/Die Versicherte

_____

Beilagen: ☐ Anmeldung zur Arbeitsvermittlung (Kopie für die Arbeitslosenkasse)
            ☐ AHV-Ausweis (Kopie)
            ☐ Arbeitgeberbescheinigung
            ☐ Kopie des Arbeitsvertrages
            ☐ Kündigungsschreiben
            ☐ Arztzeugnis
            ☐ Bescheinigungen zu Ziff. 26 – 32
            ☐ Nachweis meiner Arbeitsbemühungen
            ☐ _____
            ☐ _____
            ☐ _____

Arbeitslosenversicherung

Arbeitgeberbescheinigung

Eingangsdatum

Für Heimarbeitnehmer ist das Form. 716.120 zu verwenden

Name und Vorname	Pers.-Nr.	AHV-Nr.
PLZ, Wohnort, Strasse, Nummer	Geburtsdatum	Zivilstand

Der Arbeitgeber ist zu wahrheitsgetreuer Auskunft verpflichtet und hat gegenüber Dritten Schweigen zu bewahren (Art. 20 Abs. 2, 88, 96 + 97 AVIG); insbesondere hat er dem/der Versicherten auf dessen/deren Verlangen die Arbeitgeberbescheinigung innerhalb einer Woche zuzustellen.

Arbeitsverhältnis — Für die Beantwortung nachfolgender Fragen sind die Verhältnisse unmittelbar vor dem Austritt massgebend.

1. Art des Arbeitsverhältnisses ☐ befristet ☐ unbefristet
   - ☐ Vollzeitbeschäftigung ☐ Aushilfsstelle ☐ Beschäftigung auf Abruf
   - ☐ Teilzeitbeschäftigung ☐ Saisonanstellung ☐ Temporärarbeitsverhältnis
   - ☐ Heimarbeitsverhältnis ☐ Lehrverhältnis

2. Dauer des Arbeitsverhältnisses vom _____ bis _____
3. Tätig als _____
4. Normalarbeitszeit im Betrieb _____ Std. pro Woche
5. Vertragliche Normalarbeitszeit der/des Versicherten _____ Std. pro Woche
6. Bestand ein schriftlicher Arbeitsvertrag? ☐ ja ☐ nein
7. Unterlag das Arbeitsverhältnis einem Gesamtarbeitsvertrag? ☐ ja GAV _____ ☐ nein
8. Mit welcher AHV-Ausgleichskasse rechnet der Betrieb ab? _____
   Name und Nummer der Kasse gemäss letzter Seite im Telefonbuch
9. Wer ist der Unfallversicherer des Betriebes? _____ Abr.-Nr. _____

Auflösung des Arbeitsverhältnisses

10. Wer hat gekündigt? _____ Wann? _____ Auf welchen Zeitpunkt? _____
11. In welcher Form? ☐ mündlich ☐ schriftlich (Bitte Kündigungsschreiben beilegen)
12. Dauer der gesetzlichen oder vertraglichen Kündigungsfrist? _____
13. War der/die Versicherte im Zeitpunkt der Kündigung oder während der Kündigungsfrist an der Arbeitsleistung verhindert? ☐ ja, infolge _____ vom _____ bis _____ ☐ nein
14. Grund der Kündigung _____
15. Letzter geleisteter Arbeitstag _____
16. Die Lohnzahlung erfolgte bis am _____

716.103 d 02.96 243'750 32426/1

Anhang 257

Beitragspflichtige Beschäftigung

17 Massgebend für die Bescheinigung ist die Zeit | vom _____ bis _____
    Durch die Kasse auszufüllen.

18 Für jedes Kalenderjahr und jede ununterbrochene Periode ist eine Zeile zu benützen.   *Durch die Kasse auszufüllen.*

vom	bis	AHV-pflichtiger Gesamtverdienst	Tage	Monate
		Fr.		
		Fr.		
		Fr.		
		Fr.		

Verdienst

19 AHV-pflichtiger Grundlohn pro ☐ Stunde ☐ Arbeitstag ☐ Monat   Fr. _____

20 Ist im AHV-pflichtigen Grundlohn eine Ferienentschädigung enthalten?
    ☐ ja Fr. _____ pro ☐ Stunde ☐ Arbeitstag ☐ Monat bzw. _____ % vom Grundlohn   ☐ nein

21 Welches war der Verdienst in den letzten **sechs** Monaten vor der Beendigung des Arbeitsverhältnisses?
    Die Kol. 7 ist nur auszufüllen, wenn die Verdienstangaben in Kol. 1 nicht einen ganzen Monat umfassen.

in der Zeit	Kol. 1 vom bis	Kol. 2 vom bis	Kol. 3 vom bis	Kol. 4 vom bis	Kol. 5 vom bis	Kol. 6 vom bis	Kol. 7 vom bis
Code 1 Fr.							
Code 2 Fr.							
Code 3 Fr.							
Code 4 Fr.							
Code 5 Fr.							
Total Fr.							
Code 6 Tg/Std.							
Massgeb. Verd. Fr.							

Durch die Kasse auszufüllen

Code 1 = Grundlohn*

Code 2 = ☐ Provisionen* ☐ Bedienungsgelder* ☐ Gewinn- oder Umsatzbeteiligungen*

Code 3 = Vertragliche Vergütungen*, soweit auf diese auch während aller bezahlter Absenzen ein Rechtsanspruch
           besteht. Bitte bezeichnen _____

Code 4 = ☐ 13. Monatslohn* ☐ Gratifikation*, soweit darauf ein Rechtsanspruch besteht.

Code 5 = Naturalleistungen* für ☐ Unterkunft ☐ Frühstück ☐ Mittagessen ☐ Abendessen   *AHV-pflichtig

Code 6 = Anzahl ☐ Arbeitstage ☐ Arbeitsstunden inkl. bezahlter Absenzen

           Gründe der Absenzen   ☐ Krankheit   ☐ Unfall   ☐ Militär- od. Zivilschutzdienst   ☐ andere Absenzen

22 Wird eine Rente/Pension ausgerichtet?   ☐ ja   Fr. _____ p/Monat   ☐ nein

23 Wurden Kinder- und/oder Ausbildungszulagen ausgerichtet?
    ☐ ja   Anzahl Kinderzulagen [____]   Anzahl Ausbildungszulagen [____]   ☐ nein
    Durch wen wurden sie ausgerichtet? ☐ Arbeitgeber   ☐ Familienausgleichskasse

Ort und Datum   Vollständige Adresse
                                           Rechtsgültige Unterschrift

_____

Tel. Nr.

_____

Arbeitslosenversicherung
Nachweis der persönlichen Arbeitsbemühungen

Assicurazione contro la disoccupazione
Prova degli sforzi personali intrapresi per trovare lavoro

Kasse / Zahlstelle Nr. / N. cassa / ufficio di pagamento: _____

Eingangsdatum / Data d'entrata: _____

Name und Vorname / Cognome e nome: _____

AHV-Nr. / N. AVS: _____

Monat / Mese: _____

Ab Datum der Kündigung: _____

Datum der Bewerbung / Data della domanda d'impiego	Firma, Adresse, Zeitung, Chiffre-Nr. Kontaktperson, Telefon-Nr. / Ditta, indirizzo Giornale, cifra n. Persona consultata, telefono n.	Stelle als? / Impiego quale?	Bewerbung / Doma. d'impiego – Vollzeitbeschäftigung / Occup. a tempo pieno	Teilzeitbeschäftigung / Occup. a tempo parz.	schriftlich / scritta	persönl. Vorspr. / di persona	telefonisch / telefonica	Ergebnis der Bewerbung (z. B. Anstellung per, Ergebnis noch offen, Gründe für die Nichtanstellung) / Risultato della domanda d'impiego (per esempio: assunzione i), in sospeso, motivo della mancata assunzione)	Lohn / Salario – Angebot der Firma offerto dalla ditta	Ihre Forderung da voi preteso	Zuweisung durch das Arbeitsamt / Assegn. del servizio cantonale – ja / si	nein / no

Rückgabedatum / Data della restituzione: _____

Unterschrift des Versicherten:

Beilagen / Allegati: _____

Firma dell'assicurato: _____

716.007 di 06.96 500.000 34285/2

ERHEBUNGSBOGEN zur Ermittlung der wirtschaftlichen Zwangslage
(Art. 13 Abs. 2bis AVIG)

Name: Vorname: Adresse: Wohnort: AHV-Nr.	Beruf: Zuletzt tätig als:

Personen, gegenüber welchen Sie unterhaltspflichtig sind:

Name: Vorname: Geburts- datum:	Name: Vorname: Geburts- datum:	Name: Vorname: Geburts- datum:	Name: Vorname: Geburts- datum:

] weitere Kinder (unter Bemerkungen anfügen)

Massgebend für das Ausfüllen des Erhebungsbogens sind die Einkommens- und Vermögensverhältnisse der letzten 12 Monate.

1a) BRUTTOEINKOMMEN

- Erwerbseinkommen
  a) des Gesuchstellers   Fr. ....
  b) des Ehegatten   Fr. ....

- Arbeitslosenentschädigung des Ehegatten   Fr. ....

- Ersatzeinkommen (IV, UV, MV, BVG usw.)
  a) des Gesuchstellers   Fr. ....
  b) des Ehegatten   Fr. ....

- Eigenmietwert   Fr. ....

- Alimente   Fr. ....

- Kinder-/Ausbildungszulagen   Fr. ....

- Andere Einnahmen (Geburtszulagen, Dienstaltersgeschenke, Vermögensgewinne usw.)   Fr. ....

von der Kasse auszufüllen
Fr. ....

1b) ABZÜGLICH

- Geleistete Unterhaltsbeiträge (Alimente)   Fr. ....

- Hypothekarzinse   Fr. ....

- Pauschalabzug für Gebäudeunterhaltskosten
  (gemäss Ansatz direkte Bundessteuer im Wohnsitzkanton)   Fr. ....

von der Kasse auszufüllen
Fr. ....

716.102 d 01.97 30'000   →

2a) BRUTTOVERMÖGEN (des Gesuchstellers und des Ehegatten)

- Sparhefte (inkl. Barvermögen)   Fr. ....
- Postcheckguthaben   Fr. ....
- Kontokorrentguthaben   Fr. ....
- Aktien und Obligationen (Nominalwert)   Fr. ....   *von der Kasse auszufüllen*
- Liegenschaften (amtlicher Wert)   Fr. ....   Fr. ....

2b) ABZÜGLICH

von der Kasse auszufüllen

- Hypothekarschulden   Fr. ....   Fr. ....

BEMERKUNGEN

_____
_____
_____

VERPFLICHTUNG

Die aufgeführten Daten sind mittels letzter Steuererklärung, Lohnausweisen oder einem Auszug aus dem individuellen Konto (IKS) bei Selbständigerwerbenden, Bankauszügen, Verfügungen, Quittungen, Familienbüchlein usw. zu belegen.

Ich bestätige, alle Fragen **wahrheitsgetreu** und **vollständig** beantwortet zu haben.

Ort und Datum: Unterschrift:

Beilagen: -

         -

         -

Arbeitslosenversicherung

Bescheinigung über Zwischenverdienst

Eingangsdatum

Name und Vorname	Pers.-Nr.	AHV-Nr.

PLZ, Wohnort, Strasse, Nummer	Geburtsdatum	Zivilstand

Monat: _____ 19 ___   Ausgeübte Tätigkeit:

1 In die Felder der entsprechenden Kalendertage sind die vom Versicherten gearbeiteten Stunden einzutragen.
Für bezahlte und unbezahlte Absenzen sind die nachstehenden Code zu verwenden:

A – Krankheit, Unfall, Mutterschaft   **B** – Militär- und Zivilschutzdienst   **C** – Andere bezahlte Absenzen   **D** – Unbezahlte Absenzen

1	2	3	4	5	6	7	8	9	10	11	12	13	14	15	16
17	18	19	20	21	22	23	24	25	26	27	28	29	30	31	

2 Wurde mit dem/der Versicherten eine wöchentliche Arbeitszeit vereinbart?
☐ ja   _____ Std. pro Woche   ☐ nein

3 Wöchentliche Normalarbeitszeit im Betrieb   _____ Std.

4 Ist der Betrieb einem Gesamtarbeitsvertrag unterstellt?
☐ ja   GAV _____   ☐ nein

5 Sind dem/der Versicherten im bescheinigten Monat mehr Arbeitsstunden angeboten worden?
☐ ja   _____ Std. pro Tag   _____ Std. pro Woche   _____ Std. pro Monat   ☐ nein

6 Mit welcher Begründung hat der/die Versicherte Ihr Arbeitsangebot abgelehnt?
_____
_____

Einkommen aus **unselbständiger** Erwerbstätigkeit

7 Vereinbarter Lohn   Fr. _____ pro Stunde
                          Fr. _____ pro Monat

8 AHV-pflichtiger Bruttolohn   _____ Std. à _____ Fr. = _____ Fr.

9 Wie setzt sich der bescheinigte AHV-pflichtige Bruttolohn zusammen?
☐ Grundlohn   = Fr. _____
☐ Feiertagsentschädigung   _____ % = Fr. _____
☐ Ferienentschädigung   _____ % = Fr. _____
☐ Anteilmässig 13. Monatslohn/Gratifikation _____ % = Fr. _____

☐ 13. Monatslohn/Gratifikation wird erst am _____ mit _____ % vom AHV-pflichtigen Gesamtverdienst ausbezahlt.

☐ 13. Monatslohn/Gratifikation ist weder vertraglich vereinbart noch betriebsüblich

716.105 d 11.96 130.000 35696/1

10 Mit welcher AHV-Ausgleichskasse rechnet der Betrieb ab?

Name und Nummer der Kasse

11 Hat der/die Versicherte Kinder-/Ausbildungszulagen beantragt? ☐ ja ☐ nein
Haben Sie einen Anspruch auf Kinder-/Ausbildungszulagen anerkannt?

☐ ja Anzahl Kinderzulagen [ ] à Fr. [ ] = Fr. [ ]
        Anzahl Ausbildungszulagen [ ] à Fr. [ ] = Fr. [ ]
        Anzahl [ ] à Fr. [ ] = Fr. [ ]

☐ nein Warum nicht? _____

12 Wird der/die Versicherte noch weiter beschäftigt?
☐ ja, auf unbestimmte Zeit   ☐ ja, voraussichtlich bis [ ]
☐ nein, wer hat gekündigt? [ ]
Wann? [ ]   Auf welchen Zeitpunkt? [ ]

13 Grund der Vertragsauflösung _____

14 Einkommen aus **selbständiger** Erwerbstätigkeit   Fr. [ ]

Der Arbeitgeber/Selbständigerwerbende ist zu wahrheitsgetreuer Auskunft verpflichtet (Art. 88 + 96 AVIG).

Ort und Datum   Vollständige Adresse
                                 des Arbeitgebers/Selbständigerwerbenden
                                 Rechtsgültige Unterschrift

Tel. Nr.

Durch die Kasse auszufüllen

Lohn Ziff. 8/Einkommen Ziff. 14   Fr. [ ]
− Ferienentschädigung   Fr. [ ]
+ 13. Monatslohn/Gratifikation   Fr. [ ]
Für die ZV-Berechnung massgebender Verdienst Fr. [ ]

Arbeitslosenversicherung

Antrag auf Insolvenzentschädigung

Name und Vorname	Pers.-Nr.	AHV-Nr.

PLZ/Wohnort, Strasse, Nummer	Geburtsdatum	Zivilstand

Postkonto oder Bankkonto (Name, Ort, Nr.)	Telefon P G

Eingangsdatum

1 Aus welchem Grund erheben Sie Anspruch auf Insolvenzentschädigung?
   Infolge ☐ Konkurs ☐ Pfändung ☐ Nachlassstundung ☐ richterlicher Konkursaufschub
            ☐ Nichteröffnung des Konkurses

2 Datum des Ereignisses

3 Name und Adresse des Arbeitgebers

4 Dauer des Arbeitsverhältnisses vom   bis

5 AHV-pflichtiger Grundlohn pro ☐ Std. ☐ Arbeitstag ☐ Monat Fr.

6 Bestand ein schriftlicher Arbeitsvertrag? ☐ ja, Kopie liegt bei ☐ nein

7 Letzter geleisteter Arbeitstag

8 Lohn erhalten bis

9 Haben Sie die offene Lohnforderung beim Konkursamt geltend gemacht?
   ☐ ja, Kopie der Forderung liegt bei ☐ nein

10 Ausgeübte Tätigkeit

11 Wöchentliche Arbeitszeit   Std.

12 Haben Sie in der Zeitspanne der offenen Lohnforderung infolge Ferien, Krankheit, Unfall, Mutterschaft, Militär- und Zivilschutzdienst, Kurzarbeit/Schlechtwetter oder aus anderen Gründen nicht gearbeitet?
   ☐ ja vom   bis   Grund   ☐ nein
         vom   bis   Grund

13 Jährlicher Ferienanspruch   Tage/Wochen
   Nicht bezogene Ferientage aus dem Kalendervorjahr   ☐ Tage
   Erworbener Ferienanspruch im laufenden Jahr bis zur Vertragsauflösung   ☐ Tage
   Ferienanspruch insgesamt   ☐ Tage
   Davon bezogen ☐ Tage vom   bis
                  ☐ Tage vom   bis

14 Mit welcher
   – AHV-Ausgleichskasse   Nr.
   – Unfallversicherung   Betr.-Nr.
   – Krankentaggeldversicherung   Betr.-Nr.
   – Vorsorgeeinrichtung BVG   Betr.-Nr.
   rechnete Ihr Arbeitgeber ab?

716.701 d 03.96 11'000 32819/1

15 Offene Lohnforderungen   (bitte Erläuterungen beachten!)

a Jahr(e) Monate		b AHV-pflichtiger Lohn	c Anteil 13. Monatslohn	d Anteil Ferien/ Vorholzeit	e Zulagen *	f Total
vom	bis	Fr.	Fr.	Fr.	Fr.	Fr.

* Die Zulagen sind unter den Bemerkungen zu bezeichnen

Bemerkungen: _____

Erläuterungen zur Geltendmachung der Insolvenzentschädigung für die offenen Lohnforderungen

a Die Lohnforderungen sind nach Monaten aufzuführen.

b Die offenen Lohnforderungen für die letzten sechs Monate des Arbeitsverhältnisses, jedoch nur bis zum jeweiligen Höchstbetrag für die Beitragsbemessung der Arbeitslosenversicherung, d.h. höchstens bis Fr. 8100.- monatlich. Bei Krankheit, Unfall, Militär- und Zivilschutzdienst, Kurzarbeit sowie Schlechtwetterausfall ist derjenige Lohn anzugeben, den der Arbeitgeber hätte bezahlen müssen.

c Der 13. Monatslohn bzw. die Gratifikationen können geltend gemacht werden, sofern ein Rechtsanspruch darauf besteht, jedoch nur anteilsmässig (pro rata) und höchstens für die letzten sechs Monate.

d Allfällige Ansprüche für nicht bezogene Ferien oder nicht ausbezahlte Feriengelder sowie Ansprüche für bereits geleistete Vorholzeiten können ebenfalls nur anteilsmässig und höchstens für die letzten sechs Monate geltend gemacht werden.

e Weitere Zulagen, sofern sie vom Arbeitgeber geschuldet sind, Lohncharakter haben und deshalb AHV-pflichtig sind; z.B. Schicht-, Schmutz- oder Baustellenzulagen, Akkordprämien, Zuschläge für Überzeit, Nacht- oder Sonntagsarbeit.
Nicht aufzuführen sind Kinder- und Ausbildungszulagen. Diese sind bei der Familienausgleichskasse Ihres ehemaligen Arbeitgebers geltend zu machen.

f Das Total in Ziff. 15 Kol. f ermittelt sich aus der Queraddition der Kol. b bis e.

Keinen Anspruch auf Insolvenzentschädigung haben Personen, die in ihrer Eigenschaft als Gesellschafter, als finanziell am Betrieb Beteiligte oder als Mitglieder eines obersten betrieblichen Entscheidungsgremiums die Entscheidungen des Arbeitgebers bestimmen oder massgeblich beeinflussen können, sowie ihre mitarbeitenden Ehegatten.

Dieser Antrag ist spätestens 60 Tage nach
- Veröffentlichung des Konkurses, der Nachlassstundung oder einem richterlichen Konkursaufschub im Schweizerischen Handelsamtsblatt (SHAB);
- dem Pfändungsvollzug;
- Ablauf eines Jahres ab Zustellung des Zahlungsbefehls bei Nichteröffnung des Konkurses

bei der öffentlichen Arbeitslosenkasse des Kantons einzureichen, in welchem der Arbeitgeber seinen Sitz hatte.

Bestätigung für vollständige und wahrheitsgetreue Angaben durch den (die) Antragsteller(in):

Ort und Datum   Unterschrift

_____   _____

Beilagen:
☐ Kopie des AHV-Versicherungsausweises
☐ Kopie der Niederlassungs- oder Aufenthaltsbewilligung oder Wohnsitzbescheinigung der Gemeinde oder der Arbeitsbewilligung für Grenzgänger

Beilagen zur Glaubhaftmachung der Forderung:
☐ Kopie des Arbeitsvertrages
☐ Kopie der Forderung an das Konkursamt
☐ Stundenrapporte
☐ Verdienstangaben gemäss Arbeitsvertrag
☐ frühere Lohnabrechnungen
☐ Bestätigung ehemaliger Vorgesetzter oder Mitarbeiter
☐ Bestätigung der Forderungseingabe des Konkurs- und Betreibungsamtes

Beispiele von Taggeldabrechnungen

Im Folgenden zwei Taggeldabrechnungen von 1997. Zu bemängeln ist bei beiden die fehlende Telefonnummer. Wenn die Kunden Fragen haben, sollten sie nicht erst lange im Telefonbuch herumsuchen müssen. Auch sind die Abrechnungen viel zu knapp gehalten und erläuterungsbedürftig.

Anmerkungen zu Abrechnung A

1) Versicherter Verdienst pro Monat = Grundlage der Taggeldberechnung

2) Im Januar 1997 wurden 22 Tage bezahlt.

3) Bruttotaggeld; Berechnung:

$$\frac{\text{versicherter Verdienst}}{\text{durchschnittliche Zahl von Arbeitstagen pro Monat}} \times 79{,}2\ \% =$$

$$\frac{\text{Fr. 3413.--}}{21{,}7} \times 79{,}2\ \% = \text{Fr. 124.55}$$

Der Ansatz beträgt 79,2 Prozent, da das Taggeld unter Fr. 128.70 liegt.

4) Brutto-Arbeitslosenentschädigung für Januar 1997; Berechnung:
Taggeld x Anzahl entschädigungsberechtigte Tage = Fr. 124.55 x 22 = Fr. 2740.10

5) Kinderzulage im Ranton Zürich für ein Kind

6) Versicherungsprämie für Nichtberufsunfall

7) Ab 1. Juli 1997 kommt ein weiterer Abzug für die Pensionskasse (BVG) hinzu.

Abrechnung A

Arbeitslosenkasse GBI
Gewerkschaft Bau & Industrie

Zahlstelle 068 GBI ZUERICH 3

Zürich, 19.02.97

A B R E C H N U N G   Herrn

Januar 1997

AHV-Nr. ▓▓▓▓▓▓▓▓▓▓
Bezüger-Nr. ▓▓▓▓▓▓▓▓▓▓

Versicherter Verdienst [1]
Fr. 3'413

Stempeltage		22.00 [2]			
Entschädigungsberechtigte Taggelder					22.0
Entschädigung	22.0	à Fr. 124.55 [3]	Fr. 2'740.10	Fr. 2'740.10 [4]	
Kinderzulage [5]			Fr. 152.05	Fr. 152.05	
Brutto				Fr. 2'892.15	
AHV/IV/EO	5.05 %	Fr. 2'740.10	Fr. 138.40 –		
NBU [6]	3.10 %	Fr. 2'740.10	Fr. 84.95 –	Fr. 223.35 –	
Netto				Fr. 2'668.80 [7]	
Auszahlung	Bankkonto ▓▓▓▓▓▓			Fr. 2'668.80	

Rahmenfrist 24.10.96 – 23.10.98
Bezogene altersabhängige Taggelder   41.0
Bezogene AAM-Tage   41.0

Unfallschutz: Bei Abbruch oder Unterbrechung der Stempelkontrolle bitte bei Krankenkasse melden! (Art. 10 KVG)

Anmerkungen zu Abrechnung B

1) Versicherter Verdienst pro Monat = Grundlage der Taggeldberechnung

2) Im März 1997 wurden 21 Tage bezahlt.

3) Zwischenverdienst, entspricht rund 2,8 entschädigungsberechtigten Tagen; Berechnung:

$$\frac{\text{versicherter Verdienst}}{\text{durchschnittliche Zahl von Arbeitstagen pro Monat}} = \text{Tagesverdienst}$$

$$= \frac{\text{Fr. 7628.--}}{21,7} = \text{Fr. 351.50}$$

$$\frac{\text{Zwischenverdienst}}{\text{Tagesverdienst}} = \frac{\text{Fr. 1000.--}}{\text{Fr. 351.50}} = 2,8$$

4) Bruttotaggeld; Berechnung:

$$\frac{\text{versicherter Verdienst}}{\text{durchschnittliche Zahl von Arbeitstagen pro Monat}} \times 67,9\,\% =$$

$$\frac{\text{Fr. 7628.--}}{21,7} \times 67,9\,\% = \text{Fr. 238.70}$$

Der Ansatz beträgt 67,9 Prozent, da das Taggeld über Fr. 128.70 liegt und die Versicherte weder Kinder unterstützt noch invalid ist.

5) Brutto-Arbeitslosenentschädigung für März 1997; Berechnung:
Taggeld x restliche entschädigungsberechtigte Tage = Fr. 238.70 x 18,2 = Fr. 4344.35

6) Versicherungsprämie für Nichtberufsunfall

7) Ab 1. Juli 1997 kommt ein weiterer Abzug für die Pensionskasse (BVG) hinzu.

8) Normale Taggelder; die Versicherte ist über 50 Jahre alt und hätte nach neuer Regelung 250 normale Taggelder zugut. Da sie noch unter altem Recht arbeitslos geworden ist (Beginn Rahmenfrist 1. 10. 1995), hat sie bis Ende 1996 bereits «zu viel» Taggelder erhalten (Übergangsregelung → Seite 125).

9) Besondere Taggelder bei Kursen und anderen arbeitsmarktlichen Massnahmen

10) Stempelferien: 15 Tage = 3 Wochen (Anspruch nach 150 Tagen kontrollierter Arbeitslosigkeit)

Abrechnung B

Arbeitslonsenkasse 57 CHB
Brieffach

Zahlstelle 020 CHB ZUERICH

8026 Zürich, 03.04.97

A B R E C H N U N G   Frau

März 1997

AHV-Nr.
Bezüger-Nr.

Versicherter Verdienst [1]
Fr. 7'628

Stempeltage   21.0 [2]
– Zwischenverdienst   Fr. 1'000.00 [3]

Entschädigungsberechtigte Taggelder   18.2

Entschädigung   18.2   à Fr.   238.70 [4]   Fr. 4'344.35
Brutto   Fr. 4'344.35 [5]

AHV/IV/EO   5.05 %   Fr. 4'344.35   Fr.   219.40 –
NBU [6]   3.10 %   Fr. 4'344.35   Fr.   134.70 –   Fr.   354.10 –

Netto   Fr. 3'990.25 [7]

Auszahlung   Postcheckkonto   Fr. 3'990.25

Rahmenfrist 01.10.95 – 30.09.97
Bezogene altersabhängige Taggelder [8]   258.0
Bezogene AAM-Tage [9]   31.5
Anspruch kontrollfreie Bezugstage [10]   15.0

Unfallschutz: Bei Abbruch oder Unterbrechung der Stempelkontrolle bitte bei der Krankenkasse melden! (Art. 10 KVG)

Nützliche Adressen

Regionale Arbeitsvermittlungszentren RAV

Stand: Mai 1997

AG Aarau:
Kunsthausweg 6
Postfach
5001 Aarau
Tel. 062 835 19 70

Region Baden:
Rütistrasse 3
Postfach 1115
5401 Baden
Tel. 056 200 09 60

Region Brugg:
Neumarkt 2
Postfach
5201 Brugg
Tel. 056 460 90 40

Region Lenzburg:
Poststrasse 5
5600 Lenzburg
Tel. 062 888 70 00

Region Rheinfelden:
Bahnhofstrasse 15
Postfach
4310 Rheinfelden
Tel. 061 836 94 44

Region Wettingen:
Bahnhofstrasse 58
Postfach 2102
5430 Wettingen 2
Tel. 056 437 18 18

Region Wohlen:
Aeschstrasse 10
Postfach 1112
5610 Wohlen
Tel. 056 619 50 80

Region Zofingen:
Untere Grabenstrasse 32
Postfach
4800 Zofingen
Tel. 062 745 13 55

Region Zurzach:
Promenadenstrasse 24
Postfach
5330 Zurzach
Tel. 056 269 66 00

AI Marktgasse 2
9050 Appenzell
Tel. 071 788 94 52

AR Bahnhofstrasse 6
9100 Herisau
Tel. 071 353 61 11

BE Bern Mittelland:
Lagerhausweg 10
3018 Bern-Bümpliz
Tel. 031 634 11 12

Bern Stadt:
Predigergasse 6–1
3011 Bern
Tel. 031 321 61 11

Berner Jura:
Rue des Fossés 1
2520 La Neuveville
Tel. 032 761 03 61

Rue H.-F. Sandoz 80
Case postale 129
2710 Tavannes
Tel. 032 483 16 83

Berner Oberland:
Frutigenstrasse 4
3600 Thun
Tel. 033 225 26 00

Biel-Seeland:
Neumarktstrasse 23
Postfach 3631
2500 Biel 3
Tel. 032 326 15 85

Filiale Lyss:
Bahnhofstrasse 9
3250 Lyss
Tel. 032 385 31 41

Emmental:
Oberburgstrasse 8
3400 Burgdorf
Tel. 034 423 30 50

Oberaargau:
Jurastrassse 22
4900 Langenthal
Tel. 062 916 22 43

BL Binningen:
Gorenmattstrasse 19
Postfach
4102 Binningen 2
Tel. 061 426 90 80

Gelterkinden:
Dorfplatz 5
4460 Gelterkinden
Tel. 061 985 90 50

Laufen:
Bahnhofstrasse 30
Postfach
4242 Laufen
Tel. 061 765 91 11

Liestal:
Rufsteinweg 1
Postfach
4410 Liestal
Tel. 061 926 96 00

Münchenstein:
Grabenackerstrasse 8b
4142 Münchenstein
Tel. 061 415 88 33

Pratteln:
Muttenzerstrasse 107
4133 Pratteln 2
Tel. 061 826 76 76

BS Basel-Stadt:
Hochstrasse 37
4002 Basel
Tel. 061 267 50 00

Stadt Basel:
Utengasse 36
4005 Basel
Tel. 061 267 67 07

FR De la Broye:
Rue de la Rochette
Case postale 211
1470 Estavayer-le-Lac
Tel. 026 663 92 60

De la Glâne:
Route de Belle Croix 4
Case postale 110
1680 Romont
Tel. 026 351 94 00

De la Gruyère:
Route de Riaz 10
Case postale 197
1630 Bulle
Tel. 026 919 84 20

De la Sarine:
Route des Arsenaux 15
Case Postale 101
1700 Fribourg
Tel. 026 351 23 11

De la Veveyse:
Chemin du Tilleul
Case postale 108
1618 Châtel-St-Denis
Tel. 021 948 26 00

FR	Seebezirk: Bernstrasse 22 Postfach 130 3280 Murten Tel. 026 672 94 56		Davos: Promenade 48 7270 Davos-Platz Tel. 081 419 02 40
	Sensebezirk: Schwarzseestrasse 5 1712 Tafers Tel. 026 494 33 77		Grono: Cà Rossa 6537 Grono Tel. 091 527 24 55
GE	Agence de la Jonction: Rue de la Truite 4 1205 Genève Tel. 022 327 43 11		Ilanz: Arcada Via S. Clau Sura 2 7130 Ilanz Tel. 081 920 01 20
	Agence de Montbrillant I: Rue des Gares 12 1201 Genève Tel. 022 787 65 82		Samedan: A l'En 4 7503 Samedan Tel. 081 851 13 85
	Agence de Montbrillant II: Rue des Gares 10 1201 Genève Tel. 022 787 60 21		Thusis: Neuzdorfstrasse 70 7430 Thusis Tel. 081 650 00 90
	Agence des Acacias: Rue Alexandre-Gavard 28 1227 Carouge/Acacias Tel. 022 827 33 11	**JU**	Rue du 24-Septembre 1 2800 Delémont Tel. 032 421 36 46
	Agence des Glacis-de Rive: Rue des Glacis-de-Rive 4–6 1211 Genève 3 Tel. 022 787 61 11		Avenue Cuenin 15 2900 Porrentruy Tel. 032 465 93 33
	Agence des Saules: Sentier des Saules 3 1205 Genève Tel. 022 327 43 43		Rue Bel-Air 5 2350 Saignelégier Tel. 032 951 28 78
GL	Sandstrasse 29 8750 Glarus Tel. 055 646 68 50	**LU**	Emmen: Gerliswilstrasse 15 Postfach 6021 Emmenbrücke Tel. 041 267 95 50
GR	Chur: Grabenstrasse 15 7001 Chur Tel. 081 257 31 13		Kriens: Industriestrasse 12 Postfach 6011 Kriens Tel. 041 349 29 29

Luzern:
Baselstrasse 61a
Postfach
6000 Luzern 11
Tel. 041 249 47 47

Sursee:
Spitalstrasse 38
Postfach
6210 Sursee
Tel. 041 926 71 20

Wolhusen:
Im Schmitteli 2
Postfach
6110 Wolhusen
Tel. 041 492 50 30

NE Littoral Neuchâtelois:
Rue du Tivoli 28
Case postale
2003 Neuchâtel 3
Tel. 032 889 68 18

Montagnes neuchâteloises:
Rue de la Paix 13
Case postale 2066
2302 La Chaux-de-Fonds 2
Tel. 032 919 68 16

NW Landweg 3
OW 6052 Hergiswil
Tel. 041 632 56 26

SG Buchs:
Bahnhofstrasse 21
9470 Buchs
Tel. 081 750 08 68

Heerbrugg:
Berneckerstrasse 12
9435 Heerbrugg
Tel. 071 727 97 77

Oberuzwil:
Wiesentalstrasse 22
9242 Oberuzwil
Tel. 071 955 73 73

Rapperswil:
Alte Jonastrasse 83
8640 Rapperswil
Tel. 055 220 56 56

Rorschach:
Washingtonstrasse 34
9400 Rorschach
Tel. 071 844 97 77

St. Gallen:
Unterstrasse 4
9001 St. Gallen
Tel. 071 228 35 35

Sargans:
Langgrabenweg
7320 Sargans
Tel. 081 720 08 68

Wattwil:
Bahnhofstrasse 12
9630 Wattwil
Tel. 071 987 61 71

SH Mühlenstrasse 105
8200 Schaffhausen
Tel. 052 632 72 62

SO Biberist:
Hauptstrasse 19
4562 Biberist
Tel. 032 671 61 71

Breitenbach und Dornach:
Grienackerweg 14
4226 Breitenbach
Tel. 061 781 48 00

Grenchen:
Schützengasse 33
2540 Grenchen
Tel. 032 653 25 51

Oensingen:
Hauptstrasse 2
4702 Oensingen
Tel. 062 396 37 44

SO	Olten: Rötzmattweg 8 4600 Olten Tel. 062 205 20 00		Biasca: Via Pini 32 Casella postale 1052 Tel. 091 873 09 50

SO Olten:
Rötzmattweg 8
4600 Olten
Tel. 062 205 20 00

Schönenwerd:
Gösgerstrasse 15
5012 Schönenwerd
Tel. 062 858 28 80

Solothurn:
Sandmattstrasse 2
4500 Solothurn
Tel. 032 625 26 26

SZ Goldau:
Gotthardstrasse 31
Postfach 15
6410 Goldau
Tel. 041 859 09 19

Lachen:
Zürcherstrasse 8
Postfach 212
8853 Lachen
Tel. 055 451 60 20

TG Amriswil:
Weinfelderstrasse 42
8580 Amriswil
Tel. 071 414 07 69

Frauenfeld:
Marktplatz
St. Gallerstrasse 11
8510 Frauenfeld
Tel. 052 728 07 69

Kreuzlingen:
Hafenstrassen 50
8280 Kreuzlingen
071 677 95 69

TI Bellinzona:
Via S. Giovanni 1
6500 Bellinzona
Tel. 091 820 60 60

Biasca:
Via Pini 32
Casella postale 1052
Tel. 091 873 09 50

Chiasso:
Via Emilio Bossi 12
6830 Chiasso
Tel. 091 695 10 30

Locarno:
Via S. Morley 6
6602 Muralto
Tel. 091 735 89 10

Lugano:
Via Lucchini 10
6900 Lugano
Tel. 091 923 14 87

UR Rathausplatz 5
6460 Altdorf
Tel. 041 875 24 39

VD Aigle-Pays d'Enhaut:
Avenue de la Gare 6
1860 Aigle
Tel. 024 468 11 11

Aubonne-Rolle:
Ruelle Soleil Levant 6
1170 Aubonne
Tel. 021 821 12 12

Cossonay-Orbe-La Vallée:
Rue des Remparts 23
1350 Orbe
Tel. 024 442 88 00

Echallens:
Rés. «Le Talent»
Case postale 228
1040 Echallens
Tel. 021 886 10 30

Montreux:
Rue du Temple 11
1820 Montreux
Tel. 021 966 03 30

Morges:
La Gottaz 36
1110 Morges
Tel. 021 803 02 54

Moudon:
Rue du Temple 9
1510 Moudon
Tel. 021 905 95 00

Nyon:
Chemin des Plantaz 36
1260 Nyon
Tel. 022 994 73 73

Oron:
Au Bourg B
Case postale 93
1610 Oron
Tel. 021 907 63 36

Payerne-Avenches:
Rue d'Yverdon 21
1530 Payerne
Tel. 026 662 43 30

Région de Prilly:
Route de Cossonay 26
1008 Prilly
Tel. 021 622 00 50

Région de Pully:
Avenue de Lavaux 101
1009 Pully
Tel. 021 721 08 80

Renens:
Rue de Lausanne 21
1020 Renens
Tel. 021 632 77 32

Sainte-Croix:
Rue Neuve 10
1450 Sainte-Croix
Tel. 024 454 51 21

Vevey:
Rue des Bosquets 33
1800 Vevey
Tel. 021 925 09 20

Ville de Lausanne:
Place Chauderon 9
Case postale 16
1000 Lausanne 9
Tel. 021 315 72 21

Yverdon-Grandson:
Rue des Pêcheurs 8
1400 Yverdon-les-Bains
Tel. 024 423 69 30

VS Brig:
Sennereigasse 26
Postfach 589
3900 Brig
Tel. 027 922 48 50

Martigny:
Rue du Collège 5
1920 Martigny
Tel. 027 721 22 70

Monthey:
Coppet 2
1870 Monthey
Tel. 024 475 79 95

Sierre:
Rue de la Bonne Eau 20
3960 Sierre
Tel. 027 452 07 05

Sion:
Avenue du Midi 10
1950 Sion
Tel. 027 329 07 51

Place du Midi 40
1950 Sion
Tel. 027 329 07 21

ZG Hertizentrum
Postfach
6301 Zug
Tel. 041 728 34 88

ZH Affoltern am Albis:
Gewerbehaus «Lindenhof»
Obfelderstrasse 41a
8910 Affoltern
Tel. 01 762 20 80

ZH Bezirk Andelfingen:
Stationstrasse 838
8460 Marthalen
Tel. 052 305 43 66

Bezirk Bülach:
Sägereistrasse 25
8152 Opfikon-Glattbrugg
Tel. 01 809 60 20

Bezirk Dielsdorf:
Pumpwerkstrasse 15
8105 Regensdorf
Tel. 01 842 30 40

Bezirk Dietikon:
Neumattstrasse 7
8953 Dietikon
Tel. 01 744 29 44

Effretikon:
Märtplatz 15
8307 Effretikon
Tel. 052 355 18 18

Bezirk Hinwil:
Bachtelhof
Bahnhofstrasse 196
8622 Wetzikon
Tel. 01 931 38 38

Bezirk Horgen:
Zürcherstrasse 68
8800 Thalwil
Tel. 01 722 50 22

Bezirk Uster:
Bürohaus Atria
Brunnenstrasse 1
8610 Uster
Tel. 01 944 94 94

Winterthur:
Palmstrasse 16
8402 Winterthur
Tel. 052 267 55 73

Zürich:
Bäckerstrasse 7
8004 Zürich
Tel. 01 297 90 20

Badenerstrasse 296
8004 Zürich
Tel. 01 296 50 60

Hohlstrasse 35
8004 Zürich
Tel. 01 296 90 40

Ausstellungsstrasse 88
Postfach
8005 Zürich
Tel. 01 447 15 11

Konradstrasse 58
8005 Zürich
Tel. 01 446 95 00

Flössergasse 15
8039 Zürich
Tel. 01 201 06 07

Eggbühlstrasse 36
8050 Zürich
Tel. 01 307 15 00

Schwamendingerstrasse 41
8050 Zürich
Tel. 01 318 81 11

Kantonale Ämter für Industrie, Gewerbe und Arbeit (KIGA)

AG KIGA
Bahnhofstrasse 86
5001 Aarau
Tel. 062 835 16 80

AI Kantonales Arbeitsamt
Landeskanzlei
9050 Appenzell
Tel. 071 788 96 21

AR KIGA
Landhausstrasse 4
9053 Teufen
Tel. 071 333 13 73

BE KIGA
Laupenstrasse 22
3011 Bern
Tel. 031 633 57 50

BL KIGA
Bahnhofstrasse 32
4133 Pratteln 1
Tel. 061 826 77 77

BS Kantonales Arbeitsamt
Utengasse 35
4005 Basel
Tel. 061 267 81 81

FR Office Cantonal du Travail
Rue Joseph-Piller 13
1701 Fribourg
Tel. 026 305 24 72

GE Office Cantonal de
l'Emploi
Glacis-de-Rive 4–6
1211 Genève 3
Tel. 022 787 61 11

GL Kantonales Arbeitsamt
Sandstrasse 29
8750 Glarus
Tel. 055 646 68 60

GR Industrie-, Gewerbe- und Arbeitsamt
Grabenstrasse 8
7001 Chur
Tel. 081 257 21 21

JU Service Cantonal des Arts et
Métiers et du Travail
Rue des Texerans 10
2800 Delémont
Tel. 032 421 55 72

LU Kantonales Arbeitsamt
Hallwilerweg 5
6003 Luzern
Tel. 041 228 51 11

NE Office du Chômage
Rue du Château 19
2001 Neuchâtel
Tel. 032 725 60 04

NW KIGA
Engelbergstrasse 34
6370 Stans
Tel. 041 618 76 54

OW Kantonales Arbeitsamt
St. Antonistrasse 4
6061 Sarnen
Tel. 041 666 62 22

SG KIGA
Davidstrasse 35
9000 St. Gallen
Tel. 071 229 35 47

SH KIGA
Mühlentalstrasse 105
8201 Schaffhausen
Tel. 052 632 72 62

SO Amt für Wirtschaft und Arbeit
Untere Sternengasse 2
4504 Solothurn
Tel. 065 20 94 11

SZ	KIGA Bahnhofstrasse 15 6430 Schwyz Tel. 041 819 11 24	**VD**	Service de l'Emploi Rue Caroline 11 1014 Lausanne Tel. 021 316 61 04
TG	Arbeitsamt Verwaltungsgebäude 8500 Frauenfeld Tel. 052 724 23 82	**VS**	Office Cantonal du Travail Avenue du Midi 7 1950 Sion Tel. 027 606 73 02
TI	Ufficio cantonale del lavoro 6501 Bellinzona Tel. 091 804 30 85	**ZG**	KIGA Aabachstrasse 5 6301 Zug Tel. 041 728 34 77
UR	KIGA Rathausplatz 5 6460 Altdorf Tel. 041 875 22 44	**ZH**	KIGA Neumühlequai 10 8090 Zürich Tel. 01 259 11 11

Kantonale Versicherungsgerichte

AG	Versicherungsgericht des Kantons Aargau Obere Vorstadt 38 5000 Aarau	**BS**	Kantonale Schiedskommission für Arbeitslosenversicherung Basel-Stadt Margarethenstrasse 75 4008 Basel
AI	Kantons- und Bezirksgericht Appenzell Innerrhoden 9050 Appenzell	**FR**	Sozialversicherungs-Gerichtshof Route André-Piller 21 1762 Givisiez
AR	Kantonales Versicherungsgericht Appenzell Ausserrhoden 9043 Trogen	**GE**	Tribunal Administration Cantonale Rue des Chaudronniers 7 1204 Genève
BE	Versicherungsgericht des Kantons Bern Speichergasse 12 3011 Bern	**GL**	Verwaltungsgericht des Kantons Glarus 8750 Glarus
BL	Versicherungsgericht des Kantons Basel-Land Poststrasse 3 4410 Liestal	**GR**	Verwaltungsgericht des Kantons Graubünden Quaderstrasse 17 7000 Chur

JU	Tribunal Cantonal Chambre des Assurances 2900 Porrentruy	TG	Rekurskommission des Kantons TG für die Arbeitslosenversicherung Sekretariat Hiltenbergstrasse 1 8360 Eschlikon
LU	Verwaltungsgericht des Kantons Luzern Sozialversicherungsrechtliche Abteilung Hirschengraben 19 6002 Luzern	TI	Tribunale cantonale delle assicurazioni Via Preto 16 6900 Lugano
NE	Tribunal Cantonal Rue du Pommier 1 2000 Neuchâtel	UR	AHV-Rekurskommission Uri Kanzleiobergericht Rathausplatz 1 6487 Altdorf
NW	Kantonsgericht Nidwalden Abteilung Versicherungsgericht 6370 Stans	VD	Administration Cantonale Tribunal des Assurances Route du Signal 8 1003 Lausanne
OW	Verwaltungsgericht des Kantons Obwalden Poststrasse 6 6061 Sarnen	VS	Commission Cantonale de Recours en Matière de Chômage Place du Midi 46 1951 Sion
SG	Kantonales Versicherungsgericht Schützengasse 1 9000 St. Gallen	ZG	Verwaltungsgericht des Kantons Zug Postfach 760 6301 Zug
SH	Kantonales Obergericht Herrenacker 26 8200 Schaffhausen	ZH	Sozialversicherungsgericht des Kantons Zürich Lagerhausstrasse 19 8401 Winterthur
SO	Versicherungsgericht des Kantons Solothurn Amtshaus I 4502 Solothurn		
SZ	Verwaltungsgericht des Kantons Schwyz Schmiedgasse 1 6430 Schwyz		

Arbeitslosenkassen

Im Folgenden sind die kantonalen Arbeitslosenkassen und die Kassen der Gewerkschaften aufgelistet. Letztere unterhalten nicht in jedem Kanton Zweigstellen; in diesem Fall sind die jeweils zuständigen ausserkantonalen Kassen angegeben. Die Abkürzungen bedeuten:

CHB	Christlicher Holz- und Bauarbeiterverband
CMV/FCOM	Christliche Gewerkschaft für Industrie, Handel und Gewerbe
GBI	Gewerkschaft Bau & Industrie
GDP	Gewerkschaft Druck und Papier
LFSA	Landesverband freier Schweizer Arbeitnehmer
SMUV	Gewerkschaft Industrie, Gewerbe, Dienstleistungen
VHTL	Gewerkschaft Verkauf, Handel, Transport, Lebensmittel

AG Öffentliche
Arbeitslosenkasse
Bahnhofstrasse 78
5000 Aarau
Tel. 062 835 17 60

CHB
Buchserstrasse 34
5000 Aarau
Tel. 062 822 44 72

CMV/FCOM
Theaterplatz 1
5400 Baden
Tel. 056 222 66 55

CMV/FCOM
Äussere Luzernstrasse 20
4800 Zofingen
Tel. 062 797 07 10

GBI Nordwestschweiz
Rebgasse 1
4005 Basel
Tel. 061 691 88 70

GDP Oberaargau
Konsumweg 2
5734 Reinach
Tel. 062 771 69 18

LFSA
Neumarkt 2
5200 Brugg
Tel. 056 441 94 11

SMUV
Buchserstrasse 4
5000 Aarau
Tel. 062 822 16 87

SMUV
Dynamostrasse 3
5400 Baden
Tel. 056 222 55 88

SMUV
Fröhlichstrasse 6
5200 Brugg
Tel. 056 441 25 35

SMUV
Dorfstrasse 292
5727 Oberkulm
Tel. 062 922 18 40

SMUV
Konsumweg 2
5734 Reinach
Tel. 062 771 12 38

VHTL
Bahnhofstrasse 57
5000 Aarau
Tel. 062 823 22 04

VHTL
Konsumweg 2
5734 Reinach
Tel. 062 771 14 53

AI Kantonale
Arbeitslosenkasse
Poststrasse 9
9050 Appenzell
Tel. 071 787 19 44

GBI
Schulstrasse 16
8280 Kreuzlingen
Tel. 071 672 68 08

SMUV
(Region Innerschweiz)
Dufourstrasse 13
6003 Luzern
Tel. 041 240 21 27

AR Kantonale
Arbeitslosenkasse
Regierungsgebäude
9102 Herisau
Tel. 071 353 61 11

GBI
Schulstrasse 16
8280 Kreuzlingen
Tel. 071 672 68 08

SMUV
Kreuzlingerstrasse 159
9100 Herisau
Tel. 071 351 22 64

BE Arbeitslosenkasse des
Kantons Bern
Laupenstrasse 22
3011 Bern
Tel. 031 633 58 70
Zweigstelle Bern-Mittelland:
Lagerhausweg 10
3018 Bern
Tel. 031 634 11 11

CHB
Hopfenweg 21
3007 Bern
Tel. 031 371 15 24

CMV/FCOM
Hopfenweg 21
3007 Bern
Tel. 031 371 65 65

GBI
Monbijoustrasse 36
3001 Bern
Tel. 031 382 35 82

GBI Berner Oberland
Mittlere Ringstrasse 3
3602 Thun
Tel. 033 223 10 45

GBI Biel
Murtenstrasse 33
2505 Biel
Tel. 032 322 56 16

GBI Burgdorf
Alter Markt 5
3402 Burgdorf
Tel. 034 422 36 78

GBI Interlaken
Unionsgasse 7
3800 Interlaken
Tel. 033 823 24 63

GBI Langnau i.E.
Mühlegässli 1
3550 Langnau
Tel. 034 402 28 67

GDP
Monbijoustrasse 33
3011 Bern
Tel. 031 390 66 22

GDP Berner Oberland
Parkstrasse 23
3800 Matten b. Interlaken
Tel. 033 823 67 88

BE SMUV
Lorystrasse 6A
3008 Bern
Tel. 031 326 82 26

SMUV
Bendicht-Rechberger-Strasse 5
2502 Biel
Tel. 032 322 79 26

SMUV
Poliergasse 8
3400 Burgdorf
Tel. 034 422 65 48

SMUV
Postgasse 6
3800 Interlaken
Tel. 033 822 15 59

SMUV
Bahnhofstrasse 30
4900 Langenthal
Tel. 062 922 18 40

SMUV
Bleicherweg 15
3550 Langnau
Tel. 031 326 82 26

SMUV
Bürenstrasse 1
2543 Lengnau
Tel. 034 402 20 00

SMUV
Rue du Midi 24
2740 Moutier
Tel. 032 493 11 41

SMUV
Rue du Midi 33
2610 St-Imier
Tel. 032 941 21 93

SMUV
Aarestrasse 40
3600 Thun
Tel. 033 222 56 48

SMUV
Champ-Fleuri 10
2720 Tramelan
Tel. 032 487 40 83

VHTL
Monbijoustrasse 61
3007 Bern
Tel. 031 371 54 06

VHTL Biel
Bendicht-Rechberger-Strasse 1
2502 Biel
Tel. 032 322 62 66

BL Kantonale
Arbeitslosenkasse
Bahnhofstrasse 32
4133 Pratteln
Tel. 061 826 77 77

GBI
siehe Basel-Stadt

SMUV
Zeughausplatz 27
4410 Liestal
Tel. 061 921 39 10

BS Öffentliche
Arbeitslosenkasse
Utengasse 36
4005 Basel
Tel. 061 267 81 81

CHB
Byfangweg 30
4051 Basel
Tel. 061 271 52 40

CMV/FCOM
Byfangweg 30
4051 Basel
Tel. 061 272 75 87

GBI
Rebgasse 1
4005 Basel
Tel. 061 691 88 70

GDP
Rebgasse 1
4005 Basel
Tel. 061 681 22 40

SMUV
Elisabethenstrasse 22
4051 Basel
Tel. 061 272 39 10

VHTL
Rebgasse 1
4058 Basel
Tel. 061 691 88 26

VHTL Rheinhafen
Hochbergstrasse 158
4019 Basel
Tel. 061 631 24 20

FR Öffentliche kantonale
Arbeitslosenkasse
Rue Nord 1
1700 Fribourg
Tel. 026 305 24 26

CMV/FCOM
Schwarzseestrasse 7
1712 Tafers
Tel. 026 494 31 41

SMUV
Weidweg 9
3286 Muntelier
Tel. 026 670 14 53

VHTL
Rue des Alpes 11
1700 Fribourg
Tel. 026 322 69 50

GL Kantonale
Arbeitslosenkasse
Sandstrasse 29
8750 Glarus
Tel. 055 646 68 60

GBI
Oberdorfstrasse 2
8808 Pfäffikon
Tel. 055 415 74 20

SMUV
Hauptstrasse 51
8750 Glarus
Tel. 055 640 68 68

GR Kantonale
Arbeitslosenkasse
Davidstrasse 21
9000 St. Gallen
Tel 071 229 35 47

CHB
Hartbertstrasse 11
7002 Chur
Tel. 081 252 21 33

CMV/FCOM
Hartbertstrasse 11
7000 Chur
Tel. 081 252 37 12

GBI
Schulstrasse 16
8280 Kreuzlingen
Tel. 071 672 68 08

SMUV
Ringstrasse 88
7004 Chur
Tel. 081 284 44 71

LU Kantonale
Arbeitslosenkasse
Hallwilerweg 5
Postfach
6000 Luzern 7
Tel. 041 228 51 11

CHB
Hirschmattstrasse 54
6003 Luzern
Tel. 041 210 89 89

CMV/FCOM
Hirschmattstrasse 52
6003 Luzern
Tel. 041 210 22 72

LU GBI
Museggstrasse 18
6004 Luzern
Tel. 041 410 86 55

GDP
Bleicherstrasse 2
6002 Luzern
Tel. 041 210 47 77

GDP (Langnau)
Konsumweg 2
5734 Reinach
Tel. 062 771 69 18

SMUV
Dufourstrasse 13
6003 Luzern
Tel. 041 240 21 27

VHTL
Waldstätterstrasse 29
6003 Luzern
Tel. 041 210 34 01

NW Kantonale
Arbeitslosenkasse
Engelbergstrasse 34
6370 Stans
Tel. 041 618 76 55

CHB
Mürgstrasse 8
6370 Stans
Tel. 041 610 61 35

GBI
Museggstrasse 18
6004 Luzern
Tel. 041 410 86 55

SMUV
Buochserstrasse 39
6370 Stans
Tel. 041 610 16 40

OW Kantonale
Arbeitslosenkasse
St. Antonistrasse 4
6060 Sarnen
Tel. 041 666 63 39

GBI
Museggstrasse 18
6004 Luzern
Tel. 041 410 86 55

SG Kantonale
Arbeitslosenkasse
Davidstrasse 21
9000 St. Gallen
Tel. 071 229 35 47

CHB
Unterstrasse 51
9000 St. Gallen
Tel. 071 222 48 91

CMV/FCOM
Alte Jonastrasse 10
8640 Rapperswil
Tel. 071 845 18 18

CMV/FCOM
Bahnhofstrasse 100
9240 Uzwil
Tel. 071 951 00 56

GBI
Schulstrasse 16
8280 Kreuzlingen
Tel. 071 672 68 08

GDP
Webergasse 22
9001 St. Gallen
Tel. 071 222 78 20

SMUV
Auerstrasse 25
9435 Heerbrugg
Tel. 071 722 19 10

SMUV
Obere Bahnhofstrasse 46
8640 Rapperswil
Tel. 055 219 19 49

SMUV
Lämmlisbrunnenstrasse 44
9000 St. Gallen
Tel. 071 227 24 84

SMUV
Bahnhofstrasse 77
9240 Uzwil
Tel. 071 951 54 46

VHTL
Rorschacherstrasse 45
9000 St. Gallen
Tel. 071 244 03 54

SH Arbeitslosenkasse des
Kantons Schaffhausen
Oberstadt 9
8200 Schaffhausen
Tel. 052 632 72 67

CMV/FCOM
Unterstadt 29
8202 Schaffhausen
Tel. 052 625 29 40

CMV/FCOM Stein
Schaffhauserstrasse 48
4332 Stein
Tel. 062 873 10 74

GBI
Schulstrasse 16
8280 Kreuzlingen
Tel. 071 672 68 08

GDP
Untertor 16
8401 Winterthur
Tel. 052 212 92 64

SMUV
Bachstrasse 45
8200 Schaffhausen
Tel. 052 625 49 88

SO Öffentliche
Arbeitslosenkasse
Untere Sternengasse 2
4500 Solothurn
Tel. 032 627 94 11

CHB
Wengistrasse 12
4500 Solothurn
Tel. 032 623 13 05

CMV/FCOM Olten
Rosengasse 59
4600 Olten
Tel. 062 296 54 50

CMV/FCOM Solothurn
Wengistrasse 12
4500 Solothurn
Tel. 032 623 30 44

GBI
Bürenstrasse 5c
4501 Solothurn
Tel. 032 621 37 75

GDP Olten, Solothurn
Konsumweg 2
5734 Reinach
Tel. 062 771 69 18

SMUV
Mühlegasse 8
4563 Gerlafingen
Tel. 032 675 44 25

SMUV
Schützengasse 31
2540 Grenchen
Tel. 032 652 11 46

SMUV
Hirsackerstrasse 26
4702 Oensingen
Tel. 062 396 22 73

SMUV
Aarauerstrasse 25
4600 Olten
Tel. 062 296 22 88

SMUV
Rossmarktplatz 17
4502 Solothurn
Tel. 032 623 37 35

SMUV
Birkenweg 328
4716 Welschenrohr
Tel. 032 639 15 28

SO SMUV
Dorfbachstrasse 18
4800 Zofingen
Tel. 062 751 28 333

SZ Kantonale
Arbeitslosenkasse
Bahnhofstrasse 15
6430 Schwyz
Tel. 041 819 11 24

CHB
Herrengasse 52
6340 Schwyz
Tel. 041 811 51 52

GBI
Museggstrasse 18
6004 Luzern
Tel. 041 410 86 5

GBI Oberer Zürichsee
Oberdorfstrasse 2
8808 Pfäffikon
Tel. 055 415 74 20

TG Arbeitslosenkasse des
Kantons Thurgau
Zürcherstrasse 285
8500 Frauenfeld
Tel. 052 728 01 50

CHB
Grabenstrasse 52
8500 Frauenfeld
Tel. 052 721 25 95

CMV/FCOM
Signalstrasse 7
9400 Rorschach
Tel. 071 845 18 18

GBI
Schulstrasse 16
8280 Kreuzlingen
Tel. 071 672 68 08

GDP
Untertor 16
8401 Winterthur
Tel. 051 212 92 64

SMUV
Rathausgasse 11
9320 Arbon
Tel. 071 446 19 44

SMUV
Gaswerkstrasse 9
8500 Frauenfeld
Tel. 054 720 80 82

SMUV
Hauptstrasse 39
8280 Kreuzlingen
Tel. 071 672 88 30

SMUV
Feuerwehrstrasse 19
9400 Rorschach
Tel. 071 841 19 48

UR Kantonale
Arbeitslosenkasse
Rathausplatz 5
6460 Altdorf
Tel. 041 875 22 44

CHB
Gemeindehausplatz 2
6460 Altdorf
Tel. 041 870 51 85

CMV/FCOM
Postfach 3235
6460 Altdorf
Tel. 041 870 18 02

GBI
Museggstrasse 18
6004 Luzern
Tel. 041 410 40 94

SMUV
Attinghauserstrasse 128
6460 Altdorf
Tel. 041 870 16 43

VS Öffentliche Arbeitslosenkasse des
Kantons Wallis
Place du Midi 40
1950 Sion
Tel. 027 323 72 30

CHB
Postfach 124
3900 Brig
Tel. 027 923 13 89

CMV/FCOM Martigny
Rue des Finettes 22
1920 Martigny
Tel. 027 722 44 15

CMV/FCOM Monthey
Rue Château-Vieux 5
1870 Monthey
Tel. 027 475 71 71

CMV/FCOM Sierre
Rue Centrale 4
3960 Sierre
Tel. 027 455 46 22

CMV/FCOM Sion
Avenue des Mayennets 5
1951 Sion
Tel. 027 322 47 61

CMV/FCOM Visp
Balfrinstrasse 1
3930 Visp
Tel. 027 946 24 67

GBI Oberwallis
Sebastiansplatz 2
3900 Brig
Tel. 027 922 47 47

SMUV
Rue de la Moya 10
1920 Martigny
Tel. 027 722 25 06

SMUV
Rue de Venise 12
1870 Monthey
Tel. 024 471 25 23

ZG Arbeitslosenkasse
des Kantons Zug
Aabachstrasse 5
6300 Zug
Tel. 041 728 33 11

CMV/FCOM
General Guisanstrasse 28
6300 Luzern
Tel. 041 711 07 07

GBI
Museggstrasse 18
6004 Luzern
Tel. 041 10 86 55

SMUV
Neugasse 7
6301 Zug
Tel. 041 711 04 20

ZH Arbeitslosenkasse des
Kantons Zürich
Rudolf Dieselstrasse 28
Postfach
8405 Winterthur
Tel. 052 233 77 71

CHB
Rotwandstrasse 50
8036 Zürich
Tel. 01 242 41 40

CHB Lachen
Ziegelhüttenstrasse 13
8853 Lachen
Tel. 055 442 14 32

CMV/FCOM
Lindstrasse 39
8410 Winterthur
Tel. 052 268 04 04

CMV/FCOM
Rotwandstrasse 50
8023 Zürich
Tel. 01 242 91 69

GBI Ausstellungsstrasse
Ausstellungstrasse 36
8005 Zürich
Tel. 01 447 48 00

GBI Dietikon
Schöneggstrasse 6
8953 Dietikon
Tel. 01 742 20 20

ZH GBI Horgen/Meilen
Seestrasse 217
8810 Horgen
Tel. 01 727 43 43

GBI Oberland
Bankstrasse 36
8610 Uster
Tel. 01 905 40 70

GBI Sihlfeld
Sihlfeldstrasse 58
8003 Zürich
Tel. 01 462 85 80

GBI Unterland
Müsegg 3
8180 Bülach
Tel. 01 860 64 63

GBI Volkshaus
Stauffacherstrasse 60
8026 Zürich
Tel. 01 296 18 90

GBI Winterthur
Technikumstrasse 90
8401 Winterthur
Tel. 052 213 50 31

GDP Region Winterthur und See
Untertor 16
8401 Winterthur
Tel. 052 212 92 64

GDP Sektion Stadt
Stauffacherstrasse 60
8026 Zürich
Tel. 01 242 44 21

LFSA
Badenerstrasse 41
8004 Zürich
Tel. 01 241 07 57

SMUV
Bremgartenstrasse 54
8953 Dietikon
Tel. 01 740 80 91

SMUV
Stockerstrasse 24
8810 Horgen
Tel. 01 725 40 81

SMUV
Falkenstrasse 6c
8630 Rüti
Tel. 055 240 11 27

SMUV
Bahnhofstrasse 15
8952 Schlieren
Tel. 01 730 11 70

SMUV
Brandstrasse 8a
8610 Uster
Tel. 01 941 19 71

SMUV
Lagerhausstrasse 6
8400 Winterthur
Tel. 052 212 72 26

SMUV
Werdstrasse 36
8004 Zürich
Tel. 01 242 83 20

SMUV
Jungholzstrasse 27
8050 Zürich
Tel. 01 302 66 23

VHTL Stadt
Birmensdorferstrasse 267
8004 Zürich
Tel. 01 242 35 80 und 242 01 01
und 01 242 01 45

VHTL Wädenswil
Schönenbergstrasse 25
8820 Wädenswil
Tel. 01 780 49 06

VHTL Winterthur
Werkstrasse 12
8400 Winterthur
Tel. 052 233 49 69

Selbsthilfeorganisationen und Beratungsstellen

Die folgende Zusammenstellung ist nicht vollständig und kann es auch nicht sein. Laufend gehen neue Selbsthilfegruppen und Beratungsstellen auf, andere wechseln ihren Standort oder stellen ihre Tätigkeit ein. Erkundigen Sie sich deshalb immer auch beim für Sie zuständigen Arbeitsamt oder RAV nach Anlaufstellen in Ihrer Region.

Für die zweite Auflage des Ratgebers ist eine detailliertere Liste aller Selbsthilfeorganisationen und Beratungsstellen geplant. Der Verlag bittet deshalb um Meldung aller nicht aufgeführten Stellen, um Korrekturen sowie Adressänderungen an: Beobachter-Buchverlag, Postfach, 8021 Zürich.

Gesamtschweizerische Beratung in Arbeitsrechtsfragen:

Der Schweizerische Beobachter
Beratungsdienst
Postfach
8021 Zürich

Hotline Arbeitsrecht: 157 50 70 1
(Fr. 2.13/min.)
Mo–Fr 14–18 Uhr

Urteilsservice: 01 448 89 91
(mit Angabe der im Ratgeber
genannten Urteilsnummer)

Selbsthilfeorganisationen:

AG Beratung LOS
Kronengasse 5
5000 Aarau
Tel. 062 822 93 55

Leinen-Los
Metzgergasse 20
5000 Aarau
Tel. 062 823 28 05

Beratung LOS
Zollrain 3
4310 Rheinfelden
Tel. 061 831 80 30

Workshop
Quellmattstrasse
5035 Unterentfelden
Tel. 062 723 60 40

BE ABU AL-Vereinigung
Mittelstrasse 58
3012 Bern
Tel. 031 302 99 61

Förderverein AL-Projekte
Postfach 6156
3001 Bern
Tel. 031 371 61 11

Impuls, Treff
Mittelstrasses 58
3012 Bern
Tel. 031 302 99 60

Inform, Jugendliche
Laupenstrasse 37
3008 Bern
Tel. 031 382 99 11

Kick, Jugendliche
Hopfenweg 21
3007 Bern
Tel. 031 372 45 67

Ohni Büez
Frankenstrasse 8
3018 Bern
Tel. 031 991 00 80

BE Arbeitslosenvereinigung Biel
Zionsweg 8
2503 Biel
Tel. 032 365 26 71

Info/Beratung
A. Schönistrasse 18
2502 Biel
Tel. 032 326 25 09

Team Selbsthilfe Biel
Bendicht-Rechberger-Strasse 2
2502 Biel
Tel. 032 323 83 82

Arbeitslosensolidarität
Amt Wangen
Marianne Germann
Oenzbergstrasse 6
3360 Herzogenbuchsee
Tel. 062 961 51 19

SAH Beratung
Mühleweg 21B
4900 Langenthal
Tel. 062 922 99 55

Selbsthilfegruppe
Werner Jaun
Farbgasse 49
4900 Langenthal
Tel. 062 922 86 27

Selbsthilfegruppe
H. P. Tschirren
Hellstätt
3148 Lanzenhäusern
Tel. 031 731 06 34

Stellenlos – abgestellt
A. Müller/K. Graf
Schöneggweg 25
3053 Münchenbuchsee
Tel. 031 869 05 79

Selbsthilfegruppe I
Jürg Zartmann
Buchmatt 2
3136 Seftigen
Tel. 033 345 29 59

KITT Kontakt-Info-Treff
Hochstetterstrasse 15a
3600 Thun
Tel. 033 222 07 78

BL SAH Arbeitsprogramm
Baselstrasse 31
4132 Muttenz
Tel. 061 461 40 45

BS Kontaktstelle für
Arbeitslose
Bläsiring 86
4057 Basel
Tel. 061 691 51 41

GL ALO-Treff
Hauptstrasse 8
8750 Glarus
Tel. 055 640 28 50

LU IG Arbeit
Unterlachenstrasse 12
6005 Luzern
Tel. 041 369 68 00

Info-Zentrum
Kellerstrasse 25
6005 Luzern
Tel. 041 360 30 04

PAF für Frauen
Stadthofstrasse 5
6004 Luzern
Tel. 041 410 82 85

Senti-Treff
Baselstrasse 22
6003 Luzern
Tel. 041 240 94 79

NW Job-Club
Seeplatz 10
6374 Buochs
Tel. 041 620 25 80

OW Job-Club
Dorfplatz 9
6060 Sarnen
Tel. 041 666 64 62

SG	Arbeitslosen-Treff Gutenbergstrasse 6 9202 Gossau Tel. 071 385 45 16	**ZG**	Zuger Arbeitslosentreff (ZALT) St. Oswaldsgasse 18 6300 Zug Tel. 041 711 78 14
	Arbeitslosen-Treff Waisenhausstrasse 12 9100 Herisau Tel. 071 351 11 77	**ZH**	Job-Los Wiesengrundstrasse 15 8910 Affoltern Tel. 01 761 50 38
	Treffpunkt E Katholisches Kirchgemeindehaus 8645 Jona Tel. 055 212 38 03		Verein für Selbsthilfe Alte Obfelderstrasse 2 8910 Affoltern Tel. 01 761 19 80
SH	IG für Arbeit und Arbeitslose Hohlenbaumstrasse 192 8200 Schaffhausen Tel. 051 625 50 53		AL-Komitee Dielsdorf Bahnhofstrasse 7 8157 Dielsdorf Tel. 01 853 13 12
SO	SOFARO Aarburgerstrasse 138 4600 Olten Tel. 062 296 09 30		Kirchliche Dienststelle DfA Obertor 8–14 8400 Winterthur Tel. 052 213 50 20
	Treffpunkt TAM Werkhofstrasse 5 4500 Solothurn Tel. 032 621 45 28		Kontaktstelle für Selbsthilfe Technikumstrasse 14 8400 Winterthur Tel. 052 233 22 84
TG	Selbsthilfe Thurgau Heinz Benischke Dörflistrasse 6 8572 Berg Tel. 071 636 18 65		Treffpunkt und Infostelle für Erwerbslose Holderplatz 4 8400 Winterthur Tel. 052 212 00 10
VS	Programm OPRA Spitalstrasse 5 3900 Brig Tel. 027 922 38 24		AL Selbständigerwerbende Team Selbsthilfe Dolderstrasse 18 8032 Zürich Tel. 01 252 30 36
	Programm OPRA Gemeindehaus 3946 Turtmann Tel. 027 932 13 51		Arbeitsstelle für kirchliche Grenzgänger Frankengasse 6 8001 Zürich Tel. 01 261 86 22
	Programm OPRA Balfrinstrasse 25 3930 Visp Tel. 027 946 80 30		

ZH Impuls
Hohlstrasse 86a
8004 Zürich
Tel. 01 242 79 34

Kirchliche Dienststelle DfA
Badenerstrasse 41
8004 Zürich
Tel. 01 241 60 40

Kurszentrum SAH
Am Wasser 55
8001 Zürich
Tel. 01 272 05 05

Projektstelle
Zeltweg 21
8001 Zürich
Tel. 01 258 91 11

Treffpunkt für Erwerbslose
Am Sihlquai 55
8005 Zürich
Tel. 01 272 04 72

ZAK
Quellenstrasse 42
8005 Zürich
Tel. 01 272 81 89

Gewerkschaften / Berufsverbände:

Schweizerischer Gewerkschaftsbund
(SGB)
Monbijoustrasse 61
3007 Bern
Tel. 031 371 56 56

Christlichnationaler Gewerkschaftsbund
der Schweiz (CNG)
Hopfenweg 21
3007 Bern
Tel. 031 370 21 11

Schweizerischer Kaufmännischer Verband
(SKV)
Hans Huberstrasse 4
8002 Zürich
Tel. 01 283 45 45

Schweizerische Gewerkschaft Industrie,
Gewerbe, Dienstleistungen (SMUV)
Weltpoststrasse 20
3015 Bern

Verband des Personals öffentlicher
Dienste (VPOD)
Sonnenbergstrasse 83
Postfach
8030 Zürich
Tel. 01 266 52 52

Schweizerischer Eisenbahn- und
Verkehrspersonalverband (SEV)
Steinerstrasse 35
Postfach
3000 Bern 16
Tel. 031 357 57 57

PTT-Union
Oberdorfstrasse 32
3072 Ostermundigen
Tel. 031 939 52 11

Gewerkschaft Verkauf, Handel, Transport,
Lebensmittel (VHTL)
Postfach
8036 Zürich
Tel. 01 242 35 76

Gewerkschaft Bau und Industrie (GBI)
Strassburgstrasse 11
Postfach
8021 Zürich
Tel. 01 295 15 15

Gewerkschaft Druck und Papier (GDP)
Monbijoustrasse 33
Postfach
3001 Bern
Tel. 031 390 66 11

Schweizerischer Lithographenbund (SLB)
Optigenstrasse 5
Postfach
3000 Bern 25
Tel. 031 336 72 11

Schweizerische Journalistinnen- und
Journalisten-Union (SJU)
Neuengasse 8
Postfach
3000 Bern 7
Tel. 031 312 62 16

Schweizerisches Syndikat
Medienschaffender (SSM)
Bodmerstrasse 3
8002 Zürich
Tel. 01 202 77 51/52

Christliche Gewerkschaft für Industrie,
Handel und Gewerbe (CVM)
Zentralsekretariat
Lindstrasse 39
Postfach
8410 Winterthur
Tel. 052 268 04 04

Schweizerischer Bankpersonalverband
Malzgasse 18
Postfach
4010 Basel
Tel. 061 272 74 64

Landesverband freier Schweizer
Arbeitnehmer (LFSA)
Zentralsekretariat
Badenerstrasse 41
8004 Zürich
Tel. 01 241 07 57

Die Adressen der lokalen Gewerkschaftssekretariate finden Sie im Telefonbuch oder können sie bei den obenstehenden Adressen erfragen.

Vermittlung eines Anwalts:

Der Schweizerische Beobachter
Beratungsdienst
Postfach
8021 Zürich
Hotline Arbeitsrecht: 157 50 70 1
(Fr. 2.13/min.)
Mo–Fr 14–18 Uhr

Demokratische Juristinnen und
Juristen der Schweiz
Zinggstrasse 16
3007 Bern
Tel. 031 372 48 43

Schweizerischer Anwaltsverband
Bollwerk 21
3011 Bern
Tel. 031 312 25 05
(für Adressen der kantonalen Anwaltsverbände)

Budgetberatungsstellen:

AG Budgetberatung
Vordere Vorstadt 16
5000 Aarau
Tel. 062 822 79 66

BE Frauenzentrale des Kantons Bern
Spitalgasse 34
3011 Bern
Tel. 031 311 72 01

Verband der Bieler Frauenvereine
Postfach 205
2575 Täuffelen
Tel. 032 396 18 88

Verein für Familienschutz
Dahlienweg 1
3422 Kirchberg
Tel. 034 445 48 16

Frauenverband Berner Oberland
Pestalozzistrasse 102
3600 Thun
Tel. 033 223 22 49

BL Frauenzentrale
Büchelistrasse 6
4410 Liestal
Tel. 061 921 60 20

Frauenverein
Höhlebachweg 36
4132 Muttenz
Tel. 061 461 30 49

BS Frauenzentrale Basel
Marktgasse 4
4051 Basel
Tel. 061 261 35 70

GR Frauenzentrale Graubünden
Tivolistrasse 3
7000 Chur
Tel. 081 252 81 22

LU Frauenzentrale
Habsburgerstrasse 22
6003 Luzern
Tel. 041 211 00 32

OW Frauenkontaktstelle Obwalden
Dorfplatz 6
6060 Sarnen
Tel. 041 660 44 47

SG Frauenzentrale St. Gallen
Bleichestrasse 11
9000 St. Gallen
Tel. 071 222 22 33

Frauenarbeitsgemeinschaft
Dörfli
8880 Walenstadt
Tel. 081 735 13 82

SH Budgetberatung der Frauenzentrale Schaffhausen
Safrangasse 8
8200 Schaffhausen
Tel. 052 681 22 22

SO Frauenzentrale des Kantons Solothurn
Passwangstrasse 39
4226 Breitenbach
Tel. 061 781 36 18

Frauenzentrale des Kantons Solothurn
Centralstrasse 4
2450 Grenchen
Tel. 032 652 82 42

Frauenzentrale des Kantons Solothurn
Jurastrasse 20
4600 Olten
Tel. 062 212 53 45

Frauenzentrale des Kantons Solothurn
Dornacherstrasse 33
4500 Solothurn
Tel. 032 675 26 32

SZ	Konsumentenforum Innerschwyz Sodweg 3 6438 Ibach Tel. 041 811 29 15	**ZH**	Frauenzentrale Winterthur Metzggasse 2 8400 Winterthur Tel. 052 212 15 20
TG	Thurgauer Frauenhilfe Bankplatz 5 8500 Frauenfeld Tel. 052 721 27 46		Zürcher Frauenzentrale Schanzengraben 29 8002 Zürich Tel. 01 202 97 05 oder 202 69 302
VS	Verein FREUW Balfrinstrasse 1 Postfach 91 3930 Visp Tel. 027 946 50 59		Zentralstelle für Ehe- und Familienberatung Hildastrasse 18 8004 Zürich Tel. 01 242 96 60 oder 241 59 02
ZG	Frauenzentrale des Kantons Zug Metallstrasse 1 6300 Zug Tel. 041 711 03 15		

Weiterführende Literatur

«*Arbeitsrecht*»
Ein Ratgeber aus der Beobachter-Praxis
4. Auflage, Zürich 1996

«*Stellenwechsel*»
Ein Ratgeber aus der Beobachter-Praxis
6. Auflage, Zürich 1994

«*Ich mache mich selbständig*»
Ein Ratgeber aus der Beobachter-Praxis
4. Auflage, Zürich 1997

Babey, Dominique/Pedrioli, Paolo
«*Die Transferorganisationen: ein innovatives Modell zur Bewältigung der Arbeitslosigkeit*»
in: Sonderdr. aus Die Volkswirtschaft 1/96

Bucher, Peter
«*Einführung Regionaler Arbeitsvermittlungszentren (RAV)*»
in: Die Volkswirtschaft 4/95

Burri, Bruno
«*Konzeptionelle Erweiterungen im Bereich der Arbeitsmarktstatistiken*»
in: Sonderdr. aus Die Volkswirtschaft 1/96

Erb, Toni
«*Aktive arbeitsmarktliche Massnahmen*»
in: Sonderdr. aus Die Volkswirtschaft 1/96

Gerhards, Gerhard
– «*Zur Ablösung von Arbeitnehmereinkommen durch sozialversicherungsrechtliches Ersatzeinkommen*»
in: Sozialversicherungsrecht im Wandel, Festschrift 75 Jahre EVG, Bern 1992
– «*Arbeitslosenversicherung: «Stempelferien», Zwischenverdienst und Kurzarbeitsentschädigung für öffentliche Betriebe und Verwaltungen – drei Streitfragen*»
in: SZS 1994
– «*Die Grenzgänger in der schweizerischen Arbeitslosenversicherung*»
in: Die schweizerische Rechtsordnung in ihren internationalen Bezügen, Festgabe zum Schweizerischen Juristentag, Bern 1988
– «*Kommentar zum Arbeitslosenversicherungsgesetz AVIG*»
Bd. I und II, Bern/Stuttgart 1987
Bd. III Ergänzungsband (Teilrevision 1990 + EVG-Regesten 1987 – 1992), Bern/Stuttgart/ Wien 1993
– «*Die soziale Sicherung der Arbeitslosen*»
in: Soziale Sicherheit 2/93
– «*Grundriss des neuen Arbeitslosenversicherungsrechts*»
Bern 1996

Gerhards, Gerhard/Osterwalder, Walter Erich
«*Die Arbeitslosenversicherung im Jahre 1994*»
in: Die Volkswirtschaft 11/95

Grossen, Dieter
«*Aktive arbeitsmarktpolitische Massnahmen*»
in: Die Volkswirtschaft 1/94

Hostettler, Marcel
«*Die Zukunft der Arbeitslosenversicherung – arbeitsmarktpolitisches Hauptthema der neunziger Jahre*»
in: Die Volkswirtschaft 1/94

Kiener, Alain
«*Stress am Arbeitsplatz: Welche Beachtung verdient das «Mobbing»-Problem?*»
in: Die Volkswirtschaft 4/95

Lang, Alfred
«*Das Ende der Arbeitswelt. Ein Problemaufriss*»
in: Zukunft der Arbeit = Berner Universitätsschriften, H 34

«*Arbeit*»
NZZ-Folio 9/1993, Zürich

Pfister, Christian (Hrsg.)
«*Das 1950er Syndrom. Der Weg in die Konsumgesellschaft*»
Bern/Stuttgart/Wien, 1995

Pfitzmann, Hans J.
«*Die neue Gesetzgebung der Arbeitslosenversicherung (zweite Teilrevision des AVIG)*»
in: Soziale Sicherheit 5/95

Ringeling, Hermann/Silvar, Maja (Hrsg.)
«*Die Zukunft der Arbeit*»
Berner Universitätsschriften, H 34, Bern 1987

Rüegg, Walter
«*Arbeit und Nichtarbeit. Wertewandel in unserer Gesellschaft*»
in: Berner Universitätsschriften, H 34

Ryter, Edith
«*Abgrenzungsprobleme bei den Leistungen der Arbeitslosenversicherung*»
in: Sozialversicherungsrecht im Wandel, Festschrift 75 Jahre EVG, Bern 1992

Schluep, Walter R.
«*Revitalisierung, Deregulierung, Reprivatisierung, Wettbewerb der Systeme – was sonst noch an neuen wirtschaftsrechtlichen Delikatessen?*»
in: Recht, Staat und Politik am Ende des zweiten Jahrtausends, Festschrift zum 60. Geburtstag von Bundesrat Arnold Koller, Bern 1993

Schnyder, Stefan
«*Weiterer Ausbau des Angebots an arbeitsmarktlichen Massnahmen*»
in: Sonderdr. aus Die Volkswirtschaft 1/95

Seiler, Walter
«*Probleme und Perspektiven der Sozialversicherung in der Schweiz – Unsere soziale Sicherung auf dem Prüfstand*»
in: Die Volkswirtschaft 4/92

Stauffer, Hans-Ulrich
«*Rechtsprechung des Bundesgerichtes zum Sozialversicherungsrecht, Bundesgesetz über die obligatorische Arbeitslosenversicherung und Insolvenzentschädigung*»
Zürich 1992

Trube, Achim
«*Gespaltener Arbeitsmarkt. Strukturprobleme des Ersten und Zweiten Arbeitsmarktes. Analysen und Reformvorschläge*»
in: Arbeit und Sozialpolitik 3/4 1993

Wechsler, Martin/Savioz, Marcel
«*Soziale Sicherheit nach 2000. Finanzielle Perspektiven und Szenarien für die Schweiz*»
WWZ-Beiträge, Bd. 17, Chur 1993

Wirz, Albert
«*Wer nicht arbeitet, soll auch nicht essen. Arbeit im Lauf der Zeit*»
in: NZZ-Folio 9/1993

Wittmann, Walter
«*Illusionen der Beschäftigungspolitik*»
in: Finanz und Wirtschaft 3. 11. 1993

Alle angegebenen Schriften zum Thema Arbeitslosenversicherung sind zum Teil veraltet und berücksichtigen nicht alle neuen Gesetzesartikel. Trotzdem sind sie für die Spezialisten noch immer unentbehrlich.

Lohnfortzahlung: Basler, Berner und Zürcher Skala

Basler Skala

Dienstdauer	Lohnzahlung
im 1. Jahr	3 Wochen
über 1 bis 3 Jahre	2 Monate
über 3 bis 10 Jahre	3 Monate
über 10 bis 15 Jahre	4 Monate
über 15 bis 20 Jahre	5 Monate
über 20 Jahre	6 Monate

Berner Skala

Dienstdauer	Lohnzahlung
im 1. lahr	3 Wochen
im 2. Jahr	1 Monat
im 3. und 4. Jahr	2 Monate
im 5. bis 9. Jahr	3 Monate
im 10. bis 14. Jahr	4 Monate
im 15. bis 19. Jahr	5 Monate
im 20. bis 24. Jahr	6 Monate
im 25. bis 29. Jahr	7 Monate
im 30. bis 34. Jahr	8 Monate
im 35. bis 39. Jahr	9 Monate

Zürcher Skala

Dienstdauer	Lohnzahlung
während des 1. Jahres	3 Wochen
während des 2. Jahres	8 Wochen
während des 3. Jahres	9 Wochen
während des 4. Jahres	10 Wochen
während des 5. Jahres	11 Wochen
während des 6. Jahres	12 Wochen
während des 7. Jahres	13 Wochen
während des 8. Jahres	14 Wochen
während des 9. Jahres	15 Wochen
während des 10. Jahres	16 Wochen
während des 11. Jahres	17 Wochen
während des 15. Jahres	21 Wochen
während des 20. Jahres	26 Wochen
während des 25. Jahres	31 Wochen
während des 30. Jahres	36 Wochen

Register

A
Abklärungskurs 161
Ablehnung zumutbarer Arbeit 87, 151
Abredeversicherung 194, 203, 207
Abrufvertrag siehe Arbeitsverhältnis auf Abruf
Abzüge vom Taggeld 117
Akteneinsicht 225
Aktive arbeitsmarktliche Massnahmen 30, 124, **159**
Alarmzeichen im Betrieb 42
Allgemeine Wartefrist 30, 129
Ältere Arbeitslose 33, 89, 125, **187**, 240
Anbieten der Arbeitskraft 38, 50, 52, 148
Angaben, falsche siehe Falsche Angaben
Anmeldefrist bei Krankheit und Unfall 70, 206, 207
Anmeldung Arbeitslosenhilfe 192
Anmeldung Arbeitslosenversicherung 23, **61**
Anmeldung Sozialhilfe 195
Anrechenbarer Arbeitsausfall 28, 51, **70**
– bei Abrufvertrag 71
Anspruch siehe Taggeldanspruch
Ansprüche gegenüber Arbeitgeber 28, 50, 70, 72, 148, 245
Antrag auf Arbeitslosenentschädigung 62
Anwalt 226, 293
Arbeit, zumutbare siehe Zumutbare Arbeit
Arbeitgeberbescheinigung 62
Arbeitsamt 21, 23, 61
Arbeitsausfall siehe Anrechenbarer Arbeitsausfall
Arbeitsbewilligung 84
Arbeitsgericht 43, 47, 51, 55, 149
Arbeitslos durch eigenes Verschulden siehe Selbstverschuldete Arbeitslosigkeit
Arbeitslose Frauen 47, 79, 85, 89, 91, **95**
Arbeitslose, ältere siehe Ältere Arbeitslose
Arbeitslose, behinderte siehe Behinderte Arbeitslose
Arbeitslosenhilfe 23, **192**
Arbeitslosenkasse 26, 32, 63, 113, 132, 154, 229, 280

Arbeitslosenkasse, öffentliche 113, 245
Arbeitslosenquote 13
Arbeitslosentaggeld siehe Taggeld
– und Erwerbsausfallsentschädigung 217
– und IV-Rente 209, 213
– und Pensionskassenleistungen 261
Arbeitslosenversicherungsgesetz 14
Arbeitslosigkeit, Vorbeugung 35
Arbeitsmarktliche Massnahmen siehe Aktive arbeitsmarktliche Massnahmen
Arbeitsverhältnis 37
– auf Abruf 41, 50, 71, 240
– befristetes 37, 50, 241
– temporär 40, 241
– unbefristetes 39
Arbeitsvertrag 37
Arbeitsweg und Zumutbarkeit 100, 140, 173
Asylbewerber 34, 68, 93
Ausbildung und Befreiung von Beitragszeit 76, 119, 130
Ausbildungszuschüsse 166, **169**
Auslandaufenthalt, Vermittlungsfähigkeit 89
Auslandaufenthalt, Versicherungslücke 203
Ausländer 68, 76, 84, 86, **93**, 162, 192
Aussteuerung 31, **191**, 207
– Krankheit 207
– Unfall 207
– Versicherungsschutz 193, 207
Auszahlung, Warten 132

B
Basisprogramm 160
Befreiung von Beitragszeit 76, 119, 130
Behinderte Arbeitslose 94, 116, 124, 208, 213, 219
– Einarbeitungszuschüsse 171
– Vermittlungsfähigkeit 94, 208
Beiträge 33, 34
Beitragsmonat 73
Beitragspflicht 28, 73
Beitragszeit 73
– Befreiung siehe Befreiung von Beitragszeit
– geschenkte 74

Anhang 299

Beratungsgespräch 63, 64, 160
Beratungsstellen 59, 289
Berechnung des Taggelds siehe Taggeld,
  Berechnung
Berufliche Vorsorge (BVG) 117, 189, 205
Berufslehre 169
Berufsunfall 199
Beschäftigungsprogramme 81, 124, 173
- Beitragszeit 81, 175
- kantonal 124, 174, 197
Beschwerde 21, 31, 97, 115, 156, 165, 171,
  173, 196, 219, **223**, 278
- Ablehnung Kursgesuch 234
- beim eidgenössischen Versicherungsgericht 236
- Fristen 226
- Rechtsverweigerung 228
- Taggeldberechnung 232
Beschwerdeverfahren 223
Besondere Taggelder **124**, 159, 164, 174
- für die Planungsphase 125, **180**
Besondere Wartefrist 130
Betreibung des Arbeitgebers 246
Betriebspraktikum 175
Bewerbungen siehe auch Stellensuche
  104, **107**, 149
- mündliche Anfragen 106, 150
- ungenügende 149
Bewerbungsbüro 161
Bewerbungstechnik 161
BIGA (Bundesamt für Industrie, Gewerbe
  und Arbeit) 21, 22, 97, 227
Budgetberatungsstellen 60, 294
Bundesamt für Industrie, Gewerbe und
  Arbeit siehe BIGA
Busse siehe Einstelltage
BVG-Abzug siehe Pensionskassenabzug

D
Differenzzahlung 138

E
Eidgenössisches Versicherungsgericht 21,
  223, 236
Einarbeitungszuschüsse 171
Einkommensgrenzen, Erziehungsgutschriften 80
Einkommensgrenzen, Rückforderung 220
Einsatzprogramm siehe Beschäftigungsprogramm

Einstellgründe 144
Einstelltage 30, 39, 54, 88, 99, **143**, 183,
- Ansprüche gegenüber Arbeitgeber 148
- Bussenhöhe 153
- selbst verschuldete Arbeitslosigkeit
  145
- zu wenig Bewerbungen 149
Einstellung in der Anspruchsberechtigung
  siehe Einstelltage
Einstellverfahren 154
- Beschwerde 229
Einzel-Krankentaggeldversicherung siehe
  Krankentaggeldversicherung, Einzel-
Entlassung, fristlose siehe Kündigung,
  fristlose
Erster Stempeltag 63, 162, 201
Erwerbsausfallsentschädigung und
  Arbeitslosentaggeld 217
Erziehungsgutschriften 79
- Einkommensgrenzen 80

F
Falsche Angaben 151, 154
Feiertage und Taggeld 115
Finanzielle Notlage und Befreiung von
  Beitragszeit 77
Finanzielle Probleme 59
Förderung des Vorruhestands 176
Formulare 62, 252
Frauen siehe Arbeitslose Frauen
Freizügigkeitsfall 187
Fristlose Kündigung siehe Kündigung,
  fristlose
Fürsorgeleistungen siehe Sozialhilfe

G
Ganz arbeitslos 67
Gehör, rechtliches siehe Rechtliches
  Gehör
Gesetz siehe Arbeitslosenversicherungsgesetz
Gesundheitszustand und Zumutbarkeit
  100
Gleichstellungsgesetz 47, 95
Gratifikation 114, 118, 119, 229, 245
Grenzgänger 94, 246
Grundausbildung siehe Ausbildungszuschüsse
Grundlagen 21

300

I / J

In-Verzug-Setzen des Arbeitgebers 38, 50, 52, 148
Informationstag 63, 160
Insolvenzentschädigung 31, **245**
- Betreibung 246
- Konkurs des Arbeitgebers 43, 245
Invalidenversicherung siehe auch Behinderte Arbeitslose 24, 166, 208, 213
Invalidität siehe Behinderte Arbeitslose
IV-Rente und Arbeitslosentaggeld 209, 213
Jugendarbeitslosigkeit 14

K

Kantonale Arbeitslosenhilfe siehe Arbeitslosenhilfe
Kantonales Amt für Industrie, Gewerbe und Arbeit siehe KIGA
Karenztage 240, 244
KIGA (Kantonales Amt für Industrie, Gewerbe und Arbeit) 21, 22, 84, 97, 154, 164, 170, 172, 173, 181, 184, 220, 227, 242, 244, 277
Kinderbetreuung und Befreiung von Beitragszeit 79
Kinderbetreuung und Vermittlungsfähigkeit 85
Kinderzulagen 117, 246
Kollektivversicherung siehe Krankentaggeldversicherung, kollektive
Kompensationszahlung 137
Konkurs des Arbeitgebers 43, 245
Kontrollperiode 31
Kontrollvorschriften **69**, 140, 151, 181
Koordinationsregeln Sozialversicherungen 202, **213**
Krankentaggeldversicherung 200
- Einzel- 201, 203
- kollektive 200
Krankheit 31, 199
- Anmeldefrist 206
- Aussteuerung 207
- Beitragszeit 75, 76,
- erster Stempeltag 201
- Kündigung bei 48
- Taggeld 205
- vor Arbeitslosigkeit 200
- während Arbeitslosigkeit 205
Krisenhilfe siehe Arbeitslosenhilfe

Kündigung 43, **45**, 248
- fristlose 43, **51**, 149
- Krankheit 48
- Kurzarbeit 240, 243
- Militärdienst 48
- missbräuchliche 46
- nichtige 48
- ordentliche 45
- schriftliche Begründung 46
- Schwangerschaft 48
- Selbstverschulden 145
- Unfall 48
- zur Unzeit 48
Kündigungsfrist 40, 45, 50
Kündigungsschutz 45
Kündigungszeit, Stellensuche 62, 102
Kursbesuch siehe Weiterbildung
Kurzarbeit 32, **239**
- Karenztage 240
- Kündigung 240, 243
Kurzarbeitsentschädigung 240, 242

L

Langzeitarbeitslose siehe auch Aussteuerung 81, 175
Leiharbeit 40
Lohnanspruch siehe Ansprüche gegenüber Arbeitgeber

M

Mangelhafte Stellenbemühungen 88, 149
Massnahmen, arbeitsmarktliche siehe Aktive arbeitsmarktliche Massnahmen
Meldepflicht **70**, 152
Militärdienst 47, 48, 74, 75, 89, 121, 138, 217
- Vermittlungsfähigkeit 89
Mindestlohn 34, 115
Missbräuchliche Kündigung siehe Kündigung, missbräuchliche
Mobilitätsförderungsbeiträge 173

N

Nebenverdienst 34, 115, 136
Neueröffnung Rahmenfrist 139, 197
Neuorientierungskurs 161
Nichtbefolgen von Weisungen siehe Weisungen der Amtsstelle
Nichtberufsunfall 199
Normale Taggelder 124

O

Obligationenrecht 37
Ordentliche Kündigung siehe Kündigung, ordentliche
Orts- und branchenüblicher Lohn 99, 140, 141, 172, 176

P

Pauschalansätze 119
Pendlerkosten 173
Pensionierung, vorzeitige siehe Vorzeitige Pensionierung
Pensionskassenabzug 117, 205
Pensionskassenleistungen und Arbeitslosentaggeld 261
Pfändung des Arbeitgebers 245
Planungsphase 180
Planungstaggelder siehe Besondere Taggelder für die Planungsphase
Probezeit 40

R

Rahmenfrist 28, 125
– für den Leistungsbezug 28, 125
– für die Beitragszeit 28
– Neueröffnung 139, 197
– und Beschäftigungsprogramm 81, 175
– und Zwischenverdienst 139, 197
– Verlängerung 29, 125, 170, 182, 187
RAV siehe Regionale Arbeitsvermittlungszentren
Rechtliches Gehör 146, 155, **224**
Rechtsmittelbelehrung 226
Rechtsverweigerung 97, 227
Rechtsweg 223
– Kosten 227
Regionale Arbeitsvermittlungszentren 16, **23**, 32, 63, 69, 97, 106, 160, 165
Rentner 33, 68, 190, 240
Rückforderung von Taggeldern 209, 213, 214, **217**
– Beschwerde 219
– Einkommensgrenzen 220
– Erlass 219

S

Saisonnier 34, 68, 72, 131, 241
Scheidung oder Trennung und Befreiung von Beitragszeit 77
Schlechtwetterentschädigung 32, 244
– Karenztage 244
Schulabgänger 78, 130, 174
Schwangerschaft 28, 48, 75, 76, 84, 89, 96, 151, 201, 202
– und Beitragszeit 75, 76
– und Vermittlungsfähigkeit 89, 96
Schwarzarbeit 140, 153
Schwervermittelbar **91**, 162, 171
Selbständige Erwerbstätigkeit mithilfe der Arbeitslosenversicherung 144, 155, **179**
Selbständigerwerbende 34, 76, 91, 136, 139, 141, 168
– Vermittlungsfähigkeit 91
– Weiterbildung 168
– Zwischenverdienst 136, 139, 141
Selbsthilfegruppen 59, 289
Selbstverschuldete Arbeitslosigkeit 41, 43, 54, **145**
Sozialhilfe 194
Sozialversicherungsgericht, kantonales 21, 232, 278
Sperrfrist **48**, 50, 148, 199
Sprachkurse 166
Standortbestimmung, berufliche 35, 103
Stellencomputer im RAV 106
Stelleninserate 105
Stellensuche 99, **102**
– während Kündigungsfrist 62, 102
Stempelbusse siehe auch Einstelltage 143
Stempelferien **70**, 84, 104
Stempelgeld siehe Taggeld
Stempeln 29, 61
Strafverfahren 143, 153,
Studenten 76, 86, 119, 130

T

Taggeld 30, **114**
– Abzüge 117
– bei Lohnschwankungen 118
– besondere **124**, 159, 164, 174
– besondere für die Planungsphase 125, **180**
– Feiertage 115
– Höhe 116
– Krankheit 205
– nach fristloser Entlassung 54
– normale 124
– Pauschalansätze 119
– Pensionskassenabzug 117, 205

- Rückforderung 209, 213, 214, **217**
- saisonale Schwankungen 118
- Übergangsregeln 125
- Unfall 206
- verspätete Auszahlung 132, 231
- Vorschuss 113, 132

Taggeldanspruch 27, **67**
Taggeldberechnung **114**, 119, 123
- Beschwerde 232
- falsche 119, 229

Taggeldbusse siehe Einstelltage
Taggeldentzug 152
Teilweise arbeitslos 67
Teilzeitbeschäftigung 67, 71, 73, 85, 200
- Vermittlungsfähigkeit 85

Temporärarbeitende 40, 85, 241
Treu und Glauben 156
Trinkgelder 114, 115
Tripartite Kommission 26

U
Übernahme des Verlustrisikos 183
Überstunden 34, 42, 115
Überversicherung 213
- vorzeitige Pensionierung 188, 216

Unentgeltliche Verbeiständung 227
Unfall 31, 48, 76, 84, 199
- Anmeldefrist 207
- Aussteuerung 207
- erster Stempeltag 201
- vor Arbeitslosigkeit 199
- während Arbeitslosigkeit 206

Unfallversicherung 194, 199
- Abredeversicherung 194, 203, 207
- Abzug für 117, 175
- Ende 207
- während Arbeitslosigkeit 206

Untersuchungsgrundsatz 223

V
Verbeiständung, unentgeltliche siehe Unentgeltliche Verbeiständung
Verdienst, versicherter siehe Versicherter Verdienst
Verdienstausfall 28
Verfügung 31, 156, 225
Verlängerte Rahmenfrist 29, 125, 170, 182, 187
Verlustrisiko, Übernahme 183

Vermittlungsbereitschaft 83, 88, 95, 208, 214
Vermittlungsfähigkeit 28, **83**,
- ältere Arbeitnehmer 89, 92
- Auslandaufenthalt 89
- Behinderte 94, 208, 214
- Kinderbetreuung 85, 96
- Militärdienst 89
- Schwangerschaft 89, 96
- schwer vermittelbar **91**, 162, 171
- Selbständigerwerbende 91
- Teilzeitbeschäftigung 85
- Weiterbildung 87
- Zweifelsfall 84, 97
- Zwischenverdienst 141

Vermittlungsunfähigkeit 97
Verschulden 145, 153, 155
Versicherter Verdienst 29, **114**
- Gratifikation 114
- Maximum 116
- Mindestlohn 34, 115
- Nebenverdienst 34, 115
- Neuberechnung 123
- Trinkgelder 114, 115
- Überstunden 34, 115
- Zulagen 114

Versicherungslücken 199
Versicherungsschutz und Aussteuerung 193, 207
Voraussetzungen für Taggeldbezug 67
Vorbeugung siehe Arbeitslosigkeit, Vorbeugung
Vorruhestand siehe Förderung des Vorruhestands
Vorschuss siehe Taggeld, Vorschuss
Vorstellungsgespräch 109
Vorstempeln 69
Vorzeitige Pensionierung 176, **187**
- freiwillig 189
- Überversicherung 188, 215
- unfreiwillig 188

W
Wartefrist 30, **129**
- allgemeine 129
- besondere 130
- Invalidenversicherung 208
- Krankentaggeldversicherung 201

Warten auf Auszahlung 132
Weisungen der Amtsstelle 151

Weiterbildung 36, 163
- allgemeine 164, 166
- Beschwerde Ablehnung Kursgesuch 234
- Selbständigerwerbende 168
- und Befreiung von Beitragszeit 76
- und Vermittlungsfähigkeit 87
- Wiedereinsteigerinnen 168
Wiedereinsteigerinnen 79, 97, 168
Wirtschaftliche Zwangslage 79
Wirtschaftshilfe siehe Arbeitslosenhilfe
Wochenaufenthalterbeiträge 173
Wohnsitz 68

Z
Zahlungsunfähigkeit des Arbeitgebers 43, **245**
Zahlungsverzug des Arbeitgebers 43
Zeitplan 61
Zulagen 117, 246
Zumutbare Arbeit 29, **99**
- Ablehnung 87, 151
- Arbeitsweg 100, 140, 173
- Gesundheitszustand 100
- Zwischenverdienst 101, 140
Zwangspensionierung siehe Vorzeitige Pensionierung, unfreiwillig

Zwischenverdienst 30, 101, **135**
- Differenzzahlung 138
- Kompensationszahlung 137
- Nebenverdienst 136
- neue Rahmenfrist 139
- orts- und branchenüblicher Lohn 140, 141
- Selbständigerwerbende 136, 141
- Vermittlungsfähigkeit 141
- Zumutbarkeit 101, 140
Zwischenzeugnis 43, 93